甘肃省一流学科建设项目资助成果

教育部人文社会科学重点研究基地西北师范大学西北少数民族教育发展研究中心资助成果

"荣达教育资助基金"民族教育研究课题和教育部民族教育发展中心2013年度课题"西北少数民族地区师范教育综合改革及师范生培养研究"（课题批准号：RDBZ13043）成果

西师教育论丛

主编 万明钢

西北少数民族地区
师范教育综合改革研究

李泽林 著

Xibei Shaoshuminzu Diqu

Shifan Jiaoyu Zonghe Gaige Yanjiu

中国社会科学出版社

图书在版编目（CIP）数据

西北少数民族地区师范教育综合改革研究／李泽林著.—北京：中国
社会科学出版社，2018.9
ISBN 978 - 7 - 5203 - 3023 - 7

Ⅰ.①西…　Ⅱ.①李…　Ⅲ.①少数民族—民族地区—师范
教育—教育改革—研究—西北地区　Ⅳ.①G659.21

中国版本图书馆 CIP 数据核字（2018）第 193226 号

出 版 人　赵剑英
责任编辑　周晓慧
责任校对　无　介
责任印制　戴　宽

出　　版　中国社会科学出版社
社　　址　北京鼓楼西大街甲 158 号
邮　　编　100720
网　　址　http://www.csspw.cn
发 行 部　010 - 84083685
门 市 部　010 - 84029450
经　　销　新华书店及其他书店

印　　刷　北京明恒达印务有限公司
装　　订　廊坊市广阳区广增装订厂
版　　次　2018 年 9 月第 1 版
印　　次　2018 年 9 月第 1 次印刷

开　　本　710×1000　1/16
印　　张　18.75
插　　页　2
字　　数　262 千字
定　　价　78.00 元

总　序

　　正如学校的发展一样，办学历史越久，文化底蕴越厚重。同样，一门学科的发展水平，离不开对优良学术传统的坚守、继承与发展。西北师范大学教育学的发展，也正经历着这样的一条发展之路。回溯历史，西北师范大学前身为国立北平师范大学，发端于1902年建立的京师大学堂师范馆，1912年改为"国立北京高等师范学校"，1923年改为"国立北平师范大学"。1937年"七七"事变后，国立北平师范大学与同时西迁的国立北平大学、北洋工学院共同组成西北联合大学，国立北平师范大学整体改组为西北联合大学下设的教育学院，后改为师范学院。1939年西北联合大学师范学院独立设置，改称国立西北师范学院，1941年迁往兰州。从此，西北师范大学的教育学人扎根于陇原大地，躬耕默拓，薪火相传，为国家培育英才。

　　教育学科是西北师范大学教育学院的传统优势学科，具有悠久的历史和较强的实力。1960年就开始招收研究生，这为20年后的1981年获批国家第一批博士点打下了坚实的基础。当时，西北师范学院教育系的师资来自五湖四海，综合实力很强，有在全国师范教育界影响很大的著名八大教授：胡国钰、刘问岫、李秉德、南国农、萧树滋、王文新、王明昭、杨少松，他们中很多人曾留学海外，很多人迁居兰州，宁把他乡做故乡，扎根于西北这片贫瘠的黄土高原，甘于清贫、淡泊名利、默默奉献，把事业至上、自强不息、爱岗敬业的精神，熔铸在西北师范大学教育学科发展的文化传统之中，对西部教育事业的发展作出了重要贡献。"随风潜入夜，润物细无声。"先生之风，山高水长。为西北师范大学早期教育学科的卓越发展作出重大贡献的先生们，他们身体力行、典型示范，对后辈学者们潜心学术，继承学问产生了重要的、潜移默化的影响，体现了西北师范大学的教育学人扎根本土、潜心学术、面向全国、放眼世界，站在学科发展前沿，培养培训优秀师资，服务地方经济社会发展的教育胸怀与本色。

西北师范大学教育学科历经历史沧桑的洗礼发展走到今天，已形成了相对稳定而有特色的研究领域。尤其是在国家统筹推进世界一流大学和一流学科建设的大背景下，西北师范大学的教育学作为甘肃省《统筹推进高水平大学和一流学科建设实施方案》规划的一流学科建设项目，迎来了学科再繁荣与大发展的历史良机。为此，作为甘肃省一流学科建设项目成果、西北师范大学课程与教学论国家重点（培育）学科建设成果、教育部人文社会科学重点研究基地西北师范大学西北少数民族教育发展研究中心科研成果，我们编撰了"西师教育论丛"，汇聚近年来教育学院教师在课程与教学论、民族教育、农村教育、高等教育以及学前教育等方面的学术成果。这些成果大多数是在中青年学者的博士学位论文，科研项目以及扎根教学实践的基础上进一步凝练的结晶。他们深入民族地区和农村地区的村落、学校，深入大学与中小学的课堂实践，通过详查细看，对语文、数学、英语、物理、化学、研究性学习等学科课程教育教学的问题研究，对教育基本理论问题的思考，对教育发展前沿问题的探索……这些成果是不断构建和完善高水平的现代教育科学理论体系，大力提高教育科学理论研究水平和教育科学实践创新能力，进一步发挥教育理论研究高地、教育人才培养重镇、教育政策咨询智库作用的一定体现，更是教育学学科继承与发展的重要过程。

筚路蓝缕，以启山林。目前付梓出版的这些著作不仅是教师自我专业成长的一个集中体现，也是西北师范大学教育学院教育学科发展与建设的新起点。当然，需要澄清的是，"西师教育论丛"仅仅是西北师范大学教育学研究者们在某一领域的阶段性成果，是研究者个人对教育问题的见解与思考，其必然存在一定的不足，还期待同行多提宝贵意见，以促进我们的学科建设和发展。

万明钢

2017 年 9 月

目　　录

绪　　论

百年大计，教育为本。教育大计，教师为本。振兴民族的希望在教育，振兴教育的希望在教师，实现教育现代化的根本在教师教育事业的发展，短板在民族地区与农村地区教师的培养。中华人民共和国成立以来，我国基础教育事业取得了历史性的进展，教育质量大幅度提高。这与我国重视师范教育的历史传统与变革精神不无关系。据新华社 2017 年 1 月 16 日电，教育部教师工作司司长 15 日表示，"十三五"期间我国 181 所师范院校一律不更名、不脱帽，要聚焦教师培养主业，改进教师培养机制、模式和课程，加强教师教育体系建设等，足见国家对师范教育的重视程度。

但我国幅员辽阔、民族多元、东中西部地区自然条件和经济发展水平差异较大，与之相关的教育发展也不均衡。尤其是在我国少数民族地区，由于受语言、教育状况、经济发展水平等的影响，西北少数民族地区教师专业水平亟待提高。因此，开展西北少数民族地区师范教育综合改革，是解决民族地区老百姓对高质量教育需求的根本。

一　研究背景

2010 年，我国颁布《国家中长期教育改革和发展规划纲要（2010—2020 年）》，明确要求重视和支持民族教育事业。要加强对民族教育工作的领导，全面贯彻党的民族政策，切实解决少数民族和民族地区教育事业发展所面临的特殊困难和突出问题。积极发展民族地区高等教育，支持民族院校加强学科和人才队伍建设，提高办学质量和管理水平。加强教师队伍建设，通过培养培训建设一支高素质教师队伍是其中重要的任务之一。

为把党的十八大和十八届三中全会关于立德树人的根本任务落到实处，充分发挥课程在人才培养中的核心作用，进一步提升综合育人水平，更好地促进各级各类学校学生的全面发展、健康成长，2014年3月，教育部颁布《教育部关于全面深化课程改革 落实立德树人根本任务的意见》，立德树人是发展中国特色社会主义教育事业的核心所在，是培养德、智、体、美全面发展的社会主义建设者和接班人的本质要求。

2014年9月9日，中共中央总书记、国家主席、中央军委主席习近平在会见庆祝第三十个教师节暨全国教育系统先进集体和先进个人表彰大会受表彰代表后，在北京师范大学强调全国广大教师要做"有理想信念、有道德情操、有扎实知识、有仁爱之心"的"四有"好老师，为发展具有中国特色、世界水平的现代教育，培养社会主义事业建设者和接班人做出更大贡献。这对师范大学"为谁培养人""培养什么样的人"和"怎样培养人"提出了标准要求，指引着我国未来师范教育发展的根本方向。

伴随着我国"一带一路"倡议实施与"互联网＋"教育的发展，西北少数民族地区师范教育的发展面临着前所未有的机遇，同时也使之面临着前所未有的挑战。我们需要清楚地认识到，实现小康社会，教育是重要推动力之一，通过实现教育现代化来大力推动经济社会发展的现代化，才能够阻断贫困的代际传递。近年来，国家不断出台相关政策，比如《乡村教师支持计划（2015—2020）》《教育部关于加强师范生教育实践的意见》《教育脱贫攻坚"十三五"规划》等，一方面对高等师范教育提出了更高的要求，另一方面不断调整和规范师范教育健康发展，为国家基础教育事业发展培养优秀的师资。

党的十九大报告再次强调培养高素质教师队伍的重要性。我们唯有变革师范教育人才培养模式，探索师范教育综合改革和师范生培养新机制，才能够走出西北少数民族地区师范教育发展的特色之路，才能培养出符合新时代要求的、具备"四有"特质的好老师。

二 问题的提出

西北少数民族地区师范教育综合改革及师范生培养是我国民族地区教育事业发展的关键，也是贯彻落实我国《国家中长期教育改革和发展规划纲要（2010—2020 年）》《教育部关于大力推进教师教育课程改革的意见》的根本。在少数民族地区，由于文化、语言、习俗等方面的影响，少数民族地区的教师培养具有一定的特殊性。在当地，师范生培养质量的水平取决于高等师范院校师范教育的发展水平，高等师范院校师范教育综合改革的成效决定着师范生培养的质量。因此，本书聚焦以下几个方面展开研究：

第一，西北少数民族地区师范院校师范生培养综合改革的制度建设、课程方案设计、课程实施成效，重点关注制度建设中的民族特色与实践性。

第二，西北少数民族地区师范院校师范生培养的支撑性条件与职前职后一体化。重点关注师范生培养中的环境建设、见习与实习基地建设、培养过程中的参与可能性，大学与中小学合作等理论、实践与制度支撑。

第三，从学理的角度探索西北少数民族地区师范院校教师教育综合改革与师范生培养的愿景与实践路径。

第四，立足民族地区的自然、经济、文化、社会以及教育发展水平的实际，探索培养具备双语能力的优秀师资队伍的有效策略。

三 研究目的与意义

（一）研究目的

通过对我国师范教育综合改革的文献梳理，进一步了解我国西北少数民族地区师范教育的基本现状、存在的问题与发展的基本趋势。

通过调查研究，总结和梳理我国西北少数民族地区师范教育的基本状况、改革的着力点与突破点，梳理学校的相关经验，探索适合当地民族特征与文化的师范教育模式与师范生培养新机制。

通过对学生、教师、管理者以及专业研究人员的调查，了解现行学校教师教育的基本状况、所遇到的困难与问题、运行的模式、成效与存在的问题。

通过本研究，探索教师教育多元化共存的意义和价值，民族地区教师专业成长的理论结构与实践策略，促进民族地区基础教育事业的发展。为国家教育行政主管部门提供师范教育综合改革和师范生培养的相关政策建议。

（二）研究意义

1. 国家宏观政策制定与落实的需要

为全面提高国民素质，促进教育事业的科学发展，加快社会主义现代化进程，我国于 2010 年颁布《国家中长期教育改革和发展规划纲要（2010—2020 年）》，全面描绘了我国教育发展的蓝图。

为贯彻落实教育规划纲要，深化教师教育改革，全面提高教师培养质量，建设高素质专业化教师队伍，2011 年，教育部颁布《教育部关于大力推进教师教育课程改革的意见》，对教师教育课程的基本要求、教师教育课程方案的制定、教材与课程资源的开发、教学与评价的开展以及教师资格的认定等提出了新的要求。在此基础上制定了《教师教育课程标准（试行）》，对幼儿园、小学、中学教师职前职后教育课程目标与课程设置进行了统一规划。

为深入贯彻落实《国家中长期教育改革和发展规划纲要（2010—2020 年）》和《国务院关于加强教师队伍建设的意见》，深化教师教育改革，推进教师教育内涵式发展，全面提高教师教育质量，培养造就高素质专业化教师队伍，我国颁布《教育部 国家发展改革委 财政部关于深化教师教育改革的意见》，要求对构建开放灵活的教师教育体系、健全教师教育标准体系、完善教师培养培训制度、创新教师教育模式、深化教师教育课程改革、加强教师教育师资队伍建设、开展教师教育质量评估以及加强教师教育经费保障等进行全面的规划。

　　自 2010 年以来，针对教师教育的职前培养与职后的能力提升，我国还出台了较多相关的政策文件，这些政策文件涉及从"卓越教师培养计划"到"教师培训计划"等，着力提升教师培养培训的质量，大力提高高师院校教师教育能力与师范生培养的质量。

　　2. 发展我国少数民族地区教育事业的需要

　　我国颁布的《国家中长期教育改革和发展规划纲要（2010—2020年)》对民族教育事业的发展也提出了要求。在整个教育事业的发展中，由于语言、文化、经济发展水平以及地域限制等原因，民族地区的教育一直是我国教育事业发展中的短板之一，明确要求"重视和支持民族教育事业"，"全面提高少数民族和民族地区教育发展水平。公共教育资源要向民族地区倾斜。中央和地方政府要进一步加大对民族教育支持力度。"

　　西北地区是我国西北内陆的一个区域，在行政区划中包括陕西省、甘肃省、青海省、宁夏回族自治区以及新疆维吾尔自治区三省两区，总面积 306.2 万平方千米，占全国土地总面积近 32%，居住着汉、藏、回、维等近 50 个民族，其中少数民族人口约占西北总人口的 1/4，民族教育事业呈现出多元化特点。从古至今，西北地区在我国的政治、经济、军事、文化、宗教等方面占有十分重要的地位。西北地区是多民族聚居的地区，在多元文化背景下形成了多样化的民族文化。受政治、经济、文化以及宗教等因素的影响，西北少数民族地区教育事业发展速度较为缓慢，民族问题与民族教育问题是国家战略关注的重点，双语师资的培养事关民族教育事业的发展、民族团结和国家的安全稳定，大力培养一批"民汉"兼通的师资力量，是提高少数民族地区教育质量、推动民族地区教育事业发展的当务之急。

　　西北少数民族地区的教育是我国基础教育事业发展中的"短板"，师资数量不足、质量不高是长期制约我国少数民族地区教育发展的"瓶颈"，更是高师院校进行教师教育改革的关键所在。就当前的现状而言，教师教育课程内容与中小学课程改革的实践联系仍然不够紧密，师范院校教育课程改革明显滞后，不能很好地适应基础教育课程改革对高质量教师的要求，教师教育类课程资源不足，诸如此类的问题时常困扰着民族地区教师教育事业的发展，影响着民族地区师范教育综合改革和师范生培养的质量。

四 核心概念界定

（一）师范教育

教师是一种专门的社会职业，是从事教育工作的专业人员，需要掌握专门的知识和技能，需要经过专门的培养和训练。教师培养和训练的途径及方式，古今中外各不相同。我国自古就有重视师资培养的优良传统，历经近现代的发展已经趋于成熟。

那么，什么是师范教育呢？师范教育是近代社会的产物。从词义来看，"师范"中的"师"有"教师"和"效法"的含义；"范"，顾名思义是"模范""榜样"的意思。汉代的扬雄说，"师者，人之模范也"，表明教师是学生做人的模范。古语中还有"学高为师，身正为范"的说法。叶圣陶先生也说过这样一句话："教师的全部工作就是为人师表。"可见，师范教育概念中的"师"蕴含着较多的伦理学和职业道德的色彩，强调的是师德师风的重要性。

美国印第安纳州教师协会主席艾费尔指出，从培养目标上看，师范教育则"必须提高教师的认识，使他们懂得，教学工作不能只看成一种技艺"；从课程设置上看，需要有普通教育课程、自我认识课程与职业知识课程；从人才培养上看，师范教育则"不能只是培养教书匠"，而必须使其善于利用新的方法去获得知识，使其有能力去应付未来的教育。顾明远先生在其1990年主编的《教育大辞典》里将"师范教育"界定为"培养师资的专业教育，包括职前培养、初任考核试用和在职培训"。

（二）教师教育

"教师教育"一词是由"师范教育"一词演变而来的，教师教育是师范教育的逻辑与历史的延伸。

《维基百科全书》认为，教师教育是指为培养教师能在课堂、学校乃至社会上有效履行其职责所需知识、态度、行为、技能而设计的政策和程序，可分为职前教育、入职教育和教师发展三个阶段。

我国 2002 年发布的《教育部关于"十五"期间教师教育改革与发展的意见》认为，教师教育是指"教师的职前培养、入职教育和在职培训"。

五　研究文献梳理

（一）民族地区师范教育综合改革及师范生培养的课程设计

1. 课程资源开发在师范生培养中的意义与原则

课程资源开发是高等师范院校师资培育的重要路径，也是关键与核心环节。有研究者认为，此类课程的开发，要遵循以下原则：[①] 一是目的性原则，即根据培养、培训目标的需要，选择适合的课程资源；二是综合性原则，即尽量整合各种不同类型的资源，进而加深受教育者对教师教育课程内容的理解；三是实效性原则，教师教育机构或教师教育者可根据资源的不同特点，配合课程内容，结合教育目标，充分发挥课程资源的效能，进而避免资源使用的盲目性和形式主义倾向；四是实践性原则，即课程资源的选择要有利于受教育者的探究性学习和实践能力的培养。此外，统一性与民族特色性相结合的原则，以及职前课程与职后课程相结合的原则、理论与实践相结合的原则，培养师范生课程资源开发、课堂交流和评价的能力等也是非常重要的原则。

2. 师范生培养中课程资源开发的设计研究

多元文化研究方面的著名专家班克斯教授通过长期的深入研究，提出了一个由浅入深、渐进的多元文化课程设计的整合模式，可区分

---

① 潘佳丽：《Understanding Modelling Approach in RICH Education》，硕士学位论文，浙江师范大学，2008 年。

为四种课程设计途径：① 一是贡献途径，即在原有教材和课程框架中增加少数民族的文化内容，强调少数民族对主流文化的贡献；二是附加途径，整体考虑在课程与教材内容中呈现不同的文化内容、概念、主题和评价。它可以通过补充一些读物、增加专门的单元甚至增设一门课程来实施多元文化教育；三是转换途径，改变原有课程结构，使学生能够从多族群文化的角度来理解不同的概念、问题、事件；四是社会行动途径，使学生能够运用所学的概念、方法，自行拟订学习和行动计划，积极地参与社会活动。班克斯的四种途径是一个融合互补的不断改进和完善的过程，是一套由浅入深、循序渐进的多元文化课程设计类型。苟顺明等研究者指出，规划一项完整的多元文化教师教育训练课程，必须具备三个条件：② 帮助教师建立对不同文化学生的敏感性，并了解不同文化学生可能遇到的学习问题；培养教师对不同文化学生所应持有的信念及形成自我审视的态度；培养教师具备多元文化教学策略的认知与能力。要对每一位学生的差异性保持清醒的意识和文化的敏感，采取文化适宜的教学策略帮助所有学生的学习活动；文化敏感型教师应秉持正确的族群文化观，了解学生的文化背景及其差异性，对各族群学生持尊重和肯定的态度，采用文化适宜的教学策略。

3. 师范生培养的课程结构研究

课程结构是形成民族地区师范生适应当地文化、理解民族文化的基本构型，是认识和理解他种文化的前提和基础。因此，民族地区师范生的课程结构应该有鲜明的特色，要摒弃早期以专业课程、选修课程与通识课程为基础的课程结构。姚玉环等提出高师院校应在其他教育类课程设计中采取附加方式、融合方式、统整方式来融入不同民族文化、教学技能、策略等内容，应设置通识类课程、学科专业课程、

① 涂元玲：《论班克斯多元文化课程改革的途径及启示》，《比较教育研究》2003 年第 2 期。
② 苟顺明：《论少数民族地区教师的特殊素质——美国文化敏感型教师的启示》，《学术探索》2014 年第 4 期。

民族文化课程以及教育实践课程等。① 阳红等提出应将教师教育类课程结构设置为教育理论课程、教育技能课程、教育实践课程。② 也有研究者倡导进行课程模块化培养。

4. 师范生培养中的课程资源

课程资源是少数民族地区师范生培养的依据之一，而乡土、社区教学活动的课程设计与实践课程资源是对当地真实的社会文化、生活，各民族在本地区的民风、民俗以及师生生活范围里所熟悉环境中人、事、物的真实反映，对培养民族地区师资具有重要意义。首先是在学生、学校所处的社会区域内，能为课程设计和实践所利用的教育资源；其次是校外环境中一切可以利用的教育资源，并结合学校教学内容对其进行选择和整理，最终作为正式课程进入学校；再次是乡土、社区课程资源应具有普遍性，大多存在于学生生长区域内的有关人、事、物及环境等之中；复次是乡土、社区课程的设计与实践要具有教育意义，即为具有先进性、积极向上的教育资源；最后还要考虑课程设计与实践的地区民族性，少数民族地区是多民族聚居地区，乡土、社区课程的设计与地方各民族特质的联系必然十分密切。③

（二）民族地区师范教育综合改革及师范生培养的机制建设

1. 培养机制建设模式

机制建设是民族地区师范教育综合改革的前提与基础，是师范生培养的重要平台与抓手。从国内教师教育体制改革来看，由于基础教育改革、师资来源多样化以及省属、地方师范性大学教师教育模式改革所带来的激烈竞争，全国各地高等师范院校围绕着师范教育和师范生培养进行了诸多的实践探索，其师范生培养主要有"3 + 1""4 +

---

①　姚玉环：《地方民族院校师范生教学能力培养问题的思考——以内蒙古民族大学为例》，《民族高等教育研究》2013 年第 6 期。

②　阳红：《贵州民族地区新建高校教师教育类课程体系改革的构想》，《贵州民族研究》2007 年第 5 期。

③　李丹：《民族地区高师院校师范生培养的问题与对策》，《西昌学院学报》（自然科学版）2010 年第 4 期。

0""4+1""4+2"等多种模式。① 但这些模式对民族地区师资培养的研究与考量是不足的。

2. 培养方案的设计

黄远春、边仕英、陈梅琴等提出改革人才培养方案，改革课程模块结构，加强民族文化教育；强化教师教育类课程，突破传统的实践教学模式，强化实验实训；完善"民族地区顶岗支教实习工程"制度，使教师教育"职前职后一体化"，教师培养终身化。② 姚玉环等提出，师范院校应确定面向基础教育发展的人才培养目标，突出教师教育特色，开设独立的实践性课程（如教材分析系列、案例分析系列、课堂教学技能技巧系列、教育教学经验交流系列、见习与实习系列），实施全程教育实习（包括教师基本功训练、"见习"教材和教法研究、"模拟教学"、深入中小学课堂观摩教学等），加强与基础教育的沟通与合作，为提高师范生的教学实践能力提供制度保障和实践平台。③

3. 职前职后一体化模式

蔡向颖等认为，教师教育的目标就是实现教师的专业化发展，教师的专业化发展可从信念与责任、知识与能力、实践与体验层面来实现。在具体做法上应根据现实情况，充分挖掘、利用当地课程资源，拓宽实践性知识培养渠道，调动学生参与的积极性，积极寻求中小学校的支持与合作，为职前教师的实践性知识培养奠定良好基础。另外，加强教育实习也是学生将自己的知识理论付诸实践的过程，是一个将理论知识灵活运用的过程，同时也是对于未来从事教育工作的一个实践准备工作。④ 另外，除了教导知识情感层面的通则文化外，还

---

① 王健：《我国高校学士后教师培养模式的现状分析》，《教师教育研究》2009 年第 6 期。

② 黄远春、边仕英、陈梅琴：《民族地区教师教育模式创新与教师教育专业化》，《西昌学院学报》（社会科学版）2012 年第 1 期。

③ 姚玉环：《地方民族院校师范生教学能力培养问题的思考——以内蒙古民族大学为例》，《民族高等教育研究》2013 年第 6 期。

④ 蔡向颖：《新疆少数民族地区多元文化教师教育研究》，硕士学位论文，新疆师范大学，2012 年。

要辅之对于特殊文化的认知与情感层面的认识，推动教师教育培养培训一体化的进程。

4．培养平台建设

根据少数民族地区教师教育新体系建构的总体目标，调整少数民族地区师范院校和教师教育机构的布局、层次和结构，整合优质教育资源，建立新型教师教育机构——教师学院（校），形成相应层次的国家、省、县三级教师教育基地。实现职前培养与职后培训的有效衔接和教师教育资源的有效整合，加强三级教师教育基地的联系、协调、沟通和合作。

（三）民族地区师范教育综合改革及师范生培养的经验

基于民族地区教育的特殊性，国内相关的师范大学都进行过相应的教师教育改革的尝试，积累了一定的经验。

1．拓展课程内容结构以增强师范生文化身份认同

覃静等提出，通过开设专门的民族文化课程来拓宽视野、成立民族文化研究机构或民族文化展览室、激发在生活中学习民族文化的兴趣等方式，加深职前教师对本民族文化和本地其他各民族文化的了解；通过专题讲座、参与体验实践、反思觉察等方式，增强职前教师民族文化传承者和多元文化教育者的身份认同。[1]

2．建立合作机制以增强师范生的实践性知识

彭宁提出"多边互动"的主张，即建立高师院校、民族地区教育主管部门、民族地区中小学三位一体的教师教育实践教学模式，以实现教师教育体系中师范院校和基层政府、大学与中小学的多边互动、责任分担，形成利益共同体。加强校地合作，以构建教师教育创新体系为核心，打造全方位的教育改革与发展平台，实现教师职前培养和在职培训资源共享。[2]

---

① 谭静、覃永县：《少数民族地区职前教师多元文化教育观念的调查——以广西河池学院汉语言文学专业师范生为例》，《河池学院学报》2013年第6期。

② 彭宁：《民族地区高师院校教育实习模式的演进与思考》，《天津市教科院学报》2012年第5期。

3. 以全方位的变革尝试引导研究者与实践者的关注

吕静结合边疆民族地区教师教育改革的现状，认为教师职前实践性知识培养的现状不容乐观。除转变观念外，西北少数民族地区师范院校要增加并合理安排教育见习与实习时间，切实加强对实践活动的指导；加强对学生"家教活动"的组织与指导，提高学生实践能力；加强与实习学校的联系，通过制作教具活动，提高学生从事实践性活动的兴趣与能力。① 因此，在师范教育改革中要调整教师教育专业课程结构，使教师教育课程比例更加合理，为增加师范类学生实践性知识提供平台；注重隐性课程建设，使多种课程融合，共同促进"准教师"实践性知识的形成与发展。

（四）国内外教师教育培养模式

教师是教育事业的第一资源，教师教育是教育改革的一个重要组成部分，是教育系统工程的基础，教师教育的质量直接关系到教育改革的成败，关系到一个国家教育事业的成败，乃至关系到一个国家的前途和命运。我国在第五次全国师范教育工作会议上，确定了教师教育在教育发展中处于优先发展的战略地位。② 通过文献研究发现，关于我国教师教育改革的研究内容主要有：关于教师教育概念的研究；关于教师教育政策的研究，包括关于教师教育政策历史变迁、师范生免费教育政策、教师资格制度问题的研究；关于教师教育课程标准的研究；关于教师教育课程改革的研究，包括关于教师教育课程改革的指导思想、教师教育课程结构改革、教师教育课程内容改革与课程评价体系的研究；关于教师教育发展方向的研究；关于教师教育体制的研究；关于中外教师教育比较的研究。这些研究中理论研究多而实证研究不足，研究内容单一，丰富性不够。

---

① 吕静：《教师职前实践性知识培养：现状与途径——以边疆民族地区教师教育为例》，《全球教育展望》2009 年第 10 期。

② 李石纯：《优先发展师范教育 建设高素质的师资队伍——全国师范教育工作会议侧记》，《中国高等教育》1996 年第 11 期。

1．国外教师教育多元化模式

关于国外教师教育的研究也是一个热门话题，相关研究的主要内容有关于教师教育模式的研究，包括国外教师教育模式的主要类型，如英国的"定向型"教师教育模式、"开放型"教师教育模式，法国的"3＋2"教师教育新模式，德国的"混合型"教师教育模式，美国、英国、澳大利亚等国的"大学与中小学合作"教师教育模式。此外，近年来还对印度等发展中国家的教师教育进行了深入研究，试图探讨民族哲学和多元民族文化对教师教育的影响；① 关于课程设置的研究，包括重视教育实践和通识课程的内容；关于教师教育认证的研究等。②

2．国内一体化教师教育模式

在梳理文献的过程中，笔者发现在当前我国本科层次师范生培养模式中，较有代表性的有"4＋0""3＋1""2＋2""4＋1"和"4＋4"等模式。

"所谓'4＋0'模式，即传统的四年制本科教师培养模式，在不延长学制、利用四年的时间、将教师教育课程贯穿于整个教师培养过程之中、进行全日制本科培养的、一种传统的四年制培养模式。"西北师范大学等地方师范院校师范生培养即采用此种模式。

"3＋1"模式，即3年学科专业教育＋1年教师专业教育，是指将本科四年时间分成前年和后年分段形式的分流培养，前三年的时间学习学科类课程和公共基础类课程，进行综合性教育，后一年集中学习包含教师教育理论、教育实践以及教学实践的教师教育类课程，进行教师专业的培养。

"2＋2"模式，即前2年按大文科、大理科两个方向组织教学，第三年学习专业课程，选择师范专业的学生，第四年接受教育学科学习和教师技能培训。沈阳师范大学依据不同专业的内在标准以及教师专业所具有的特色和学生自身发展的需要，制定了文理结合、学科专

---

① 李英：《印度教师教育研究》，博士学位论文，西南大学，2013 年。
② 陈旭：《中美教师教育课程设置比较研究》，硕士学位论文，陕西师范大学，2010年。

业课程与教师教育课程相结合的"通识平台学科专业基础模块（含专业实践）、教育学科模块（含教育实践）"培养方案。①

"4+1"模式，即双学位本科教师培养模式，学生完成4年专业教育后，再接受1年的教育培训；"4+4"模式，指专业课程与教师职业技能课程同时贯穿于四年制的本科师范教育，两类课程同步进行。本科阶段实行4年制教育，即按学科专业教育和教师教育相对独立的课程模式进行。前三年主要进行学科专业教育的学习，第四年上半年进行教育实践，下半年进行教师教育专业知识的学习，并进行毕业论文的撰写。

除此之外，还有"1+2+1"模式，是指对师范生进行1年的"宽口径"培养、2年的"厚基础"培养及1年的专业实践能力强化培养的结构形式和运行方式。各高师院校师范生培养有多种模式，常见的教师教育模式还有按照学段划分与课程模块划分相结合的模式，如"4+2""3+1""2.5+1.5"模式等。

（五）师范生培养目标

在师范生的培养方面，笔者通过梳理文献和搜索网页的方式，主要收集了北京师范大学、华东师范大学、华中师范大学、西南大学、东北师范大学、陕西师范大学、西北师范大学师范生培养目标，目标汇总如表0-1所示。

表0-1　　　　国内部分师范大学师范生培养目标汇总

学校	培养目标
北京师范大学	培养和造就中小学优秀教师和教育家
华东师范大学	围绕造就优秀教师和未来教育家的目标，大力推进师范教育改革，努力培养"人格健全、素养深厚、基础扎实、理念先进、技能突出"的基础教育优秀师资，进一步彰显"注重人格塑造、突出综合培养、强化实践训练、服务基础教育"的师范教育人才培养特色

① 教师培养模式改革课题组：《教师教育的理念与发展趋势研究》，《沈阳师范大学学报》（社会科学版）2003年第5期。

学校	培养目标
东北师范大学	培养人格健全、品德高尚、综合素质优良、专业基础厚实、有较强教育教学实践能力和拓展潜力、富有创新精神、乐教适教的基础教育高级专门人才
西南大学	主要培养德、智、体等方面全面发展的基础教育优秀教师及教育行政管理人员，为造就教育家奠定坚实基础
华中师范大学	为国家教育事业的发展培养一流的师资。毕业生职业走向以重点高中师资为主体，同时要求具备从事初中及小学教育教学的能力
陕西师范大学	培养其成为有理想、有抱负、德智体美全面发展，基础扎实且富有创新精神和实践能力的优秀中学教师，为其成为教育家奠定坚实基础
西北师范大学	学校致力于建设成为以"教师教育为主，特色鲜明，西部一流，全国高水平综合性师范大学"，着力培养引领基础教育课程改革、具有成为未来教育家发展潜力的高素质优秀师资，以及具有良好的思想道德素质和身体心理素质、具有深厚的文化素质和科学素质、具有专业领域扎实业务基础的高级专门人才

（六）对已有研究的思考

我国已在民族地区师范生培养综合改革中做了不少的尝试，积累了较多的经验，但这些经验的体系化程度还有待进一步提高。

第一，课程设置中教育专业课程设置比较重，与新课改联系不够紧密，教师教育课程实用性不高，鲜明的民族特色不足。少数民族地区鲜明的多元文化教育特色要求在未来师资培养方面需加强文化的认同与文化的理解。泽克勒认为，教师教育课程要强调各种族群文化群体的历史和贡献，应更多地关注语言、文化和学习之间关系的社会文化研究知识等。

第二，少数民族地区师范生培养课程体系的建构要了解多元文化教育的内涵以及文化差异性，了解本身的偏见及歧视，并能敏锐觉察教材中的文化偏见，并要发展多元文化教学策略。文化本身是一种生活方式，是一个实践过程，文化融入并显现于日常生活的方方面面，师范生只有走进并深入这种文化的生活中，才能深切感受不同文化的特性。但我国的教师教育课程主要由通识课程、学科课程和教师教育专业课程组成，缺乏对多元文化的观照，实习主要表现在教育见习上，实习时间短暂，指导不力，缺乏管理，有效度不高，学生对多元文化的认识与理解存在一定的偏差，或者根本不了解。显然，简单地把实习加在教师教育计划中绝对不足以发挥其应有的作用。国内一些学者也逐渐将目光转向尊重学生的差异和个体文化，要求对教师的培养除注重对其加以扎实的教育专业素养与学科专门知识传授之外，还应使其具备基本的文化人类学素养以及多元文化课程设计能力和多元文化教学设计能力。①

第三，在少数民族地区，需要加强大中小学的合作，将实习基地设在民族中小学；在学生实习之前要专门安排其见习，让学生了解多元文化的课程教学；在西北少数民族地区具有培养教师职能的专门学校里，需要注重多元文化环境的营造，加强学生对多元文化的理解；提高高校教师多元文化素养，以言传身教；加大地方师范大学与民族地区教师的交流与学习，提升师范教育教师培养实效等。

六　研究设计

本书遵循的是一条"在这里—去那里—回到这里"的技术路线。"在这里"，主要进行的是文献的梳理与分析，关注的是国内外有关师范教育、教师教育以及师范生培养方面的相关理论、经验以及策略研究。目的是为研究者进入研究现场提供理论的支持与实践的指导，防止在研究的过程中走弯路。"去那里"指的是研究现场，到达研究现场，就需要进行访谈、问卷调查以及有关教师教育改革文献资料的收集等。目的是查清楚、看明白教师教育综合改革中的实践行动状况，师范生培养的具体行动路径等。"回到这里"是基于文献研究梳理和实践状况调查而进行的工作，既有理论的提升，又有实践的提高，重在提炼经验，升华理论，最终提出民族地区师范教育综合改革

---

① 欧群慧：《云南省黎明市孟波镇中学多元文化教师民族志研究》，博士学位论文，中央民族大学，2009 年。

和师范生培养的策略。具体研究路径如图0-1所示。

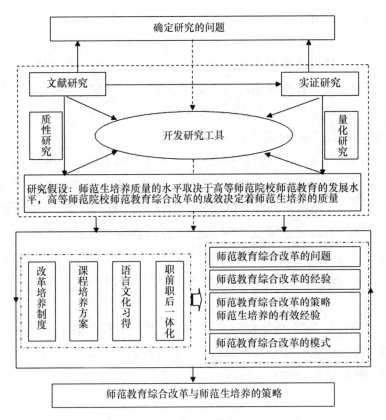

图0-1 研究的基本思路

本书是在文献梳理和实证研究的基础上，通过质性研究与量化研究相结合的范式，开发研究的工具、咨询该领域的专家学者、形成整体的研究计划。在研究中，笔者基于"师范生培养质量的水平取决于高等师范院校师范教育的发展水平"和"高等师范院校师范教育综合改革的成效决定着师范生培养的质量"的研究假设，聚焦于高等师范院校师范教育综合改革的制度、课程培养方案、语言文化习得以及职前职后一体化等问题，开展相关的调查研究，最终形成师范教育综合改革与师范生培养的策略，为我国政府决策民族地区师范教育综合改革及师范生培养提供重要的政策建议。

七　研究对象选择与方法应用

（一）研究对象选择

本书坚持以高校为主导，以学生为主体，以高校课程体系建设、培育机制建设、技能训练与环境建设等为抓手，综合了解教师教育综合改革与师范生培养等基本状况。在样本的选择上，本书选择有少数民族师范生培养任务的甘肃、青海、新疆、宁夏四省区进行调研。具体学校为新疆维吾尔族自治州的石河子大学、喀什大学、新疆师范大学、新疆教育学院；青海省的青海师范大学和青海民族大学；宁夏回族自治区的宁夏大学和北方民族大学；甘肃省的西北师范大学、西北民族大学、甘肃民族师范学院。这 11 所师范院校或综合性大学地处西北，具有鲜明的民族教育特色，特别是在藏汉、维汉双语教育中占据着重要的地位。以这 11 所学校为案例开展调查研究，具有一定的代表性。

另外，在这 11 所学校中，主要集中了关于西北地区民族教育中师范生培养和教师教育改革的研究者、管理者、教育者和受益人，选择对该地区进行研究具有一定的针对性和可行性。

（二）研究方法的应用

本书以西北四省区部分师范院校或有师范生培养职能的大学为调查研究对象。在研究方法的使用上，主要有问卷调查法、访谈法、文本收集法等。

问卷调查的对象主要为样本院校的大学本科四年级学生，采取整群随机抽样的方法，在每所学校抽取文科和理科专业各两个班，学习专业主要有汉语言文学、数学、外语、物理、化学、政治、历史、地理、生物、心理学、舞蹈、音乐等，共发放调查问卷 2056 份，回收有效问卷 1701 份，回收率为 82.73%。通过克龙巴赫信度系数（Cronbach's Alpha）检验发现，学生问卷信度系数为 0.926。

在访谈中，笔者采取了结构式访谈和座谈相结合的方式，对各校教务处（副）处长，教育学院（副）院长（主任），从事教师教育研究的教师，带队实习的教师，班主任或辅导员以及实习归来的大学四年级学生进行访谈或座谈。具体样本抽样情况如表0－2所示。

表0－2　　　　　　　调研样本分布情况

地域	学校样本	学生问卷样本量	访谈样本（人）			
			教务（副）处长	（副）院长	教师	学生
甘肃	甘肃民族师范学院	158	1	1	4	15
	西北师范大学	181	1	1	4	12
	西北民族大学	155	1	1	4	12
青海	青海师范大学	148	1	1	4	12
	青海民族大学	177	1	1	4	12
新疆	新疆师范大学	142	1	1	4	12
	新疆教育学院	151	1	1	4	12
	石河子大学	159	1	1	4	12
	喀什大学	158	1	1	4	12
宁夏	宁夏大学	157	1	1	4	12
	北方民族大学	115	1	1	4	12
合计		1701	11	11	44	135

第一章 师范教育发展的历史回顾

自 1897 年清政府在上海首创南洋公学师范院起,[①] 我国师范教育历经百余年的历史发展与演进,逐渐形成了职前职后一体化的、独具特色的封闭型高等师范教育培养和培训体系。梳理我国师范教育发展的历史可以发现,我国师范教育的发展主要经历了萌芽期(1840—1897)、艰难探索期(1897—1927)、曲折发展期(1927—1976)、改革创新期(1977 年至今)四个基本时期,建立了职前职后一体化的教师教育体系。在我国进入中国特色社会主义新时代,师范教育迎来了"新师范教育时代"。回应"新师范"发展的历史诉求,梳理师范教育发展的历史,对师范教育综合改革具有重大的现实意义。

第一节 师范教育的萌芽时期

我国师范教育的萌芽伴随着"西学东渐"的历史潮流鼓浪而来,历经社会历史发展结构的巨变,渗透着西方师范教育概念的引入与移植,在救国图强的道路上,师范教育进入了我国高等教育和基础教育发展的视野。

① 谢安邦:《我国高等师范教育制度的变革与发展》,《高等师范教育研究》1999 年第 2 期。

一 中国近代社会结构变革呼唤近代教育的产生

随着两次鸦片战争的爆发，中国社会发生了急剧的变革，西方列强逐步打开了中国的大门。清王朝内部形成了对立的两个政治派别：顽固派和洋务派，其中洋务派逐渐转变了清政府闭关锁国的政策，开启了学习西方先进技术的潮流。1861 年总理衙门的设立，开始了一场以"自强""求富"为目的的洋务运动。"洋务派在 19 世纪 60 年代起直至 19 世纪 90 年代中日甲午战争爆发的 30 多年中，设立了以京师同文馆、上海广方言馆等为代表的外语学堂，以福州船政局、天津水师学堂等为代表的军事学堂，以天津电报学堂等为代表的技术学堂，总共三类计 30 多所新式学堂。"① 创办学堂主要是为了翻译、军事、工程、通信、医务等培养新型人才，此外，还派遣 200 多名留学生，为中国近代教育奠定了初步基础。其中，1862 年设立的京师同文馆，其目的是学习外国语言，培养外交与翻译人才，成为近代教育的开始，对中国近代教育的影响广泛而深远。

1894 年甲午战争爆发以及《马关条约》的签订，中国出现了空前的民族危机。一次次屡战屡败的战争，一个个不平等的条约，"变器不变道"的洋务运动已经无法拯救中国的惨败景象。此时，"救亡图存""富国强兵"已成为国人的强烈呼声。在各种救国救民的方案中，"不论保守党、进步党、激进党，莫不公认教育为当今唯一之问题矣。即就教育而论，不论官立学堂、民立学堂，莫不公认师范为当今唯一之急务矣"②。

二 西方师范教育概念的引进与发展

1868 年日本明治维新后，开始学习西方设置培养教师的机构，称之为"师范学校"。"19 世纪 70 年代，黄遵宪在《同本杂事诗广

① 崔运武：《中国师范教育史》，山西教育出版社 2006 年版，第 11 页。
② 璩鑫圭等：《中国近代教育史资料汇编（实业教育 师范教育）》，上海教育出版社 1994 年版，第 607 页。

注》中将日本的师范教育介绍回中国，这是最早向中国人介绍国外师范教育的文章。1882 年出版的王之春著的《蠡测危言》和 1892 年出版的郑观应著的《盛世危言》，对欧美师范教育的情况也作了一点介绍，将他们举办的师范学校翻译为'师道馆'。"① 办教育、兴学校，根本在于教师。自洋务运动兴办学堂以来，令人感受最深的就是教师的缺乏，当时提倡的"学必有师""首重师道"等思想为我国师范教育的出现奠定了基础。

1896 年孙家鼐提出："泰西各国，有所谓师范学堂者，转学为师，大学堂学生，如不能举为官者，考验后，仿泰西例给牌凭，任为教习。各省立学之始，皆先需向京师大学堂咨取充当，则师资自有。"②

作为资产阶级维新派，梁启超是师范教育的重要倡导者之一。1896 年，梁启超在其著名的《变法通议》中，以《论师范》一文最早较为系统地对中国师范教育的主要问题进行了论述，形成了较为完整的师范教育思想，代表了那时中国教育思想领域内对师范教育认识的最高水平。

师范教育作为"舶来品"，兴办的学堂也基本上聘用外国教师。"在兴办洋务教育的过程中，洋务派主要是依靠聘请外国教员来解决师资问题，如京师同文馆总教习就是由美国人丁韪良担任，一些自然科学、外国语学科教员大部分都聘自外国。"③ 梁启超就聘用洋员的弊端总结道："西人言语不通，每发一言，必伺翻译转展口述，强半失真，甚不相宜一也；西人幼学，异于中土，故教法亦每不同，往往有华文一二语可明，而西人衍至数十言者，而华人尤不能解者也，其不相宜二也；西人于中土学问，向无所知，其所以为教者，专在西学，故吾国之就学其间者，亦每拨弃本原，几成左衽。……其不相宜四也。西人教

---

① 刘捷、谢维和：《栅栏内外：中国高等师范教育百年省思》，北京师范大学出版社 2002 年版，第 46 页。

② 陈学恂：《中国近代教育史教学参考资料》（上册），人民教育出版社 1981 年版，第 151 页。

③ 张艳艳：《从近代学制看我国师范教育体制的确立与发展》，硕士学位论文，河北师范大学，2008 年。

习，既不适于用，而所领薪俸，又恒倍于华人，其不相宜五也。"①

梁启超阐述了师范教育是我国教育的基础，即"师范学校立，而群学之基悉定"。一方面，梁启超以日本兴办师范学校的成功经验为例，提倡在中国大设师范学校。另一方面，他批评当时中国"师范不立"，缺乏专门培养教师的学校，因此应为培养师资而兴办师范学校。为了"开民智"，梁启超认为："故欲革旧习，兴智学，必以立师范学堂为第一义。"

梁启超《论师范》一文，对中国兴办师范教育起了重要作用。其中，他对兴办师范教育的重要意义、课程设置、师范规则、兴办方略等所进行的较为全面系统的论述，为我国师范教育的正式出现打下了坚实的基础。

第二节　师范教育的艰难探索时期

我国近代史上颁布的第一个真正执行的学制《奏定学堂章程》（又称"癸卯学制"），明确了师范教育的章程，创立了早期的师范学校，后经民国时期师范教育发展实践的艰难探索，初步形成中国教育史上第一所师范大学——北京师范大学，建立了与师范教育人才培养相关的学制。

一　清末新政以及早期师范学校的创立（1897—1912）

（一）清末新政中的师范教育

1898 年的上谕说："出国游学，西洋不如东洋，东洋路近费省，文字相近，易于通晓，且一切西书均经日本择要翻译。"② 这一时期学习日本的教育尤其是日本的近代学制成为中国近代教育的重要内

① 梁启超：《论师范》，梁启超：《饮冰室合集（文集之一）》，中华书局 1989 年版，第 35—37 页。

② 朱有瓛：《中国近代学制史料》（第二辑上册），华东师范大学出版社 1987 年版，第 17 页。

容。1901 年 7 月，两江总督刘坤一、胡广总督张之洞上奏"江楚会奏变法三折"，要求"变通政治人才为先"，主张将"兴学育"作为新政的主要内容。1901 年 9 月，慈禧太后颁发了兴学诏书，提出"人才为政事之本"，要求"除京师已设大学堂，应行切实整顿外，着各省所有书院，于省城均改设大学堂，各府及直隶州均改设中学堂，各州县均改设小学堂，并多设蒙养学堂"①。

1902 年 8 月，清政府管学大臣张百熙参照日本学制拟定《钦定学堂章程》，亦即"壬寅学制"，这是我国近代第一个较为完整的法定学制。《钦定学堂章程》："将整个学校教育系统分为纵向（直系）和横向（旁系）两大部分，纵向为普通教育，分为初等、中等和高等三段，横向为师范教育和实业教育。其中，师范教育分为附设于大学堂的师范馆、附设于高等学堂的师范学堂和附设于中学堂的师范学堂两级。"②

1903 年，清政府命张之洞、张百熙、荣庆重新厘定学堂章程。1904 年，三人复奏重订学堂章程，清政府批准颁布了《奏定学堂章程》，亦即"癸卯学制"。癸卯学制是我国近代第一个在全国范围内公布实施的学制，师范教育因此得到明显的改善。《奏定学堂章程》规定："通过作为总纲的《学务纲要》、16 个学堂章程和 1 个通则，将整个学制规定为纵向和横向两大方面，师范教育即属于横向方面。"③ 其中涉及师范教育的章程有《初级师范学堂章程》《优级师范学堂章程》《实业教员讲习所章程》，将师范教育单独设立，与普通教育相分离，对培养目标、课程设置、学校管理等方面进行了较为详细的规定，且构成一个完整的师范教育体系。

（二）早期师范学校的创立

1. 南洋公学师范院

盛宣怀是洋务派中较早认识到中国近代教育具有重要作用的有识

---

① 朱有瓛：《中国近代学制史料》（第一辑下册），华东师范大学出版社 1986 年版，第 776 页。

② 崔运武：《中国师范教育史》，山西教育出版社 2006 年版，第 29 页。

③ 同上书，第 30 页。

之士之一。1897 年 1 月，在清政府的支持下，盛宣怀在上海创建了南洋公学。为了解决师资问题，盛宣怀提出"考选成材之士四十名，先设一师范学堂。"① 于是，他着手筹设南洋公学师范院，招考学生40 名，于 1897 年 4 月 8 日开学。② 南洋公学师范院具有较为符合师范教育特点的宗旨和培养目标，学校"视西国师范学校肄习师范教育管理学校之法"③，以"明体达用，勤学善诲为旨归"，将学校学生按照班次等级"分格五层"。此后，盛宣怀又"复仿日本师范学校，有附属小学校之法"，在 1897 年秋招生 120 名设立外院。1903 年南洋公学师范院结束，前后共招收师范生 72 人。④

2. 通州师范学校

1902 年，张謇在江苏通州创办了民立通州师范学校，并于 1903 年4 月正式开学。通州师范学校"为亟造小学教习计"，明确以培养小学教员为宗旨，张謇说："诸生亦曾思师范学校之义乎？范者，法也，模也。学为人师，而不可不法不模。"⑤ 1903 年，通州师范学校开办之际，就制定了《通州寻常师范学校开办章程》《通州师范学校招集生徒章程》《通州师范学校学课章程》《通州师范学校教习考槛章程》《通州师范学校职务章程》等⑥，逐渐完善学校的各项管理制度。至1912 年，通州师范学校共计培养出有较高质量的讲习科师范生 281 人，简易科师范生 25 人，本科师范生 134 人，测绘科师范生 43 人，工科师范生 9 人，农科师范生 23 人，蚕科师范生 20 人，总计达 535 人。⑦

---

① 盛宣怀：《奏陈开办南洋公学情形疏》，陈学恂：《中国近代教育史教学参考资料》（上册），人民教育出版社 1987 年版，第 310 页。

② 崔运武：《中国师范教育史》，山西教育出版社 2006 年版，第 19 页。

③ 朱有瓛：《中国近代学制史料》（第一辑下册），华东师范大学出版社 1986 年版，第 522 页。

④ 崔运武：《中国师范教育史》，山西教育出版社 2006 年版，第 20 页。

⑤ 朱有瓛：《中国近代学制史料》（第二辑下册），华东师范大学出版社 1989 年版，第 289 页。

⑥ 崔运武：《中国师范教育史》，山西教育出版社 2006 年版，第 43 页。

⑦ 朱有瓛：《中国近代学制史料》（第二辑下册），华东师范大学出版社 1989 年版，第 311—312 页。

3. 京师大学堂师范馆

1898 年，京师大学堂正式开办。1900 年夏，义和团进入北京，后来，慈禧太后下令停办。1902 年 1 月正式下令恢复。1902 年 10 月 14 日，京师大学堂正式举行速成科招生考试，招收仕学馆和师范馆学生。12 月 17 日，师范馆和仕学馆正式开学，这标志着中国近代高等师范教育的诞生。① 京师大学堂师范馆是我国近代第一个高等师范教育机构。

（三）女子、幼儿师范教育的产生

1842 年，一些传教士开始创办女子学堂，招收中国女童。至 19 世纪 70 年代末，教会所办的女子日校和寄宿学校已达 120 多所，有学生 2100 多人。② 1897 年，维新派人士经元善、康有为和梁启超等在上海开办了中国人自办的第一所女学校——经正女学。随之，又出现了天津严氏女塾、广东移风女学堂和常州争存女子学堂等一批中国人自办的女子学校，中国近代自己办的女子学校教育拉开了帷幕。③

20 世纪初，中国近代教育已经发生了重大变化。与此同时，《奏定蒙养院章程及家庭教育法章程》规定，要设立幼稚园或蒙养院，对 3 岁以上 7 岁以下的儿童进行教育。如上海务本女塾附属幼稚园（1902）、京师幼稚园（1904）、湖北幼稚园（1904）、湖南蒙养院（1905）等。④

伴随着女子普通学堂和女子师范学堂的出现，清政府为规范女子师范办学，1907 年，颁布了《奏定女子小学章程》《奏定女子师范学堂章程》。其中《奏定女子师范学堂章程》对包括幼儿师范教育在内的整个女子师范教育做出了规定，女子师范教育"以养成女子小学堂教习，并讲习保育幼儿方法，期于裨补家计，以有益家庭教育为宗

① 崔运武：《中国师范教育史》，山西教育出版社 2006 年版，第 33 页。
② 崔运武：《近代中国教会女子教育析论》，《史学月刊》1988 年第 2 期。
③ 崔运武：《中国师范教育史》，山西教育出版社 2006 年版，第 46 页。
④ 同上书，第 47 页。

旨"①。此外，在办学宗旨、学校结构、课程设置以及教学管理等方面具体规范了女子教育。该章程颁布后，各省女子师范教育在改建或创办女子师范学堂和蒙养院、增设师范科等方面发生了很大变化。

这一时期最为著名的就是傅增湘 1906 年在天津创立的北洋女子师范学堂。1906 年 9 月，北洋女子师范学堂正式开学，招收学生 43 人，随后又在上海招收了 56 人，共分设两班进行教学。1908 年，学堂首批毕业生共计 78 人。② 1913 年学堂改为省立，名为直隶女子师范学校。

北洋女子师范学堂是我国最早设立的女子师范学堂，并具有较为完善的组织体系，给予当时及其后女子师范教育以借鉴意义和价值。由于《奏定女子师范学堂章程》没有将幼儿师范教育机构作为独立的机构，在章程颁布后，并没有独立的幼稚师范学校的建立。

二　独立师范体制的确立与发展（1912—1927）

（一）1912—1919 年的师范教育

1911 年辛亥革命的爆发，结束了两千多年的封建统治，中国社会进入了一个新的历史时期。1912 年元旦，中华民国临时政府在南京成立，孙中山先生就任大总统，开始了对政治、经济、文化、教育领域的改革。1912 年初，蔡元培就任教育总长，1 月 19 日，中华民国南京临时政府教育部公布《普通教育暂行办法》14 条。暂行办法规定："从前各项学堂均改称为学校"，"监督、堂长应一律统称为校长"。同日公布的《普通教育暂行课程标准》还将师范学校的科目明确规定为修身、教育、国文、外国语、历史、地理、博物、理化、法制、经济、习字、图画、手工、音乐、体操，废除了清末的读经典科目。③

①　朱有瓛：《中国近代学制史料》（第二辑下册），华东师范大学出版社 1989 年版，第 468 页。

②　同上书，第 690 页。

③　崔运武：《中国师范教育史》，山西教育出版社 2006 年版，第 56 页。

1912 年 3 月 14 日，孙中山令教育部通电各省，将已设立的优级师范、初级师范学堂改为学校，与高等学校、专门学校一起开学。1912 年 9 月公布新的教育方针："注重道德教育、以实利教育、军国民教育辅之，更以美感教育完成其道德。"此外，还公布了《师范教育令》，同年 12 月公布了《师范学校规程》。1913 年 3 月，公布《师范学校课程标准》等有关中等师范教育的法令法规，重新设定了中等师范教育制度。1913 年 8 月，教育部通令各县设立小学教员讲习所，加大中等师范教育规模，培养急需的小学教员。[①] 这一时期著名的中等师范学校有两所：1912 年 1 月，江苏师范学堂奉命改为江苏省立第一师范学校；1913 年，浙江两级师范学堂改名为浙江省立第一师范学校。

此一时期，高等师范教育发生了较大变化。1912 年末，范源濂接任教育部总长。1913 年 6 月，范源濂开始实施高等师范区制，将全国划分为直隶、东三省、湖北、四川、广东和江苏六大高等师范区。六大高等师范学校有北京高等师范学校、沈阳高等师范学校、武昌高等师范学校、四川成都高等师范学校、广东高等师范学校、南京高等师范学校。高等师范区制也是中国近代师范教育发展的新产物。

此外，还建立了女子高等师范学校。1912 年公布的《师范教育令》提出设立女子高等师范学校，并规定了培养目标。1919 年 3 月，教育部正式颁布了《女子高等师范学校规程》，为女子师范学校的建立提供了法律保障。同年 4 月，正式成立北京女子高等师范学校，还依据规程制定了《北京女子高等师范学校暂行简章》。

（二）1919—1927 年的师范教育

袁世凯倒台后，民国政府陷入北洋军阀集团的手中，军阀之间争权夺利，连年混战，政治黑暗。1919 年 4 月，以《新教育》创刊为标志，兴起了一场"新教育"改革运动。在倡导这一"新教育"改革的人们看来，要培养有独立人格和民主能力的个人，就必须尊重学

---

① 崔运武：《中国师范教育史》，山西教育出版社 2006 年版，第 62 页。

生的个性，必须选用新的教学组织形式和方法，最为直接而合乎要求的就是这时美国进步教育中的分科制。① 此时期还针对师范教育应该合并还是独立进行了激烈讨论，至 1922 年，全国教育联合会第七届年会决议的《学制系统草案》公布，争论达到高潮，形成独立派和合并派两大派别。

1922 年 9 月，教育部在北京召开全国学制会议，最后于 11 月颁行 1922 年学制或称为"新学制"，又称为"壬戌学制"。因为这一学制规定普通教育的修业年限，小学为 6 年，初高中各是 3 年，所以俗称为"六三三学制"。"新学制"的七项标准是："（1）适应社会进化之需要；（2）发挥平民教育精神；（3）谋个性之发展；（4）注意国民经济力；（5）注意生活教育；（6）使教育易于普及；（7）多留各地伸缩余地。"②

"新学制"涉及中等师范教育的改革主要是："第一，中学校修业年限为 6 年，一般初中、高中各 3 年，但可依设科性质作二或四分段，高中分普通、农、工、商、师范、家事等科，可依地方需要单设一科或者兼设数科；第二，为推广职业教育计划，可在相当学校内酌设职业教员养成科；第三，师范学校的修业年限为 6 年，也可设后 2 年或后 3 年的师范学校，招收初中毕业生，师范学校 3 年得酌行分组选修制；第四，为补充初级小学教员的不足，可设相当年限的师范学校或师范讲习科。"③ 涉及高等师范教育的改革主要是："设立师范大学，修业年限为 4 年，招收高中毕业生，任务是培养中等学校师资、教育学术界及行政界领导人才和研究实验各种教育方法，规定原高等师范学校应于相当时期内提高程度，改为四年制的师范大学；为补充初级中学教员的不足，可在大学或师范大学中附设二年制的师范专修科，也可在师范学校或高级中学附设这种二年制的师范专修科，这种

---

① 崔运武：《舒新城教育思想研究》，辽宁教育出版社 1994 年版，第 48 页。

② 朱有瓛：《中国近代学制史料》（第三辑下册），华东师范大学出版社 1992 年版，第 804—805 页。

③ 崔运武：《中国师范教育史》，山西教育出版社 2006 年版，第 87 页。

师范专修科招收师范学校及高中毕业生。"[1]

1923 年 6 月正式颁布了《新学制课程标准纲要》，对中等师范教育课程做了明确规定。"新学制"颁布至 1927 年，全国范围内的中等师范教育的机构主要有四种：六年一贯制的师范学校；单独设置的后期（2 年或 3 年）师范学校；高级中学内设置的师范科；相当年限的师范学校或师范讲习科。[2] 1923 年 7 月，北京高等师范学校改为北京师范大学，是中国教育史上第一所师范大学。同年，北京女子高等师范学校也改为北京女子师范大学，是中国近代教育史上第一所女子师范大学。此外，原有的其他六所国立高等师范学校或改为大学或并入普通大学。

第三节　师范教育的曲折发展时期

筚路蓝缕，以启山林。军阀混战结束后，南京国民政府召开全国第一次教育会议，将中等师范教育体制改革列入重要议题。日本全面侵华战争开始后，因战时需要，建立独立师范学院，施行德、智、体三育所需专业师资训练。抗战胜利后，南京国民政府制定《战后各省五年师范教育实施方案》，进一步规范师范教育的发展。这一时期，革命根据地的师范教育也是非常关键和重要的工作内容，湘鄂赣省工农兵苏维埃第一次代表大会明确提出发展师范教育的诉求，此后又对各级师范学校做了明确规定，初步形成了苏维埃师范教育体系。1949 年中华人民共和国成立后，召开了第一次全国教育工作会议，次年教育部颁布了第一个有关高等师范教育的法令性文件，确立了师范教育的工作方针。但 1966—1976 年的"文化大革命"抹杀了高等师范教育所取得的成就，师范教育发展转入低谷。

---

①　朱有瓛：《中国近代学制史料》（第一辑下册），华东师范大学出版社 1986 年版，第 805—807 页。

②　崔运武：《中国师范教育史》，山西教育出版社 2006 年版，第 89 页。

一　南京国民政府的师范教育

1927 年 4 月，蒋介石在南京建立国民政府，结束了军阀混战的局面，中国进入了国民党统治时期。

（一）1927—1937 年南京国民政府前期的师范教育

1928 年 2 月，国民党二届四中全会宣言提出了"普及国民教育"的主张，中等师范教育体制改革成为全国第一次教育会议的重要议题。1929 年 4 月，国民党政府公布了《中华民国教育宗旨及其实施方针》，提出师范教育"为实现三民主义的国民教育之本源，必须以最适宜之科学教育及最严格之身心训练，养成一般国民道德、学术上最健全之师资为主要任务"，要求"于可能范围内使其独立设置，并尽量发展乡村师范教育"①。1931 年《三民主义教育实施原则》也以专章对师范教育的目标、课程、训育和设备等做出了原则性的规定。②1932 年末，国民政府公布了新的《师范学校法》，翌年 3 月又公布了《师范学校规程》，制定了新的中等师范教育体制。③ 1934 年，教育部正式公布了《师范学校课程标准》。1935 年公布了《简易师范学校及简易乡村师范学校课程标准》和《师范学校学生毕业会考规程》。

1927—1937 年的高等师范教育变化基本上较小，但是争论较多。1932 年，天津《大公报》发表了教育部拟定的《改革我国教育之倾向及其办法》，其中提出"将现行的师范教育一律取消"。同年 12 月，在国民党四届三中全会上，以程天放和中央组织委员会为代表对师范教育提出了两个针锋相对的提案。从 1928 年起，论争主要涉及如下问题："第一，师范大学和普通大学的课程设置异同问题；第二，教育科学在培养教师工作中的作用问题；第三，普通大学能否代替师范大学的职能问题；第四，师范大学单独设置是否符合历史潮流。"④

---

① 宋恩荣、章咸：《中华民国教育法规选编》，江苏教育出版社 1990 年版，第 46 页。
② 崔运武：《中国师范教育史》，山西教育出版社 2006 年版，第 105 页。
③ 同上。
④ 同上书，第 123 页。

1929 年公布了《大学组织法》和《大学规程》，规定大学可以设置教育学院，并可以设置师范专修科培养中等教育师资。1934 年 5 月，教育部公布了《小学教员检定暂行规定》，分为无试验检定和有试验检定两种，并提出检定的具体条件。同日还公布了《中学及师范学校教员检定暂行规程》《中学及师范学校教员检定委员会组织规程》，这些规程的颁布标志着我国近代师范教育制度的逐步发展和完善。

（二）1937—1945 年抗战时期南京国民政府的师范教育

1937 年 7 月 7 日，卢沟桥事变爆发，日本开始了全面侵华战争，中国人民展开了 14 年艰苦抗战。一个月后，国民政府教育部颁布了《总动员时督导教育工作办法纲领》，规定了抗战时期各级教育的基本政策。12 月南京沦陷后，教育部提出"战时须作平时看"的教育方针。1938 年 4 月，国民党临时全国代表大会制定了《中国国民党抗战建国纲领》和《战时各级教育实施方案纲要》，前者对如何实施这一教育方针做了进一步规定，后者提出了发展教育的九大方针和十七个要点。

根据抗战的需要，国民政府对中等师范教育的制度、课程进行了改革。1938 年，颁布了《确定师范教育设施方案》，对师范学校的设立和小学教师的聘任提出了具体要求。1940 年，教育部颁布《各省市国民教育师资训练办法》，次年，教育部通令各省市进一步加强师资培养的要求。1941 年 3 月，教育部公布《修正师范学校与简易师范学校教育科目及各学期每周各科教学时数表》，并拟定课程表。1944 年公布了新的《中学及师范学校教员检定办法》和《中学及师范学校教员检定委员会组织规程》，进一步严格中学及师范学校教师的任职资格。[①] 在抗战 14 年期间，中等师范教育的改革主要包括以下几方面："第一是按照《国立中学暂行规程》设置国立中学的办法，设置了国立师范学校；第二是加强了对特别师范生和简易师范生的培

---

① 李友芝等：《中国近代师范教育史资料》，北京师范学院 1983 年内部交流资料，第 494—500 页。

养；第三是设立简易师范学校；第四是增设社会教育师范科、体育师范科、音乐师范科、美术师范科、劳作师范科、童子军师范科；第五是建立边疆师范学校。"① 据统计，从 1938 年到 1946 年 6 月，全国共设立国立师范学校 12 所，其中普通男子师范学校 8 所，女子师范学校 1 所，幼稚师范学校 1 所，侨民学校 2 所。②

根据"战时须作平时看"的抗战教育方针，高等师范教育得到进一步改革和发展，建立了师范学院制度。1938 年《各级教育实施方案》明确提出："中学学校师资之训练，应视全国各省市之需要，于全国划分若干区域内，设立师范学院，施行德、智、体三育所需专业师资之训练。"③ 进一步规定了高等师范教育制度的改革，是以划分高等师范教育区，建立独立师范学院为主要内容的。④ 1938 年，国民政府教育部颁布《师范学院规程》，正式确立了师范学院制度。此后又进行了修改，于 1942 年 8 月公布《修正师范学院规程》，规定了师范学院设立的目的、课程安排、学生毕业年限、招生情况以及师范研究所和导师制等相关内容。⑤ 此外，有关高等师范教育的改革主要有以下几方面："第一是师范学院的科目和课程；第二是师范学院对中等师范教育的辅导；第三是教学实习；第四是师范学院教师的任职资格。"⑥

（三）1945—1949 年抗战胜利后南京国民政府的师范教育

1945 年 8 月 15 日，日本宣布无条件投降，中国人民终于取得了抗日战争的伟大胜利。1945 年 9 月，在重庆召开了全国教育善后复原会议，蒋介石提出了"建国时期，教育第一"的口号。会议中涉及师范教育的规定有："第一是关于内迁教育机关的复原；第二是关于收复区教育的复原与整理；第三是关于台湾区教育的整理；第四是

① 崔运武：《中国师范教育史》，山西教育出版社 2006 年版，第 137 页。
② 同上。
③ 宋恩荣、章咸：《中华民国教育法规选编》，江苏教育出版社 1990 年版，第 67 页。
④ 崔运武：《中国师范教育史》，山西教育出版社 2006 年版，第 155 页。
⑤ 同上书，第 155—156 页。
⑥ 同上书，第 156—158 页。

关于华侨教育；第五是关于其他教育的复原。"①

　　1946 年 6 月，教育部制定《战后各省五年师范教育实施方案》，实施方案包括总则、方案要点、实施程序和经费四部分，主要内容包括："第一是制定了发展师范教育的基本政策；第二是提出了发展师范教育的两个重点。"② 1946 年 12 月，教育部公布了《改进师范学院办法》，对现行师范学院制度进行了如下调整："第一是对国立大学师范学院的调整；第二是对独立师范学院的调整；第三是强调师范学院、师范学院第二部等学生的教学实习；第四是将现行的师范学院研究所改为教育研究所，其招生办法、修业期限等仍按原规定办理；第五是要求师范生拓宽结构。"③

二　革命根据地的师范教育

　　这一时期革命根据地的师范教育包括苏区的师范教育、抗战时期的师范教育、解放区的师范教育。

　　1931 年 9 月，湘鄂赣省工农兵苏维埃第一次代表大会通过的《文化问题决议案》，明确提出必须制定师范教育方案并发展师范教育，培养新型师资，以推动整个教育的发展。④ 1934 年，苏区中央教育人民委员部制定并颁布了苏区的《高级师范学校简章》《初级师范学校简章》《小学教员训练班简章》《短期师范学校简章》等，对各级师范学校都做了明确规定，初步形成了苏维埃师范教育体系。此外，苏区对师资的培养十分重视，这通过以下几种方式表现出来："第一是建立师范学校；第二是充分利用现有资源，多渠道筹集师资，经培训后使用；第三是注重在职教师的培训，提高师资的质量。"⑤

　　1937 年 11 月，中共陕甘宁特区委员会在《特区政府施政纲领》

---

①　崔运武：《中国师范教育史》，山西教育出版社 2006 年版，第 165—166 页。
②　同上书，第 170 页。
③　同上书，第 172—173 页。
④　同上书，第 183 页。
⑤　同上书，第 184 页。

中提出了陕甘宁边区的教育政策："施行国防教育，实施普及的、义务的、免费的教育，提高人民民族觉悟的程度，实行学生的武装训练，普遍地设立日校、夜校及补习学校，进行消灭文盲运动，改善教员、职员的待遇。"① 1937 年后，经中央苏维埃批准，建立了鲁迅师范学校、边区第一师范、边区第二师范等。抗日根据地的师范教育有以下特点："第一是在办学上，依靠现有的条件，多方式、多渠道地培养师资；第二是在师范教育的学制或修业年限上，充分适应各根据地处于对敌斗争第一线的特点，以及对师资的急需，基本都采取短期的方式并且十分灵活；第三是课程设置和教学内容上有鲜明的革命性并适应战争的要求；第四是教学方法更多强调注重联系社会、联系生活，培养学生的实际教育教学工作能力；第五是十分注意在职教师的提高。"②

1946 年 12 月，陕甘宁边区解放区人民政府发布《战时教育方案》指出："各级学校及一切社教组织亦应立即动员起来，发挥教育上的有形力量，直接或间接地为自卫战争服务。一切教育工作者都应成为保卫边区的宣传员和组织员。目前教育工作的中心任务是配合军事、政治、经济、群运等工作，争取人民自卫战争的胜利。"③ 解放区的基本教育方针和政策主要体现在以下四个方面："第一是教育为解放战争和社会解放服务；第二是教育与生产相结合；第三是正确接管与改造旧学校，引导旧的学校沿着新民主主义教育方向前进；第四是争取、团结和教育知识分子。"④ 教育在革命根据地的巩固与发展中发挥了重要的作用。

三　中华人民共和国成立后的师范教育

1949 年 10 月 1 日，中华人民共和国正式成立。从此，中国的基

---

① 《新中华报》1937 年 11 月 24 日。
② 崔运武：《中国师范教育史》，山西教育出版社 2006 年版，第 197—199 页。
③ 陕西师范大学教育研究所：《陕甘宁边区教育资料》（下册），教育科学出版社 1981 年版，第 531 页。
④ 崔运武：《中国师范教育史》，山西教育出版社 2006 年版，第 202—203 页。

础教育奠基工程——师范教育逐渐拉开了帷幕。

（一）1949—1966 年的师范教育

1949 年 12 月，中华人民共和国中央人民政府教育部召开的第一次全国教育工作会议确定了改革旧的教育方针、步骤和发展新教育的方向。1950 年，教育部颁布了第一个有关高等师范教育的法令性文件——《北京师范大学暂行规程》。① 1951 年 8 月，教育部召开中华人民共和国成立后第一次全国初等教育和师范教育会议，确立师范教育的工作方针是：将"正规师范教育和大量短期训练相结合。一方面要办好正规师范学校，树立师范教育必要的标准；另一方面必须开办各种短期师资班以及采用其他各种培养师资的办法，以期迅速有效地供应大量师资。"② 中华人民共和国成立初期，教育界认为："苏联整个教育体系，从思想体系到教育制度、教学内容、教学方法、教学组织都是世界上最优越的。""我们要真诚地、老老实实地学习苏联教育经验，学习苏联高等师范教育的经验。"③ 1949—1953 年，高等师范学校实施改革，掀起了学习苏联先进教育理论和教育经验的热潮。1952—1953 年全国师范院校以俄为师，独立设置院系。

1953 年 9 月，教育部召开全国高等师范教育会议，对高等师范学校科学研究的方针、任务做出明确规定："高等师范学校应该奖励科学研究工作，并奖励专门的著述，以养成浓厚的学术研究氛围。但必须明确高等师范学校的科学研究工作方针应以研究我国师范教育和普通教育中的问题为主，其次才是一切有关国家建设的其他的属于自然科学和社会科学的问题。"④ 1953 年 12 月，政务院在《关于改进和发展高等师范教育的指示》中指出今后高等师范教育的方针是："在整

① 刘捷、谢维和：《栅栏内外：中国高等师范教育百年省思》，北京师范大学出版社 2002 年版，第 119 页。
② 刘英杰：《中国教育大事典（1949—1990）》（上册），浙江教育出版社 1993 年版，第 803 页。
③ 李友芝等：《中国近代师范教育史资料》（第 4 册），北京师范学院 1983 年内部交流资料，第 1274 页。
④ 同上书，第 1281 页。

顿巩固现有高等师范教育的基础上，根据需要与可能，有计划、有准备地予以大力发展。"①

　　1956 年 3 月，教育部召开的第二次全国高等师范教育会议又进一步指出，高等师范学校科学研究的方向是，应该把编写高等师范学校各种教科书列在第一位，在几年内能编写出我们自己的教育学、心理学、教育史、各科教学法等书。②

　　1961 年 10 月，教育部召开全国师范教育会议，对有关高等师范院校的专业设置和各级师范学校的课程设置进行了讨论。"经过学习苏联和自我探索，我国高等师范教育已从教学计划、教学内容及教学组织形式等建成了全面化、系统化、制度化、网络化的前苏联模式的师范教育教学体系。"③ 从 1949 年到 1956 年，高等师范教育通过恢复、整顿、改革和发展，已经从被人轻视、鄙薄的地位，提高到"中心环节""国家建设的根本""工业中的重工业""机器中的工作母机"上来。④

　　(二) 1966—1976 年的师范教育

　　1966—1976 年"文化大革命"十年动乱，社会经济发展受挫。我国的教育领域更是重灾区。这一时期高等师范教育面临着如下困境："(1) 取消高师教育制度；(2) 扭曲了高师教育培养目标；(3) 否定了高师教育的专业化要求与特点。"⑤ 1965—1971 年，高师院校从 59 所减少到 44 所，在校生从 94268 人减少到 16840 人。1969 年在校生仅为 2516 人，是中华人民共和国成立以来人数最少的一年。1970 年在校生也仅为 9140 人。⑥

---

　　① 转引自刘捷、谢维和《栅栏内外：中国高等师范教育百年省思》，北京师范大学出版社 2002 年版，第 120 页。
　　② 同上书，第 130 页。
　　③ 同上书，第 129 页。
　　④ 同上书，第 133 页。
　　⑤ 同上书，第 138—139 页。
　　⑥ 刘捷、谢维和：《栅栏内外：中国高等师范教育百年省思》，北京师范大学出版社 2002 年版，第 138 页。

第四节　师范教育的改革创新时期

自高考制度恢复以来，国家明确了发展高等师范教育的紧迫性，于 1978 年颁布《关于加强和发展师范教育的意见》，培养基础教育阶段教师队伍的教育学院从数量到质量得到了飞速发展。从 1983 年邓小平同志提出教育的"三个面向"到《中华人民共和国义务教育法》《中华人民共和国教师法》的颁布，师范教育走向规范化、法制化的发展之路。尤其是自 1999 年以来，跨世纪之交时期教师教育事业的蓬勃发展，使我国师范教育发展迎来了新的范式转型。在新时代，如何培养"四有好老师"成为新师范教育迈向卓越发展的必然趋势。

一　1977—1999 年：恢复发展阶段

1977 年，高考制度恢复，我国师范教育进入新的发展时期。邓小平说："师范大学要办好。省、市管的师范院校，教育部也要经常派人去检查。不办好师范教育，教师就没有来源。"[1] "一个学校能不能为社会主义建设培养合格的人才，培养德智体全面发展，有社会主义觉悟的有文化的劳动者，关键在教师。"[2]

1978 年 10 月，教育部颁布的《关于加强和发展师范教育的意见》明确指出：大力发展师范教育，建设一支又红又专的师资队伍，是发展教育事业、提高教育质量的百年大计；加强师范教育，积极地有计划地发展高等师范教育，是十分重要、十分紧迫的任务。[3] 1980 年 6 月召开了第四次全国师范教育工作会议，会议总结了 30 年来师范教育的基本经验，对师范教育的地位、基本任务、培养目标等做了具体要求，为我国师范教育的发展迎来了良好契机。1982 年 10 月，

---

① 中共中央文献研究室：《邓小平论教育》，人民教育出版社 1995 年版，第 55 页。
② 同上书，第 72 页。
③ 转引自蔡首生《我国改革开放以来教师教育政策的反思》，硕士学位论文，湖南师范大学，2012 年。

国家教委颁布《关于加强教育学院建设若干问题的暂行规定》，强调了教育学院在我国教育事业发展中的重要地位，教育学院得到了快速发展，由 1978 年的 17 所发展到 1985 年的 216 所。①

1983 年，邓小平同志提出了教育的"三个面向"："教育要面向现代化，面向世界，面向未来"，为我国新时期教育的发展指明了前进的道路。1985 年 5 月《中共中央关于教育体制改革的决定》指出："建立一支有足够数量的、合格而稳定的师资队伍，是实行义务教育、提高基础教育水平的根本大计。"1986 年 4 月，六届全国人大四次会议通过的《中华人民共和国义务教育法》明确规定："国家采取措施加强和发展师范教育，加速培养、培训师资。"② 1993 年《中国教育改革和发展纲要》强调："师范教育是培养中小学教师的工作母机，各级政府要努力增加投入，大力办好师范教育。"1993 年《中华人民共和国教师法》又对师范教育做了专门规定："各级人民政府和有关部门应当办好师范教育，并采取措施，鼓励优秀青年进入各级师范学习。"③

1987 年，全国高等师范学校达到 260 所，招生 189454 人，在校生 507963 人，创历史新高。④ 1997 年，全国有高等师范学校 232 所，在校生 64.3 万人；教育学院 229 所，在校生 22.8 万人。仅从 1980—1997 年的统计数据看，高等、中等师范学校就培养了 649.04 万名毕业生，各级教师进修院校对 481.67 万名中小学教师进行了学历培养。⑤

二 1999—2002 年：探索发展阶段

第三次全国教育工作会议是师范教育发展的一个里程碑。1999

---

① 张健：《中国教育年鉴（1985—1986）》，湖南教育出版社 1988 年版，第 12 页。
② 刘捷、谢维和：《栅栏内外：中国高等师范教育百年省思》，北京师范大学出版社 2002 年版，第 142 页。
③ 同上。
④ 刘英杰：《中国教育大事典（1949—1990）》（上册），浙江教育出版社 1993 年版，第 800 页。
⑤ 马立：《抓住机遇 迎接挑战 深化改革 开拓前进》，《高等师范教育研究》1998 年第 1 期。

年 6 月召开了改革开放以来第三次全国教育工作会议，《中共中央国务院关于深化教育改革 全面推进素质教育的决定》提出："调整师范院校的层次和布局，鼓励综合性高等学校和非师范类高等学校参与培养、培训中小学教师的工作，探索在有条件的综合性高等学校中试办师范学院。"① 同年，教育部发布《关于师范院校布局结构调整的几点意见》，对建设开放的教师教育体系进行了具体部署，标志着师范教育从独立向开放，从培养与培训分离向一体化方向转变。我国师范教育开始了一种战略性的调整。教师教育进入以走向开放、提升层次、培养培训一体化为主要特征，旨在提高教师教育质量的改革发展的新阶段。②

1996—2000 年"九五"期间，各级各类师范院校共培养教育硕士 5000 多人，专科以上毕业生 100 万人，中师毕业生 140 万人，培训了中学教师 28 万人，小学教师 78 万人，使小学、初中、高中教师学历达标率从 1995 年的 88.85%、69.13%、55.21%分别提高到 2000 年的 96.99%、87.09%、68.49%，基本上满足了基础教育事业发展对教师的需求，中小学教师的整体素质得到明显提高。③

2000 年 9 月 23 日，教育部发布的《教师资格条例》实施办法（分 6 章 29 条），规定了教师资格认定条件、资格认证申请、资格认定、证书管理，全面规范教师资格制度工作正式启动。

2001 年，我国师范大学开始转型，在政府颁布的《国务院关于基础教育改革与发展的决定》中第一次明确提出以"教师教育"取代"师范教育"的概念。2001 年，《国务院关于基础教育改革与发展的决定》第 28 条规定："完善以现有师范院校为主体、其他高等学校共同参与、培养与培训相衔接的开放的教师教育体系。加强师范院校

① 转引自蔡首生《我国改革开放以来教师教育政策的反思》，硕士学位论文，湖南师范大学，2012 年。

② 管培俊：《我国教师教育改革开放三十年的历程、成就与基本经验》，《中国高教研究》2009 年第 2 期。

③ 教育部：《关于"十五"期间教师教育改革与发展的意见》，http://old.moe.gov.cn//publicfiles/business/htmlfiles/moe/moe_ 290/200408/2546.html。

的学科建设，鼓励综合性大学和其他非师范类高等学校举办教育院系或开设获得教师资格所需的课程。"① 我国师范大学出现了转型的趋势，在官方文件中首次提出了"教师教育"的概念，用以代替"师范教育"。

三　2002—2017 年：教师教育发展阶段

2002 年 2 月，教育部下发的《关于"十五"期间教师教育改革与发展的意见》也逐渐采用"教师教育"的概念而非"师范教育"。此意见明确指出了我国当前教师教育改革与发展所面临的形势、指导思想、基本原则、主要任务；指出了教师教育改革与发展的主要政策措施包括：继续推进教师教育结构的战略性调整，高效益重组教师教育资源；深化教育教学改革，努力培养具有创新精神和实践能力的高素质教师；大力推进中小学教师继续教育工作；认真做好基础教育新课程的教师培训工作；大力推进教师教育信息化建设；加大对西部地区教师教育的支持力度，推进教师教育的协调发展；确保教师教育事业的经费需求，推进教师教育优先发展；建设一支高质量的教师教育队伍；加强教师教育法规建设，使教师教育走上依法治教、依法办学的轨道。② 相关政策措施的出台为教师教育提供了良好的法律基础和现实发展诉求。

随着国家政策的出台与支持，教师教育的办学层次得到明显提升。"1999 年到 2007 年，我国高师本科院校由 87 所增加到 97 所，开展教育硕士培养的院校由 29 所增加到 57 所，师范专科学校由 140 所减少到 45 所，中等师范学校由 815 所减少到 196 所。"③ 教师教育体系逐渐走向开放，形成了以师范院校为主，综合性院校共同参与的

---

① 转引自蔡首生《我国改革开放以来教师教育政策的反思》，硕士学位论文，湖南师范大学，2012 年。

② 《教育部关于"十五"期间教师教育改革与发展的意见》，http：//old. moe. gov. cn//publicfiles/business/htmlfiles/moe/moe_ 290/200408/2546. html。

③ 管培俊：《我国教师教育改革开放三十年的历程、成就与基本经验》，《中国高教研究》2009 年第 2 期。

新格局。"从培养院校类型来看，2007 年我国共有 341 所高等院校培养本科师范生，其中师范院校 96 所，占培养本科师范生院校总数的 28.2%；有 409 所院校培养专科师范生，其中师范院校 139 所，占培养专科师范生院校总数的 34.0%；有 2198 所学校和机构培养中师生，其中中等师范学校 196 所，占培养中师生学校的 8.9%。"①

为了进一步形成尊师重教的浓厚氛围，培养大批优秀的教师，让教育成为全社会最受尊重的事业，2007 年教育部、财政部、中央编办、人事部发布《教育部直属师范大学师范生免费教育实施办法（试行）》，在北京师范大学、华东师范大学、东北师范大学、华中师范大学、陕西师范大学和西南大学六所部属师范大学对 2007 年秋季入学的新生实行师范生免费教育。

2012 年 8 月，国务院颁布的《国务院关于加强教师队伍建设的意见》提出的总目标是，到 2020 年形成一支师德高尚、业务精湛、结构合理、充满活力的高素质专业化教师队伍。从教师的数量、素质、结构、地位待遇、管理制度等方面提出相应要求。此外还指出："构建以师范院校为主体、综合大学参与、开放灵活的中小学教师教育体系。依托相关高等学校和大中型企业，共建职业学校'双师型'教师培养培训体系。推动高等学校设立教师发展中心。依托现有资源，加强中小学幼儿园教师、职业学校教师、特殊教育教师、民族地区双语教师培养培训基地建设。推动各地结合实际，规范建设县（区）域教师发展平台。"

根据党的十七大关于"加强教师队伍建设，重点提高农村教师素质"的要求和《国家中长期教育改革和发展规划纲要》精神，为进一步加强教师培训，全面提高教师队伍素质，教育部、财政部决定从 2010 年起实施"中小学教师国家级培训计划"（以下简称"国培计划"）。为提高教师培训质量和水平，2012 年又出台了《中小学教师

---

① 管培俊：《我国教师教育改革开放三十年的历程、成就与基本经验》，《中国高教研究》2009 年第 2 期。

国家级培训计划课程标准（试行）》《关于加强教师队伍建设的意见》，2013 年教育部办公厅、财政部办公厅印发《中小学教师国家级培训计划示范性集中培训项目管理办法》《中小学教师国家级培训计划中西部农村中小学骨干教师培训项目和幼儿园教师培训项目管理办法》《中小学教师国家级培训计划示范性远程培训项目管理办法》等文件，"国培计划"逐渐构建起了向中西部农村教师倾斜的政策体系。截至 2015 年，国家继续实施"示范性项目""中西部项目"和"幼师国培项目"三个项目工程。此外，还颁布了《乡村教师支持计划（2015—2020 年）》，为提高乡村教师的整体素质起到了积极的促进作用。教师培训体系的不断完善为我国教师教育职前职后一体化提供了基础和现实可能。

近年来，为推动教师教育综合改革，全面提升教师培养质量，2014 年 8 月，教育部印发了《教育部关于实施卓越教师培养计划的意见》，该意见从培养目标、培养模式、招生就业环节、教育教学改革、优化教师教育队伍、组织保障等方面全方位提高教师培养质量。为增强师范生的社会责任感、创新精神和实践能力，全面提升教师培养质量，2016 年 3 月，我国颁布《教育部关于加强师范生教育实践的意见》，进一步规范和指导师范生的培养工作。

四 2018 年：迈向新时代的师范教育大发展阶段

为深入认真贯彻习近平新时代中国特色社会主义思想和党的十九大精神，根据《中共中央 国务院关于全面深化新时代教师队伍建设改革的意见》的决策部署，2018 年 3 月，教育部等五部门《关于印发〈教师教育振兴行动计划（2018—2022 年）〉的通知》要求采取切实措施建强做优教师教育，推动教师教育的改革发展，全面提升教师素质能力，努力建设一支高素质专业化创新型教师队伍，特别制定教师教育振兴行动计划，预示着以教师教育改革为特色的师范教育的大繁荣大发展时代已经到来。

《教师教育振兴行动计划（2018—2022 年）》以习近平新时代中

国特色社会主义思想为指导，从源头上加强教师队伍建设，着力培养造就党和人民满意的师德高尚、业务精湛、结构合理、充满活力的教师队伍。为发展更高质量更加公平的教育提供强有力的师资保障和人才支撑，我国制定了十条有力的举措，全力推进教师教育改革、繁荣与发展。

第二章　民族地区师范教育综合改革的理论基础

民族地区师范教育综合改革是一个系统工程，需要关照民族地区的特殊性，需要基于社会文化理论、双语教育理论、教师实践性知识以及发展动力原理等视角来分析和设计师范教育的综合改革。其中社会文化理论是整个改革的宏观要素，双语教育理论是语言学习与文化理解的重要媒介，教师实践性知识是师范生培养的核心与关键，发展动力原理是教师专业成长中由内而外自觉发展与由外而内推动发展的动力源泉。

第一节　民族地区师范教育综合改革的社会文化理论

文化历史发展理论大体形成于 20 世纪 20 年代中期至 30 年代初期。苏联十月革命胜利后，为了巩固社会主义制度，在意识形态领域开展了清除唯心主义与形而上学的斗争。维果茨基积极参与心理学界反对唯心主义心理学的论战，进行建立马克思主义心理学的尝试，这一理论在 30 年代后期曾一度遭受批判。然而，列昂节夫和鲁利亚进一步完善了维果茨基的理论，把它提到了一个新的高度，最后形成社会文化历史学派（Social-Cultural Historical School），认为人的心理过程，并不是人自身所固有的，而是在与周围人的交往过程中产生和发展起来的，是受人类的文化历史所制约的。民族地区师范教育综合改革与师范生培养，离不开当地文化生态的滋养，并深受其影响。可以说，社会文化理论是分析、理解民族地区师范教育综合改革的前提和基础。

一　维果茨基认知发展的社会文化历史观

（一）个体心理机能的社会起源与内化理论

人类心理的发生有两个基本条件：一是劳动，劳动使人类心理有了产生的必要与可能；二是语言，语言是人类最重要的交际工具，也是正常人思维赖以进行的手段，是人类祖先在社会劳动和社会交往中，为了交流思想，传递信息而产生的。个体心理机能是社会文化历史发展的产物，是受社会规律制约的。从个体发展来看，儿童在与成人交往的过程中，通过掌握高级心理机能工具——语词、符号，使其在低级心理机能基础上形成了各种新质的心理机能，这是高级心理机能不断内化的结果，即个体将外在的事物或他人的心智运作转变成自己内在的表征。

维果茨基认为："在儿童的文化发展中，每种机能都是在两个方面两次登台，首先是社会的，作为一种心理间范畴的人与人之间的关系；其次是心理的，儿童内部的心理内范畴……所有高级心理机能都是社会关系的内化。"[①] 人的心理发展的第一条客观规律是，人所特有的中介性的心理机能不是从内部自发产生的，它们只能产生于人们的协同活动和人与人的交往之中。第二条客观规律是人所特有的新的心理过程结构最初必须在人的外部活动中形成，随后才可能转移至内部，成为人的内部心理过程结构。在此基础上，维果茨基阐明了儿童文化发展的发生学规律："任何高级心理机能在其发展过程中必然经历一个外部阶段，因为起初它是一种社会机能。"内化过程不是外部活动向事先存在的内部意识的转移，而是通过它形成了内部意识。起初，心理机能存在于儿童与成人互动的过程中，它们是心理间的，当

---

① 列夫·维果茨基：《社会中的心智：高级心理过程的发展》，北京师范大学出版社2018 年版，第 58 页。

这些过程被内化而存在于儿童内部的时候，它们就变成心理的了。

维果茨基十分强调学生在学习过程中内化的作用，即强调学生的主动学习，认为学习是由主体按照预定的目的而自觉引起的。主动学习是有效学习的本质特征，目的明确是主动学习的根本动力；强调学习的社会文化历史性，认为学习是社会文化长期发展的产物，是受社会规律制约的；强调学习的社会交往性，认为学习是在人际交往过程中产生和不断发展的——交流是一种最佳的学习方式；强调学习过程是从外到内的循环过程，认为掌握那些以人类形成的知识、概念为基础的思想活动，必然要求主体从外部开展的活动向口头上的活动过渡，并达到逐步内化的目的。

（二）高级心理机能的形成与过程

1930—1931 年，维果茨基撰写了《高级心理机能的发展》一书，在该著中，他提出了文化历史发展理论。维果茨基将人的心理机能分为低级和高级两种形式，低级心理机能具有自然的、直接的形式，是生物进化的结果；高级心理机能具有社会的、间接的形式，是以工具（词语或符号）为中介的，是历史发展的结果。在个体心理发展过程中，这两种心理机能是融合在一起的，区别人与动物最根本的东西就是工具和符号。

人类文化随着人自身的发展而增长与变化，并对人的一切产生着越来越大的影响，人只有通过工具的使用和符号的中介，才有可能实现从低级心理机能向高级心理机能的转化。特别是这些"符号"，在中介人的活动的同时，从根本上改变了人的心理结构，形成了人类特有的高级的、被中介的心理机能。因此，当人生活在一个符号世界之中时，我们的行为不是由对象本身决定的，而是由与对象连接在一起的符号决定的。维果茨基认为，人的高级心理并不是人自身所固有的，而是受人类文化历史所制约的。一个人的心理发展是指在环境与教育的影响下，逐渐由低级向高级心理机能的转化过程，其根本特征主要体现在以下五个方面：它们是随意的、主动的，是由主体按照预定的目的而自觉引起的；它们的反应水平是概括的、抽象的；它们实现的过程结构是间接的，是以符号或词为中介的；它们的起源是社会文化历史发展的产物，是受社会规律所制约的；从个体发展来看，它们是在人际交往过程中产生和不断发展起来的。

人的需要的发生和掌握满足这些需要的手段是通过学习得来的，是在教育教学中发展的。教育和教学是指人掌握历史已经形成的满足需要的各种方式、手段的过程。人的整个心理是在不断掌握满足需要的各种方式、手段中形成和发展的，人的意识和个性的真正内容是建立在满足历史所形成的各种需要的基础上的，而这种满足需要的方式、手段是按照人的方式形成的，是存在于个体之外的。人刚出生时只是一个有潜能的人，只有当他掌握了人类已经形成的满足需要的方式、手段之后，才能成为一个真正的人。在人出生的那一刻，这些满足需要的方式、手段存在于哪儿呢？是存在于父母身上，还是存在于周围的人与事物之中呢？应该说，人类的文化遗产不在每个人身上，而存在于整个社会之中。

（三）心理发展与交往教学论

维果茨基依据马克思的活动观，通过对人的实践活动进行深入分析后指出，人的心理是在活动中发展起来的，是在人与人之间相互交往的过程中发展起来的。各种心理机能是相互联系、相互影响、相互制约的，心理的发展不仅表现为各种心理机能的变化，而且表现为它们之间的联系与相互关系的变化。这一切正是人的意识所特有的，它们决定了意识的系统结构性。

维果茨基针对当时广为流行的瑞士心理学家皮亚杰有关儿童言语的"自我中心主义"本性的主张，和德国心理学家斯通关于儿童心理过程自发发展的原理，提出了有关儿童心理发展的唯物主义原理：儿童的一切复杂的心理形式都是在交往过程中形成的；最初由两人共同分担的心理机能，随后逐渐成为儿童内部的心理机能；心理发展最重要的因素是掌握凭借语词传递的全人类的经验。所有这些原理都是维果茨基着手解决教学与发展关系这个极其重要问题的出发点，而教学与发展关系问题的解决本身，又促使维果茨基重新审视用以指导儿童心理学与教育心理学实践的一系列重大原理。

人的心理发展是在人与人的交往过程中掌握客体化了的人类历史文化发展成就的结果。也就是说，社会性个体的发展，尤其是心理的发展，都是在一定的社会环境、文化环境及个体经历的具体情况下的历史发展。正是在交往中，在成人的引导和指示下，儿童经历了一个由外部活动到个体内心活动的文化发展过程。人满足需要的方式和手段是在与人交往的过程中形成的。人之成为人，只有在交往的过程中才能实现。如果人的心理发展是在与人交往中实现的，那么最初只是外部交往，然后才会内化为内部掌握。心理学的研究表明，孩子最初与成人一起玩，妈妈帮助孩子，妈妈怎么做，孩子就跟着做，经过一段时间后，他就不用成人的帮助自己也能玩了。人的行动是在集体中学会，然后才可以独立完成的。在生活中可以看到很多这样的事实，当学生学外语时，开始时只有在教师帮助下才能学习，经过一段时间后，就可以独立地学了。

（四）文化历史理论与课程模式

通过交往，人们才可能理解历史。"人的心理过程的变化，与他的实践活动过程的变化是同样的，换言之，它们都是被中介的。"其核心思想是：无论是在社会历史发展过程中还是在个体发展过程中，心理活动的发展都应被理解为关于心理机能的直接形式，即"自然"形式的改造和运用各种符号系统对心理机能的间接形式，即"文化"形式的掌握。根据这一理论，社会历史学派从社会历史的角度诠释了学习的特点和规律，这是个体在发展中必须实现的过程，是个体接受和掌握社会历史发展的成就和先辈经验的必经之路。该理论对人类学习过程的这种透彻剖析也为课程设计者提供了一种较为科学合理的设计思路，使主动学习和合作学习等重要教育思想在课程设计过程中得到了充分的体现。根据这一理论，形成了一种以主动学习和合作学习为特征的"动机—活动—言语—内化"课程模式，即内化与分享课程模式。

在课程实施的准备阶段，学生明确学习的任务目标，引起学习动机，做好积极的心理准备，为课程的展开打下基础，其主要目的在于激发学生的学习动机；在课程实施的过程中，为学生提供活动的环境和材料，使学生能够进行充分的外部活动，并让儿童凭借这一直观形象的外部活动，进一步展开思考；同时，在课程实施的过程中，外部活动必须向口头上的和文字上的语言过渡，要对学生的外部活动进行归纳总结，形成口头上或文字上的表述；通过对上述外部活动的逐步改造和概括，使它的各个环节得以缩减，让其执行水平逐渐提高，让学生能及时巩固已形成的外部言语，并通过提高其熟练程度来改变其执行水平，完成内化过程，这是知识结构调整，促进智能内化的关键阶段，也是学生头脑中的内在过程，没有外显行为。当然，内化的质量不仅取决于外部语言阶段，而且取决于学生的内在素质。这就是在相同的信息刺激条件下学生所得差异巨大的原因所在。

二 语言的认知发展功能与课程教学

维果茨基在他的《思维与语言》这部著作中，首先肯定了皮亚杰在儿童的言语和思维发展理论上的贡献，但是他并不同意皮亚杰关于儿童的自我中心言语的观点。维果茨基认为，自我中心言语在儿童活动中起着一种特殊的作用，儿童活动过程中的困难与障碍是引起儿童自我中心言语的主要因素，它是为解决困难服务的，是形式上的外部言语与功能上的内部言语的结合。言语是与情景没有直接联系的思维发展的强大手段之一，儿童的言语尚未达到一定的发展水平，儿童的思维也不能超越一定的界限。维果茨基认为，语言是思维、文化传递和自我调节的基本机制，它在本质上能提高智力功能的水平，社会性互动提供了获得语言、改变文化观念的途径。可分为了解他人心智运作方式的社交性的语言（social speech）、将外在事件内化的自我中心语言（即自言自语，egocentric speech），以及完全内化外在事件的内在语言（inner speech）。对于个人而言，思维的发展是受语言中介的，思维是与语言一起发展的，概念的进化取决于语言经验，高级心理机能产生于心理间的社会交互作用。

为了揭示形式逻辑概念与"真正的"辩证逻辑概念的区别，维果茨基将这一问题具体化为心理学领域中区分儿童的"日常"概念（"自发"概念）与"科学"概念形成途径的问题，并对该问题进行了比较研究。维果茨基的研究表明，在儿童现实概念的形成过程中，自发概念产生于儿童与现实的事物及实物具体特性的接触，在经过长时间的对照后，发现某些相类似的特点并借助于此将它们归入某一对象范围，这是从具体到抽象的途径。科学概念的发展则开始于对概念本身的了解，开始于语词定义，即开始于对待客体的间接关系，而不是从直接接触事物开始，这是从抽象到具体的途径。比如，"花"这个概念事实上并不比"玫瑰"这个概念更一般。当儿童仅仅掌握了某个单一概念时，这个概念与这个事物之间的关系与他掌握了第二个概念时它们之间的关系是不同的。然而，在他掌握了第二个概念之后，在一个比较长的时期内，"花"这个概念还会继续与"玫瑰"这个概念等同（stand alongside），但它并非"玫瑰"这个概念的上位概念，前者不能包括后者。比较狭窄的概念并非处于从属地位。正相反，宽泛的概念扮演着狭窄概念的替代品的角色。宽泛的概念与狭窄的概念在一个单一系列中是居于同等地位的。当"花"这个概念被概括化时，它与"玫瑰"这个概念之间的关系也就随之而改变。事实上，它与其他所有下位概念之间的关系也会有所改变。① 维果茨基认为，这一变化具有重要的决定意义，它标志着意识从比较低级向比较高级的结构的过渡，标志着儿童对现实的认识的发展进入了一个新的时期。在这一时期里，儿童的根本关系系统、行为和全部心理活动都发生着变化，他的个性与自我意识也同样发生着飞跃。②

在儿童科学概念的形成中，理解性与系统性对于概念而言完全是同义词，正是由于系统性与理解性，儿童才有可能深刻了解客体的实质，而这是自发概念所无法达到的。因此，是否存在系统，就心理本

---

① 高文：《维果茨基心理发展理论与社会建构主义》，《外国教育资料》1999 年第 4 期。

② ［俄］列夫·维果茨基：《思维与语言》，李维译，北京大学出版社 2010 年版，第 83—85 页。

质而言是科学概念与自发概念最根本的区别。当然，科学概念的发展途径只有在向儿童传播科学知识的内部有组织的教学中，才有可能实现。这是因为学校的教学在性质上与广义上的教学不同，它是一个独特的系统的过程。儿童正是在学校教学中获得科学的基本原理，即科学概念系统的。在儿童生活过程中原已形成的"日常概念"（或"自发概念"）也参与了这一新的过程，参与了对世界的新的认识关系，并在这一过程中改变自己的结构。①

三　社会建构主义教学理论

20 世纪末，建构主义对教学、学习以及学校课程的影响与日俱增，通过学习者对知识的自我理解，学习内容间的迁移，学习共同体间的协作与分享，意义学习的发生等，不断建构着新的知识体系。如果我们将皮亚杰的认知建构主义与深受维果茨基理论影响的社会建构主义做一个比较，就会发现皮亚杰更多地强调每一个人对新知识的创建，而维果茨基则侧重于文化和语言等知识工具的传播。因此，有研究者将皮亚杰和维果茨基建构主义的观点分别形象地比作"PC 机"和"万维网"（PC is to Piaget as www is to Vygotsky）。

（一）社会建构主义学习论

知识是在互动过程中建构的，尤其是在与一个比自己更有知识的人的互动过程中建构的。在互动的过程中，个人把"与生俱来"的能力转化为更高层次的心理功能。维果茨基认为，"内化"（internalization）是促使认知发展的主要机制。同皮亚杰的观点一样，维果茨基也认为认知发展是质而非量的改变。而这些改变最主要来自于儿童用来理解世界的工具，即思考工具的改变。个体的思考工具包括技巧性（technical）及心理性（psychological）的。技巧性的工具是用以改变事物或控制环境，如纸、笔、各式机器、量器、器械等。心理性的工

---

① 张丹华：《Л. С. 维果茨基及其社会文化——历史学派》，《外国教育研究》1993 年第 2 期。

具则是用来组织或控制思想及行为，如数字、文字、符号系统、逻辑、社会标准、传统、理论概念、地图、文学、绘画等。每种文化传递给其下一代的思考工具不同。① 因此，教学应提供支架，指导互动，学习者应在社会情境中积极地相互作用。而知识则是社会的建构，其主要依据有以下几个方面：（1）知识的基础是语言知识、约定和规则，而语言则是一种社会的建构；（2）人类知识、规则和约定对某一领域知识真理的确定和判定起着关键作用；（3）个人的主观知识经发表而转化为使他人有可能接受的客观知识，这一转化需要人际交往的社会过程；（4）发表的知识须经他人的审视和评判，才有可能重新形成并成为人们接受的客观知识，即主观知识只有经社会性接受方能成为客观知识；（5）个人所具有的主观知识就其本质而言是内化的结果；（6）无论是在主观知识的建构和创造过程中，还是参与对他人发表的知识进行评判并使之再形成的过程中，个人均能发挥自己的积极作用。② 在此基础上，有研究者认为，社会建构主义的知识建构应该表现为这样一个循环模式③（如图 2 – 1 所示）。

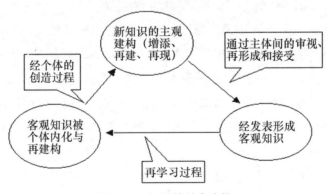

图 2 – 1　知识的社会建构

---

① 李森、于泽元：《对探究教学几个理论问题的认识》，《教育研究》2002 年第 2 期。
② 高文：《维果茨基心理发展理论与社会建构主义》，《外国教育资料》1999 年第 4 期。
③ 同上。

　　从图 2-1 中可以看出，新的知识的形成首先源于个人对新知识的主观建构，即个人通过自身的创造，在主观知识的基础上，对客观知识的积累发挥着潜在的作用。这一作用可以简单地被区分为"增添""再建""再现"。"增添"意味着新的猜想或证明，或许还包括新的概念或新的定义，或者是对已有知识的新的应用。"再建"的作用可以是提出新概念或新定理，以便对现存知识进行概括或将原先分割的两部分或更多部分的知识联系起来。"再现"最典型的作用体现在高水平的课本编制与知识的讲解之中。基于个体的主观建构所产生的新知识通过媒介表征（印刷、手写、口头或电子方式）发表，经他人根据一定的客观标准进行审视、评判而重新形成并为人们所接受（即社会性接受），由此成为客观知识。在学习过程中，客观知识被个体内化和再建构，在获得意义的基础上成为个人的主观知识，个体依据这一主观知识进一步创造并发表新的知识，由此完成知识建构的一个循环。显然，在知识的社会建构的循环过程中，主观知识与客观知识彼此促进着对方的产生、更新与再生产。这一知识社会建构的循环过程充分证明个体的主观世界是和社会相互联系的。知识是在人类社会范围里，通过个体认知相互作用及其自身的认知过程而建构的。[1] 因此，尽管社会建构主义也把学习或意义的获得看成是个体自己建构的过程，但它更关注社会性的客观知识对个体主观知识建构过程的中介作用，更重视社会的微观和宏观背景与自我的内部建构、信仰和认知之间的相互作用，并视它们为不可分离的、循环发生的、彼此促进的、统一的社会过程。

（二）社会建构主义教学论

　　维果茨基强调儿童从与一位比自己知识更渊博的人的互动过程中建构其所处的社会所重视的智能。教师应重视学生的私人语言（private speech），将它视为学生内化教师较成熟的问题解决方式的一个过程。甚至，当学生对问题的解决方式尚未熟练掌握时，可以鼓励学生

---

① 高文：《维果茨基心理发展理论与社会建构主义》，《外国教育资料》1999 年第 4 期。

将其思考过程说出来，以协助其解决问题。根据他的理论，提出了支架式教学与交互式教学的实践构想。

支架式教学（scaffolding teaching）是在教学过程中，由教师或成人将其所处社会所重视的智能传递给儿童，为儿童的发展提供支架。在教学过程中有六个步骤，分别是引入（recruitment）、示范（demonstration）、简化作业（simplifying the tasks）、维持参与（maintaining participation）、反馈（feedback）及控制挫折感（controlling frustration）。引入是指教师应先使学生愿意共同参与、思考解决问题，而不是只做一个旁观者。当学生有意参与问题解决时，教师应先示范正确的问题解决方法，然后交由学生来解决。但必须先简化问题，让作业的难度对儿童而言不会感到太难，但也不可以感到太简单而无挑战性。在教学的过程中，教师必须让学生持续地主动参与思考解决问题。这包括适时地给学生以回馈，让学生知道自己思考的方向是否正确；如果不正确，也应让学生知道自己的解题方式为何不正确。当然，如果学生无法解决问题时，教师应再简化之，以控制学生的挫折感。

交互式教学（reciprocal teaching）是由教师及学生分别扮演讨论团体中领导者的角色，主要用于提高阅读成绩不理想的学生的阅读能力。在教学的过程中，由学生轮流担任"讨论领导人"的角色，主要工作是提一些问题，将文章做一摘要，或预测文章的后续发展，或厘清学生错误观念等。教师一般不主动介入，而只是在学生的讨论走偏时，才介入。

四　心理发展理论的方法论

维果茨基在运用辩证方法研究人的心理发展问题的过程中，力求运用辩证原理科学地调查和分析特定心理学研究领域中的具体问题。他认为，在方法成为理解独特的人类心理活动形式的一个最为重要的问题上，方法同时是前提和产物，是工具和研究的结果。在《思维与语言》一书中，维果茨基深刻地论述了心理学在他那一时代所遭遇的严重危机。在他看来，这一危机是由于科学的实际材料与方法论基础处于尖锐的矛盾中而产生的……心理学危机首先就是这门科学的方法论基础的危机。这一危机给同时代许多杰出的、开辟新道路的研究烙上了二重性的印记。维果茨基试图在更新方法论的前提下，运用辩证方法构建能概括和统一一切现代心理学知识的科学体系，由此迈出了超越其同时代心理学家的重要一步。

维果茨基在应用辩证方法建立科学心理学理论的过程中，与同事一起进行了一系列系统的实验研究。在实验研究领域里，维果茨基采用了新的研究方法——因果发生分析法，其焦点是对现象的起源与历史进行研究，是形成更高级形式的发展过程，是研究事物发展的过程，是在运动中揭示其本质。这种对某一事物的变化过程做历史研究正是辩证方法所要求的。在运用发生分析法研究心理现象的过程中，维果茨基从"意识是统一整体"的观点出发，提出以"单元分析法"取代将复杂心理整体肢解成丧失整体所固有特性的"成分分析法"①。作为分析产物的单元不同于成分，它具有整体所固有的一切属性，它是整体无法进一步分解的活的部分。正如保持着活的有机体所固有的生命的全部基本特性的活细胞是生物学分析的单元一样，心理学也应该发现自己的分析单元。

五　社会文化理论对师范教育改革的启示

（一）维果茨基的心理学思想

维果茨基以马克思主义为指导对人的高级心理机能进行研究，创立了文化历史发展论。他最早将历史主义原则引入了心理学，指出人的高级心理机能是在低级心理机能的基础上产生和发展起来的，高级心理机能是历史的产物。正如 A. A. 斯米尔诺夫所指出的，正是历史原则构成了他的全部理论的核心，维果茨基的主要功绩及其在心理学发展中所做出的巨大贡献，也就在于此。维果茨基提出的心理发展的社会起源论强调，为了理解个体发展，不仅要考察个体自身而且要考

①　余震球：《维果茨基教育论著选》，人民教育出版社 2005 年版，第 37 页。

察个体发展的社会与物质环境，重视人工制品在活动中的中介作用、遗传素质与文化影响，突出个体与社会之间的相互建构，突出社会互动与交往在知识生成中的关键作用，这与皮亚杰的发展理论形成了鲜明对比。维果茨基文化发展的内化模式，强调社会功能向个体技能的转化，在对立的抽象概念，如社会与个体、外部与内部以及环境与机体中引发一系列双向相关的二元论，这些二元抽象概念相互构成"你中有我，我中有你"的格局，从一开始就是不可分的……因此，试图在这二元对立的概念之间架起一座桥梁，看来是有问题的。

维果茨基以马克思主义哲学为指导建立了心理学方法论，批判心理学研究中的还原论与机械论，反对主客体二元论，追求心理学的一元论解释；他极力主张心理学必须研究意识，而且必须用客观方法研究意识；他灵活地将辩证法运用到心理学的研究中，将以往心理学中二元划分的个体与社会、主体与客体、身体与心理等范畴有机地统一起来，文化转向与文化历史理论交相映照，促进了心理学的健康发展。[①] 针对心理学照搬自然科学的研究方法，用自然科学研究方法研究非自然性质的心理现象造成了心理学研究对象与研究方法之间的背反与不适，维果茨基敏锐地指出了心理学危机的根源就在于其方法论基础的危机。有研究者认为："维果茨基不仅是 20 世纪初心理学危机的最清醒的见证者，也是当代心理学危机的预言家。"[②] 维果茨基提出的众多概念和理论丰富了现代心理学的理论宝库，其理论研究涉及心理学的众多领域，如普通心理学、教育心理学、心理语言学、儿童心理学、神经心理学等，推动了现代心理学的发展，催生了社会建构主义学说的兴起。维果茨基作为一个方法论者，他确实走在了他所处时代的前列，甚至走在了我们时代的前列。

目前，西方对维果茨基理论进行的实证研究表明，维果茨基关于

---

① 麻彦坤、叶浩生：《"维果茨基现象"分析：基于西方心理学发展的思考》，《社会科学》2005 年第 10 期。

② R. W. Rieber, "Vygotsky's（Crisis），and Its Meaning Today," In R. W. Rieber, and J. Wollock, *The Collected Works of Vygotsky*, 1997, Vol. 3. prologue.

儿童心理起源于社会交往的理论是非常正确的，学校、教室、幼儿园作为影响儿童心理发展的重要环境应该受到充分的重视，而教师或其他成人对儿童的指导作用更不容忽视，同时，应该为儿童提供儿童间相互交往的环境并让他们学会交往的方法。但是，维果茨基的理论也存在着一定的局限，他的文化历史理论早期也曾出现自然主义的倾向，他将历史主义原则引进心理学的确为心理学打开了一扇新的大门，但是他对社会形态的差异性的分析不足，因此，如果脱离具体的社会形态谈历史，只能使历史抽象化、虚无化。[①] 另外，在对高级心理机能的发展与有机体结构的生物变化的认识中，维果茨基虽然明确地认为二者无关，但不无武断之嫌，这对于不断发展变化的社会来说，是犯了静止主义的错误，他把心理机能的自然发展过程与文化历史发展过程两者对立起来也是缺乏充分科学根据的。因此，我们在吸收借鉴维果茨基理论观点的过程中，还需要处理好整体与部分、全面与片面的关系，处理好本土化的问题。

（二）维果茨基的教学与发展思想

维果茨基的教学与发展思想不仅为科学地论证众多的教学论原理提供了必不可少的珍贵材料，而且是世界教学与发展观中具有导向性趋势的理论之一，这与当前世界各国教学改革的主旋律是一致的，从而使以维果茨基的社会文化建构主义，特别是教学与发展思想为基础所建立的教学模式和交往教学理论，得到了当前教学改革的普遍接受。[②] 特别是"最近发展区"的提出，将个体与社会、教学与发展、外部与内部、现在与将来紧密地联系在一起，突出了认知发展的社会性，这些远见卓识对发展与教育心理学的研究产生了深刻影响。正如维果茨基本人所说："看起来好像这一事实本身并不很重大，但实际上，它却具有决定性的意义，并且给关于教学与发展关系的整个学说

---

① 麻彦坤、叶浩生：《"维果茨基现象"分析：基于西方心理学发展的思考》，《社会科学》2005年第10期。

② 曾智、丁家永：《维果茨基教学与发展思想述评》，《外国教育研究》2002年第11期。

带来了一场大的变革。"① 对西方现代心理学的研究方法的动态评价
（Dynamic Assessment）的重视和对心理学研究方法的改革具有重大贡
献，开创了动态评估之先河，促进了同伴合作的深化研究，启迪了一
系列新颖的教学模式的产生。"最近发展区"是社会文化理论的核心
概念之一，它阐明了个体心理发展的社会起源，突出了教学的作用，
彰显了教师的主导地位，明确了同伴影响与合作学习对儿童心理发展
的重要意义。维果茨基关于社会文化环境及其儿童与成人、儿童与儿
童之间相互交往的重要性的思想改变了西方的传统观念，也引起了西
方学者的极大兴趣。②

尽管维果茨基的教学与发展思想在当前国际学术界得到很高的评
价，对传统学校教育具有很大的启示作用，但在实际应用中还存在一
些不足。一方面，"最近发展区"指的是可能的发展水平，测验认定
难，程度不好把握。另一方面，学生所存在的个体差异性决定了每个
人"最近发展区"的不同，因而在班级授课的情形下，如何实现
"因材施教"存在着一定的困难。③

（三）社会性建构思想

维果茨基第一次明确了文化历史因素在心理发展中的作用，第一
个提出关于历史观点应成为建立人类心理学的主要原则。他高度重视
文化对心理发展的作用，提出了极为重要的理解心理过程的历史原
则，认为一切都应当是从历史的、社会环境及相互联系中加以理解
的。④ 维果茨基对于社会文化环境及儿童与成人、儿童与儿童之间相
互交往的重要性的思想改变了西方的传统观念，也引起了西方学者的

---

① 麻彦坤、叶浩生：《"维果茨基现象"分析：基于西方心理学发展的思考》，《社会
科学》2005 年第 10 期。

② 邹晓燕、林炎琴、王文芳：《维果茨基对西方发展与教育心理学的影响述评》，《全
球教育展望》2001 年第 10 期。

③ 曾智、丁家永：《维果茨基教学与发展思想述评》，《外国教育研究》2002 年第 11
期。

④ 何善亮：《"最近发展区"的多重解读及其教育蕴涵》，《教育学报》2007 年第 4
期。

极大兴趣。在维果茨基心理学思想中，最近发展区、活动、心理工具、内化是四个非常重要的概念。而这四个概念之间的内在联系就构成了一个完整的关于教育教学的思想体系，这就是被西方人称之为"社会性建构"的思想。①

目前的研究普遍证实了维果茨基的社会性建构思想，也提醒学校教育工作者，一方面要创造民主，鼓励儿童活动、交往的学校文化氛围，精心设计教室的环境，为学生提供可以用来进行智力活动的时间、空间和材料，以促进学生智力的发展。另一方面应有目的地帮助学生学习同伴讨论的技能，以真正使同伴交往成为促进儿童认知发展的有效途径。总之，学校、教室、教师、同伴这些社会文化因素的形式、水平直接影响着儿童心理的发展。

维果茨基为我们留下了丰富的思想遗产，对师范教育改革具有重要的启示作用，也是高等师范院校培养师范生核心能力所要注意的关键。

第二节　民族地区师范教育综合改革的双语教育理论②

从全球双语教育的实施状况来看，国情不同，双语教育模式的取向各异。在 20 世纪 70 年代，威廉·麦凯（William Mackey）把双语教育的模式细分为 90 种。③ 20 世纪 90 年代，科林·贝克把双语教育的模式以列表的形式细分为"弱式"与"强式"双语教育模式④："弱式"双语教育模式包括浸入式双语教育（submersion bilingual edu-

---

① 邹晓燕、林炎琴、王文芳：《维果茨基对西方发展与教育心理学的影响述评》，《全球教育展望》2001 年第 10 期。

② 本节内容 2017 年以 The Choice of a Progressive Bilingual Education Model 为题发表于 *Chinese Education & Society* 第 50 卷上，有删改。

③ Colin Baker, *Foundation of Bilingual Education and Bilingualism*, Philadelphia：Multilingual Matters, Ltd., 1993, p. 152.

④ Colin Baker and Sylvia Prys Jones, *Encyclopedia of Bilingualism and Bilingual Education*, Philadelphia：Multilingual Matters Ltd., 1998, p. 470.

cation）模式、种族隔离主义双语教育（"Minority language only" education is segregationist language education）模式、过渡式双语教育（transitional bilingual education）模式、外语教学主流式双语教育（mainstream with foreign language teaching）模式以及分离主义少数民族语言教育（separatist minority language education）模式；"强式"双语教育模式包括浸入式双语教育（immersion bilingual education）模式、保留式和传承式双语教育（maintenance and heritage language bilingual education）模式、双向浸入式（two-way immersion）模式、主流语言式双语教育（mainstream bilingual education）模式。这两种双语教育模式基本上完整地概括了当前世界各地双语教育模式的基本类型。有批评者认为，"弱式"双语教育模式的目的主要是促使学生快速习得目标语，不断提高目标语的水平，并且渐次以目标语替代学生的母语，其实质是一种"单语"教育；而"强式"双语教育模式目的在于保持或提高学生的两种语言水平，培养双语文化人才。甚至认为国外各国的"强式"双语教育模式是我国双语教育实验的必然选择。① 以我国新疆维吾尔自治区双语教育为例，目前双语教育模式主要有两种："模式一：小学汉语、数学、科学、信息技术，初中汉语、外语、数学、物理、化学、生物、信息技术，高中汉语、外语、数学、物理、化学、生物、信息技术和通用技术使用国家通用语言文字授课，其他课程使用本民族语言文字授课；模式二：全部课程用国家通用语言文字授课，开设本民族语言文字的教学模式。不具备师资条件的学校，体育、音乐、美术可以用本民族语言文字授课。"② 这两种双语模式也是我国使用较多的双语模式。

　　显然，多种族、多民族、多语言的社会特点决定了文化的多元性，也决定了双语教育的复杂性与艰巨性。从历史发展来看，世界各国在双语模式的选择上一直被多元化与一体化的矛盾和冲突所围困，

---

　　① 王莉颖：《双语教育比较研究》，博士学位论文，华东师范大学，2004 年。

　　② 赵建梅：《新疆少数民族双语教育模式探讨》，《新疆师范大学学报》（哲学社会科学版）2012 年第 5 期。

双语教育模式的选择已经成为世界各国发展国民教育的重点与难点所在。他山之石，可以攻玉。从双语模式选择的发展历史来看，美国、加拿大、新加坡、卢森堡、澳大利亚、芬兰、日本等国家也面临着同样的困境。然而，无论国家选择何种模式的双语教育都无法避免由语言引起的矛盾与冲突。少数民族族群担忧的是"弱式"双语教育模式会使本民族有被同化的危险，而国家担忧的是"强式"双语教育模式会促使少数民族有分离的可能。立场不同，观点各异，但都有一定的理论基础与事实依据。即便如此，其对开展双语教育的必要性与重要性的认识都是完全一致的，这就需要在共识的基础上转变思维方式，鼓励每个公民在民族认同、国家认同的基础上，根据当地与自身实际选择不同的双语教育模式。

一　基于生活世界为本根的母语表达与价值呈现

语言真实地记录着一个民族的文化轨迹与习俗，它不仅是一种文化状态和思维方式，更是一种延续历史、坚守现在与走向未来的血脉。少数民族同胞千百年来的历史发展表明，其语言的形成与生产生活、文化习俗、宗教礼仪、劳作特征等有着不可分割的关系。这些语言的形成传递着语言和语义的表达，最为重要的是语言代表了本民族独特的文化与特定的意涵。生活在本土的少数族群历经祖辈们的耳濡目染、言传身教等言语传播与文化浸染，形成了约定俗成的语言认知习惯和思维方式。

生活化的语言实践根植于日常生活世界里，存在于生活世界的交往、交流与交融过程中，这为生活化的语言形成过程创造了天然的土壤和意义建构的基础，也为语言习得捕捉、关注、筛选信息构建了可能。① 这些信息在以母语为基础的族群生产生活实践中得以复述与反复出现，比如民族音乐、舞蹈、服饰、建筑、宗教、习俗和礼仪等，

---

① 皮连生：《学与教的心理学：艾里克森人格发展理论中的概念》，华东师范大学出版社 1997 年版，第 51—53 页。

这些语言的认知不是以理性的形式运算为主导方式，而是以类似本能的潜隐方式为主导并不断建构意义的结果。

语言意义的建构也来源于学校教育的结果，课程、教材、文化、环境以及以知识与经验为载体的语言信息，为学生掌握本民族的语言、语义以及价值形成建构的可能。因此说，如果说生活化的语言实践为学生建构普适性的日常生活世界奠定了基础，那么学校教育为学生基于母语习得建构科学的生活世界体系创造了条件，促使不同民族在建构自己的语言、文字以及价值观念的基础上，为形成本民族独特的科学知识与文化血脉创造了可能。

显然，基于意义建构的母语表达，不仅建构了儿童与长辈、同伴、亲友以及相关利益群体之间的人际关系，而且形成和传承了约定俗成的宗教礼仪、科学知识与文化习俗，创造了本民族独特的文化景观，形成了独有的价值观念与行动范式。

二　基于母语习得的第二语言学习与文化冲突

母语建构了本民族的文化与语义体系，形成了本民族独特的文化理解和价值观念。以母语为基础的第二语言学习，离不开儿童早期母语习得过程中概念掌握、知识获得、认知形成与观念笃定等诸方面的影响，这与儿童早期生活的家庭教育、宗教习俗、社会浸染以及文化"濡化"等有着必然的关系。因此，在接受异民族语言文化的时候，必然会产生文化的理解与认同问题。

以母语为基础的语言习得形成了少数族群对本民族文化的独特理解与认同。这种文化理解与认同的天然性饱含着对故土的依恋和对本民族文化的呵护。作为以文化为载体的第二语言的学习，必然植根于以母语为基础的文化理解与文化认同，对异民族与异文化产生差异性认识。少数民族同胞既期待通过第二语言的学习来融入主流社会，又担忧第二语言的强势侵入，会破坏母语的根系以及母语建构的知识与文化体系，因此，在母语习得、文化保护与第二语言的学习之间处于一种复杂而又矛盾的心理状态里。

基于母语的第二语言学习有其内在的迁移规律。吉姆·康明斯所倡导的双语教育相互依赖理论模式认为，母语的发展会对第二语言的获得产生积极的影响。[①] 第二语言的学习以语言信息符号为载体，在人们交流和交往中作为交流工具发挥着独特的功能和作用，但在以母语为生活实践背景的场域中，不足以构成破坏语言体系的可能。当然，如果在母语没有得到充分的发展，抑或直接丢弃本民族语言的习得而直接选择第二语言的学习，那么本民族语言和语义体系的发展必将面临危机。

因此，母语和第二语言的习得过程，不是水火不容的二元对立，而是文化适应中的一个方面，作为以母语为语言基础的第二语言习得来说，文化适应与融合程度越高，学习第二语言的动机越强，两种文化之间的冲突就越少。因此，第二语言学习所引起的与本民族语言习得之间的冲突问题，归根结底是一个文化的选择与适应问题。要避免文化的冲突，必然要从文化的适应开始；要适应不同的文化，必然要学习不同的语言以理解不同的文化。

三 基于意义迁移的语码转换

"语言是思维、文化传递和自我调节的基本机制，它能在本质上提高智力功能的水平，社会性互动提供了获得语言，改变文化观念的途径。"[②] 语言可分为社交性的语言（social speech）、自我中心语言（egocentric speech）以及内在语言（inner speech）。在人的发展中，所有的高级心理机能一是作为集体活动、社会活动而出现；二是作为个体活动及其内部思维方式而呈现。[③] 这说明人的心理发展一方面产生于人们的协同活动以及人与人的交往之中，另一方面也是一个由外

---

① 吉姆·康明斯等：《双语教育的国际发展：关于吉姆·康明斯双语教育理论与实践的圆桌对话》，余婷译，王鉴校，《当代教育与文化》2013 年第 3 期。

② P. Eggen & D. Kauehak, *Educational Psychology*, Merrill an Imprint of Prectice Hall, 1997, p. 59.

③ 维果茨基：《维果茨基教育论著选》，余震球译，人民教育出版社 2005 年版，第388 页。

而内的"内化"机能过程。①

　　作为以母语为基础的少数民族儿童，他们在早期生产与生活过程中已经习得了相关的语言知识与技能，对相关知识已经形成了固有的认识与理解。当第二语言学习过程中出现相关语言和语义符号的时候，就会自觉地基于母语而建构相应的意义，这不再是一种意义上的自我建构，而是社会建构的过程，这种建构是基于母语语系背景下个体间的人际交往策略、高级语言认知与熟练水平，这正是建构第二语言习得的重要基础，也是第二语言交流交往中必然关涉的问题，母语的学习正好为第二语言的学习建立了基础。从表面上看来，这是两种不同语言的学习，其实质是在两种语言习得过程中的表象，隐藏在冰山之下的正好是人们基于母语认识与理解的公共部分，这是形成语言和语义理解的核心与关键，也是基于母语语义理解而对第二语言学习的迁移基础（如图 2 - 2 所示）。②

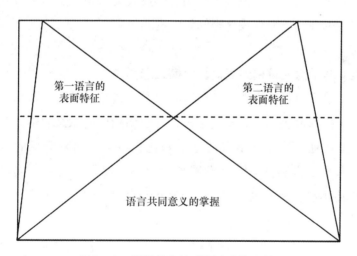

第一语言的
表面特征

第二语言的
表面特征

语言共同意义的掌握

图 2 - 2　双语教育的"双冰山"理论

　　① A. N. Leontive and A. K. ，"*The Psychological Ideas of Vygotsky*，"In Lioyd，P. and Ferny Hough，*C. Lev Vygostky Critical Assessments*，London and New York：Routledge，Vol. 1，1999.

　　② J. Cummins，"The Cross lingual Dimensions of Language Proficiency：Implications for Bilingual Education and the Optimal Age Issue，"*TESOL Quarterly 14*，1984：175 - 187.

　　作为第二语言的学习，需要基于母语的学习和理解才可以更好地领会语言的语义表达，对第二语言的修辞、语法、词汇、语义等才会找到理解的参照物，找到认识的突破口，消除语言学习中的障碍。基于双冰山理论的模型来看，人的思维发展是受制于语言中介的，是思维和语言一起发展的，个体概念的进化取决于个体语言中所获得的经验，高级心理机能产生于个体心理间的社会交互作用。[1] 为了个体概念化的过程，揭示形式逻辑概念与"真正的"辩证逻辑概念的区别，也正是区分"日常"概念与"科学"概念形成途径的问题。[2]

　　由此可见，知识的基础是语言知识、约定和规则，而语言则是一种社会的建构，无论是主观知识的建构还是客观知识的重新建构，个人均能发挥自己的主观能动性。[3] 新的知识的形成源于个人对新知识的主观建构，这是基于个体的主观建构而产生的新知识通过中介以符号的形式表征出来，经他人的重构而形成客观知识，是基于语言中介符号产生的新知识并形成客观知识的内化过程。

四　基于意义重构的双语教育模式选择

　　基于语言习得过程中语义理解的问题，选择以母语为基础，根植于儿童早期家庭生活与教育的结果，并建构相应的意义逻辑。这就使得进入学龄期的儿童在语言的学习和选择中有了语言习得的科学依据。"保护语言和推动语言发展最好的办法就是在教育（或其他领域）中使用它。"[4] 中华民族是由 56 个民族构成的，各民族之间互相

---

① 徐颖、高凤兰：《论维果茨基概念形成过程的语言发展观》，《东北师范大学学报》（哲学社会科学版）2011 年第 6 期。

② 杜殿坤、高文：《维果茨基教育思想评介》，维果茨基：《维果茨基教育论著选》，余震球译，人民教育出版社 1994 年版，第 23 页。

③ 高文：《维果茨基心理发展理论与社会建构主义》，《外国教育资料》1999 年第 4 期。

④ ［尼泊尔］尤甘达·亚达夫、宋思棋：《尼泊尔教育中的语言能力和语言创新——以母语为基础的多语教育经验及启示》，《世界教育信息》2014 年第 16 期。

离不开，即汉族离不开少数民族，少数民族也离不开汉族，各少数民族之间也互相离不开，充分说明了各民族之间休戚与共、互助合作的紧密联系。

在这个"互相离不开"的中华民族多元一体的大背景下，成长于本土的少数民族同胞，基于母语意义的建构过程，历经了家庭生活与当地社会生活的双重建构，逐渐形成了对知识与客观世界的认识与理解，并内化为自己的价值观念。儿童入学前后围绕家和校所建构的两种语言模式，也必然面临着诸多的困难和挑战（如图 2－3 所示）。

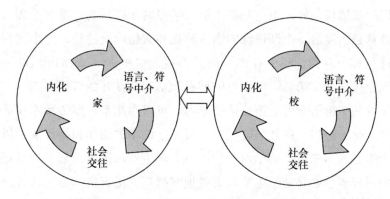

图 2－3　以家庭为核心的母语学习模式与以学校为核心的双语学习模式

以家为核心的母语学习模式是一种非规范的教育形态，儿童的语言习得主要是受生活环境和家庭人际互动影响的语言表达和语义理解，逐步形成其在宗教文化、礼仪习俗、行为习惯、饮食服饰等方面的认知观念与思想意识形态，其语言基础基本上都是深受母语影响的，其对事物的认识与理解也是基于母语作为中介语言符号内化的结果，容易形成其独特的民族心理和民族身份的自我认同，形成特有的文化保护层。以校为核心的双语学习模式是一种规范的学校教育形态，儿童的语言习得主要是通过国家课程这种比口语更标准、更正式的学术语言、符号中介呈现的，是基于师生、同伴交往而内化的结果。最为重要的是，根据国家人才培养的规格和要求进行编制的课程内容，必然会对儿童在以家为核心建构的意义、形成的理解进行扬弃，容易造成少数民族儿童身份认同的危机感。就语言习得而言，这两种不同场域环境之下的语言学习必然会形成语言的磨损或遗忘，学校应该在学生已有的语言基础上，打下坚实的读写能力和知识基础，母语可以作为学生形成认知与思维语言的支撑点，将母语中习得的语义迁移到第二语言的学习中，并修复学生在第二语言习得过程中零星的、片段的、模糊的认知与理解，以防止儿童入学前后"文化中断"所产生的不适应。

以家为核心的母语学习模式为以校为核心的双语学习模式创造了认识的基础与条件。也正是基于语言学习的规律与儿童学习心理，双语教育必然经过一个渐进性的语言转化和文化适应过程，这个过程是一种"你中有我、我中有你"的共融模式。根据"双冰山理论"的思维建构来看，第二语言学习的前提和基础是良好的母语基础。这也意味着基于母语学习的第二语言学习，可以在儿童早期传承本民族的独特文化、习俗、宗教、礼仪，也可以掌握相关的知识与经验。以学校为核心的第二语言的学习必然离不开学生对母语的理解，对母语语义的不理解也必将使学生难以有效地掌握第二语言的学习。这种渐进性的双语教育模式的选择，是基于尚未建构本民族学科体系的民族发展而言的，旨在保护本民族文化的基础上，加速本民族教育事业的发展与人才培养质量的提高。

总而言之，教育的目的不是习得知识与获得技能，而是使人在接受教育的过程中习得一种思维方式，学会思考、选择，拥有价值与信念。在多元文化背景下，需要有一种渐进性的双语模式，从学前教育到小学教育再到中学教育，逐渐形成具备双语能力的"双语人"，使学生在传承本民族语言文化的基础上习得第二语言，这不仅符合学生语言学习的特点，也符合学生认知的规律。

就师范教育而言，一方面重视以母语为少数民族语言的师范生的认知特点与文化教育，加强国家通用语言文字的学习与国家认同、民族认同、中华共同体认同的教育；另一方面要探索语言学习过程中的规律和特点，更好地实现语言意义的迁移，支持有志于民族地区从事教育工作的汉族学生学习少数民族语言，以加强民族之间的交往、交流与交融。

第三节　民族地区师范教育综合改革的教师实践性知识

教师知识是师范教育综合改革的关键点，也是难点，是教师知识结构中的重要组成部分，直接关系着教师培养的质量。尤其是针对民族地区的师范生而言，师范生将面临新的问题与挑战。这一挑战主要来自于民族地区文化的发展诉求与影响。因此，在学生培养中，需要通过实习、见习、调查研究以及案例分析等，进一步学习、认知和理解民族地区教育的独特性，提升教师的实践知识积累，更有利于教师适应新的教育教学实践的需要。

为增强师范生的社会责任感、创新精神和实践能力，全面提升教师培养质量，2016 年 3 月，我国颁布《教育部关于加强师范生教育实践的意见》进一步规范和指导师范生培养，提出明确教育实践的目标任务，构建全方位的教育实践内容体系，丰富创新教育实践的形式，组织开展规范化的教育实习，全面推行教育实践"双导师制"，完善多方参与的教育实践考核评价体系，协同建设长期稳定的教育实践基地，建立健全指导教师激励机制，切实保障教育实践经费投入等意见。

一　教师实践性知识的内涵

（一）教师知识

教师知识是促进教师专业化发展的理论基础，更是师范教育培养专业化教师的客观需求。随着全球范围内教师教育改革的深入，有关教师知识的结构问题，也引起了国内外专家学者的重视。美国卡内基促进教学基金会主席舒尔曼（L. S. Shulman）认为，教师应具备的知识包括"学科知识、一般教学知识、课程知识、学科教学知识、学生及学习特点的知识、教育情境的知识、教育目的与价值的知识七个方面"①。我国学者陈向明在其著作《搭建实践与理论之桥——教师实践性知识研究》中提出教师知识可以粗略分为理论性知识和实践性知识。另外，她还对国内外研究者有关教师知识的研究进行了总结或归纳②：伯利纳将教师知识分为三种类型："学科内容知识；学科教学法知识；一般教学知识。"斯滕伯格认为，教师知识有三种："内容知识；教学法的知识（具体的、非具体的）；实践的知识（外显的、缄默的）。"格罗斯曼将教师知识分为六种类型："学科内容知识；学习者和学习的知识；一般教学法知识；理论知识；情境的知识；自我的知识。"我国学者申继亮认为，教师知识有四种类型："本体性知识（学科知识）；条件性知识（教育学、心理学知识）；理论性知识；隐喻和映象。"此外，傅道春从不同视角认为，教师知识有三种："原理知识；案例知识；策略知识。"周福盛认为，教师个体知识由公共显性知识、公共隐性知识、个人显性知识和个人隐性知识四个部分组成。③ 也有学者将教师知识结构划分为情境性知识、理论性知识和操作性知识三个方面。④

（二）教师实践性知识

何为教师的实践性知识？对此学者的观点不一。叶澜主要从内容、来源、特征的综合角度来界定实践性知识，认为实践性知识一般是指"教师关于课堂情境和在课堂上如何处理所遇到的困境的知识，是建立在前一时期专业学科知识和一般教学法知识基础上的，是一种

---

① L. S. Shulman, "Knowlege and Teaching: Foundation of the New Reform," *Harvard Education Review*, 57, 1987, pp. 1 – 22.

② 陈向明：《搭建实践与理论之桥——教师实践性知识研究》，教育科学出版社2011年版，第59页。

③ 周福盛：《教师个体知识的构成及发展研究》，博士学位论文，西北师范大学，2006年。

④ 何齐宗、胡青、胡平凡：《高师教育改革与教师发展》，中国社会科学出版社2006年版，第68页。

体现教师个人特征和智慧的知识，它更能集中反映课堂教学的复杂性和互动性的特征"①。陈向明及其课题组经过长期的调查，并将"实践性知识"与"经验"和"能力"等概念进行对比分析，最终将教师的实践性知识定义为："教师对自己的教育教学经验进行反思和提炼后形成的，并通过自己的行动做出来的对教育教学的认识。"② 这种观点关注教师对教育教学实践的认识和判断。还有学者认为："教师的实践性知识指教师在面临实现有目的的行为中所具有的课堂情境知识以及与之相关的知识，或者更具体地说，这种知识是教师教学经验的积累。"③ 这种观点重在强调教师知识的情境性和实践性。也有学者注重教师实践性知识的指导作用，并认为："教师实践性知识是指以人类美好生活为目的，以教师的教育生活经验反思为基础，并用一切具有典型意义的概括唤起清晰的意识，再回到具体的教育实践中去，以得出一些因时因地因不同情况而异的行为指导性知识。"④ 随着对师范教育研究的深入和拓展，有学者认为，教师的实践性知识是指："教师拥有的、与课堂情境紧密相连的、高度系统化的、加工到自动化程度的、在教学实践活动中随时能够迅速调用的知识。"⑤ 陈静静经过对"实践性知识"的相关梳理，得出了此概念界定中的共性："（1）与教学情境的关联；（2）与个人生活和（或）教学经验的联系性；（3）对教学实际问题的解决。"⑥

伴随着民族地区师范教育改革的进程，以及民族地区教师培养的紧迫需求，学界应及时关注教师实践性知识在民族地区的独特价值和

①　叶澜：《教师角色与教师发展新探》，教育科学出版社 2001 年版，第 200 页。

②　陈向明：《搭建实践与理论之桥——教师实践性知识研究》，教育科学出版社 2011年版，第 67 页。

③　辛涛、申继亮、林崇德：《从教师的知识结构看师范教育的改革》，《高等师范教育研究》1999 年第 6 期。

④　曹正善：《论教师的实践性知识》，《江西教育科研》2004 年第 9 期。

⑤　何齐宗、胡青、胡平凡：《高师教育改革与教师发展》，中国社会科学出版社 2006年版，第 75—76 页。

⑥　陈静静：《教师实践性知识论：中日比较研究》，华东师范大学出版社 2010 年版，第 26 页。

作用。由于实践性知识受到不同社会文化背景和教师个体成长环境等因素的影响，结合上述有关教师实践性知识的叙述，我们将民族地区教师实践性知识界定为：在民族地区多元文化背景影响下，基于不同时期、不同地域以及特定社会文化背景，教师在教育教学过程中对自己教学经验的反思与提炼，对特定教学场景做出反应以及长期形成的对教育教学认识或理解的一种个体性、情境性知识。

二　教师实践性知识的特征

对教师实践性知识的准确理解是进行深入研究的基础，是师范教育教师培养的重要支点。荷兰学者梅叶（Meijer）把教师实践性知识的特征概括为："（1）个人的、独一无二的；（2）具有情境性；（3）基于经验和对经验的反思；（4）主要是默会的；（5）是指引教师教学实践的；（6）与所教学科内容紧密相关的。"① 日本学者佐藤学认为，教师实践性知识具备如下特征："（1）是一种经验性知识；（2）是一种案例性知识；（3）是一种综合性知识；（4）是显性知识和隐性知识的结合；（5）具有个体差异性。"

国内学者对教师实践性知识的研究也比较多。钟启泉认为教师实践性知识有五个特征：依存于情境性的经验、以案例为知识形式、以问题的解决为中心、隐性知识和个体知识。② 鲍荣认为，实践性知识具有行动性、日常化和生活化、遵循实践的逻辑特征。③ 陈向明认为，实践性知识具有默会性、实践感和行动性。其中实践感本身还包括四种特征：紧迫性、条件性、模糊性和总体性。④ 何晓芳等将实践性知

---

① P. C. Meijer, N. Verloop & D. Beijaard (2001), "Similarities and Difference in Teachers' Practical Knowledge about Reading Comprehension," *The Journal of Educational Research*, 94 (3): 171–184.

② 钟启泉：《教师"专业化"：理念、制度、课题》，《教育研究》2011年第12期。

③ 鲍荣：《论教师教学实践知识及其养成》，《高等师范教育研究》2002年第3期。

④ 陈向明：《实践性知识：教师专业发展的知识基础》，《北京大学教育评论》2003年第1期。

识看作个体性与公共性、情境性与普适性、不精确性与可证实性的统
一。① 汪泽贤认为，教师实践性知识具有模糊性、行动性、反思性与
生成性四个特点。② 姜美玲认为，实践性和个性化是教师实践性知识
的本质属性，而境遇性、默会性、整体性、生成性、道德性和身体化
这六个方面可以看作教师实践性知识的衍生特征。③ 此外，陈静静通
过大量的访谈和田野作业，总结出教师实践性知识的性质："（1）家
族相似性：个体差异性、文化相似性；（2）整体层次性：整体性、
层次性；（3）复杂矛盾性；（4）时效性。"④

　　结合国内外教师实践性知识的特征以及在民族地区长期调研的体
验经历，我们认为，民族地区教师实践性知识也具有不同于普通地区
的性质。具体可以分为：（1）文化差异性。由于民族地区教师长期
生长于边远、相对落后的具有民族特色的社会文化环境之中，在具体
的富有民族特色文化的学校从教，这样，教师的实践性知识必将带有
独特的文化色彩。（2）情境性与动态性。教师的教育教学实践大多
是与日常生活相关的工作，"从工作的状态上看，教师面临的永远是
'情境'（situation），这些情境构成一个连续体，进行相互的转换"⑤。
而且这种教学情境会因时间、地点、人物的不同而改变，不同的教学
阶段会产生不同的教学情境。教师实践性知识深受各种教学情境的影
响，因此，这种知识也不是一成不变的、固定的僵化知识，而是富有
变化性、动态性的特征。（3）复杂不确定性。事物的复杂性呈现出
混乱、错杂、无序、模糊、不确定等令人不安的特点。教学活动是认
知性、技术性、社会性的实践活动。"班级本身就是自组织（auto-or-
ganization）系统，它的内部不是静态的，而是不断地进行着能量的分

---

① 何晓芳、张贵新：《解析教师实践知识：内涵及其特征的考察》，《教师教育研究》
2006 年第 3 期。
② 汪泽贤：《论教师的实践性知识》，《全球教育展望》2009 年第 3 期。
③ 姜美玲：《教师实践性知识研究》，华东师范大学出版社 2008 年版，第 93—103 页。
④ 陈静静：《教师实践性知识论：中日比较研究》，华东师范大学出版社 2010 年版，
第 40—47 页。
⑤ 同上书，第 37 页。

解和转化的，也就是说班级中的人具有自己独特的知识，具有对世界的不同理解，学生的差异丰富了课堂，也增加了教学的复杂性。"①班级成员的个体性、多样性使得班级组织呈现出复杂性，由于教学活动主体之间的内在矛盾性，在这样的教学场景中教师实践性知识自然而然具有不确定性和不可预测性。

三 教师实践性知识的类型

由于对教师实践性知识内涵与特征理解不一，对其内容分类也是各异的。埃尔斯瓦认为，教师实践性知识的内容分为五大类：关于自我的知识、关于环境的知识、关于学科的知识、关于课程的知识、关于授课的知识。沃勒普等人则探究了语言教师在阅读理解教学方面的实践性知识，认为它是一个包括六个范畴的系统：有关学科的知识、有关学生的知识、有关学生学习与理解的知识、有关教学目的的知识、有关课程的知识、有关教学策略的知识。②

我国学者陈向明与其课题组成员经过长期调查，把教师实践性知识的六个方面内容戏称为"六个筐"：教师的教育信念；教师的自我知识；教师的人际知识；教师的情境知识；教师的策略性知识和教师的批判性反思知识。③ 同时，这六个部分之间互相联系、互相影响，对教师的成长发展具有强大的、积极的促进作用。张立忠等从纵向、动态的视角将教师实践性知识分为信奉的实践性知识和使用的实践性知识。④ 姜美玲认为，教师实践性知识包括学科内容知识、学科教学法知识、一般教学法知识、课程知识、教师自我知识五个构成要素。⑤

---

① 陈静静：《教师实践性知识论：中日比较研究》，华东师范大学出版社 2010 年版，第 47 页。

② 陈向明：《搭建实践与理论之桥——教师实践性知识研究》，教育科学出版社 2011 年版，第 69 页。

③ 同上书，第 70—71 页。

④ 张立忠、熊梅：《论教师实践性知识的内涵与结构》，《课程·教材·教法》2010 年第 4 期。

⑤ 姜美玲：《教师实践性知识研究》，华东师范大学出版社 2008 年版，第 144—145 页。

程凤农认为，教师实践性知识应该围绕教学的两大主体——教师与学生而展开，因此可以分为五大类：关于教育信念；关于自我的认识；关于人际的认识；关于教学的认识；关于学习的认识。①

　　对教师实践性知识的分类是进一步认识教学活动中教师知识生成的前提，同时，也是研究者或者教师自身对教学活动的自我反思和超越。本书认为，民族地区教师实践性知识应包括：（1）教师关于自我的知识。教师的工作需要教师全身心的投入，根据帕尔默的观点，好教师的一个共同的特质是：一种把他们个人的自我认同融入工作的强烈意识，他们具有联合能力，能够将自己、所教的学科和他们的学生编织成一个复杂的关系网，以便学生能够学会编织一个他们自己的世界。②（2）教师关于所教授科目的知识。教师关于科目的知识包括教师的学科知识、课程知识、教学知识、教学法内容知识（PCK）等。③ 作为教师，必须具备所教授科目的有关知识，不仅应该精通所教学科的知识体系，而且应该知道学科知识的来源以及学科课程标准等。（3）教师关于学生的知识。教师关于学生的相关知识，即"了解学生及其特质的知识"指教师对学生学习能力、学习动机、学业表现、认知形态、学习态度或认知过程的理解。④ 作为教学活动主体之一的学生，教师只有了解了学生，才能更好地引导学生。关于学生的知识是教师提高教学质量的关键，更是处理师生关系的桥梁。（4）教师关于情境的知识。教师关于情境的实践性知识表现为对教育运作之社会与文化背景的了解和认识，如教室情境、教师文化、学校氛围、社区政治、文化传统等。教师实践性知识是存在于具体情境中的、基于教师经验的知识，是特定的教师、在特定的课堂、以特定的教材和特定的儿童为对象所形成的知识，是作为"案例知识"加以

---

　　① 程凤农：《教师实践性知识管理研究》，博士学位论文，山东师范大学，2014 年。
　　② 陈向明：《搭建实践与理论之桥——教师实践性知识研究》，教育科学出版社 2011年版，第 77 页。
　　③ 同上书，第 85 页。
　　④ 同上书，第 92 页。

积累和传承的。①（5）教师关于民族文化的知识。在民族地区从教的教师，除了应具备与普通地区教师一样的知识外，还应该了解更多的民族风俗风情、宗教仪式、历史文化等有关民族文化的知识，这样才能提升教师应对特定情境的机智能力。

四　教师实践性知识的表征

由于教师实践性知识在教师专业发展中起着积极的推动作用，它影响着教师实际的教育教学活动。因此，要明确教师实践性知识的呈现形式，知晓教师实践性知识在教学活动中如何表征，是研究教师实践性知识不可回避的问题。吉尔兹（C. Geertz）指出："我们在阐释中不可能重铸别人的精神世界或经历别人的经历，而只能通过别人在构筑其世界和阐释现实时所用的概念和符号去理解他们。"② 有关教师实践性知识的表征形式，国内外学者已经进行了比较系统的研究。埃尔瓦斯（Elbaz）提出把实践规则、实践原则和意象作为教师实践性知识的表征形式。③ 康奈利、克兰迪宁以及何敏芳在他们的研究中，把意象、规则、原则、个人哲学、隐喻、周期和节奏以及叙事整体作为教师实践性知识的表征形式。④ 姜美玲通过分析实践考察记录，提出了一种接近经验的语言，一种情感的、道德的和审美的语言，通过描述这些教育实践语言（language of practice），提出教师实践性知识的表征形式有意象、隐喻、实践规则、实践原则、个人哲学。⑤ 陈静静认为，教师实践性知识的表达包括教师实践性知识的语言表达、行

---

① 陈向明：《搭建实践与理论之桥——教师实践性知识研究》，教育科学出版社 2011 年版，第 97 页。

② ［美］克利福德·吉尔兹：《地方性知识——阐释人类学论文集》，王海龙等译，中央编译出版社 2004 年版，第 6 页。

③ 转引自陈向明《搭建实践与理论之桥——教师实践性知识研究》，教育科学出版社 2011 年版，第 113 页。

④ 同上。

⑤ 姜美玲：《论教师实践性知识的表征形式》，《全球教育展望》2010 年第 3 期。

动表达和隐喻表达三种形式。① 结合以上学者以及对教师实践性知识的理解，我们比较赞成陈向明教授及其课题组所提出的四种表征形式②：图式类（意象和隐喻）、行动类（行动公式和身体语言）、语言类（叙事和案例）、综合类（某些具有特殊性的实践性知识）。

（一）图式类表征

图式是指一个有组织、可重复的行为模式或者心理结构，在教师实践性知识表征中是不得不关注的一种可能。其中，在实践性知识表征中意象和隐喻都属于这种具有整体性和包容性的图式。

意象，在我国是一个美学范畴。朱光潜认为，"意象"是指审美观照中事物在主体心灵中所留下的"心象""影象"，即表象。他举例说："在凝神注视梅花时……无暇思索它的意义或是它与其他事物的关系。这时你仍有所觉，就是梅花本身形象在你心中所出现的'意象'。"③"意象通常是一个简洁、描述性质的陈述，具有隐喻性质，也具有较强的包容性。同时，它充满丰富柔软的质地，具有高度的可塑性和弹性，还有个人怀旧的情绪。"④ 埃尔瓦斯分析的意象是"教师躲在知识后面"，克兰迪宁列举了教师史蒂芬尼所使用的"课堂就是家"的意象，康奈利、克兰迪宁以及何敏芳提出的"紧张的意象"，陈向明及其课题组提出和分析的代表性意象是"抖包袱的教师"和"无为的教师"。

拉卡夫与约翰逊（G. Lakoff & M. Johnson）在其著作《我们生活中的隐喻》（*Metaphors We Live By*）中写道："隐喻渗透在我们的日常生活之中。它不仅渗透在我们日常生活的语言之中，而且渗透在我们

---

① 陈静静：《教师实践性知识论：中日比较研究》，华东师范大学出版社 2010 年版，第 74、89、104 页。

② 陈向明：《搭建实践与理论之桥——教师实践性知识研究》，教育科学出版社 2011 年版，第 114、121、128、139 页。

③ 《朱光潜全集》（第 3 卷），安徽教育出版社 1987 年版，第 51 页。

④ 陈向明：《搭建实践与理论之桥——教师实践性知识研究》，教育科学出版社 2011 年版，第 114 页。

的思考和行动之中……我们的日常所思、所感和所做正是隐喻。"①
在教育领域使用的隐喻从古至今都有，比如苏格拉底的"产婆术"，
柏拉图的"太阳之喻、线段之喻、洞穴之喻"，夸美纽斯的"种子之
喻"，洛克的"白板说"，杜威的"生长之喻"等一些教育方面的深
层隐喻。此外，还有比如我们经常说的"教师是蜡烛""教师是春
蚕""教师是园丁""学生是祖国的花朵"等较为口语化的隐喻。再
比如陈向明及其课题组在其著作《搭建实践与理论之桥——教师实践
性知识研究》中提炼的教师关于学生的几个重要隐喻："大白菜"
"小苗苗""小松树"。

（二）行动类表征

克兰迪宁明确提出："行动既是实践性知识的表达方式，也是实
践性知识的来源。实践性知识意味着我们能够在一定的背景下，通过
行动或对话来发现知识。""实践性知识从私人、社会和传统的经验
中产生，通过个人的行动来表达。"② 行动是教师实践性知识的形成
之源，更是实践性知识的表征形式之一。其中行动公式和身体语言是
行动类表征的两种主要形式。

"行动公式"是教师根据自身的意识与信念对所遇到的具体时间
情境做出的"关于做什么"和"如何做"的反应。这种反应可以被归
纳为一个简洁明了的公式，这是一种"中间形态"的知识样态：它既
上升不到抽象理论的高度，也没有完全停留在教育教学细节的描述
上。③ 行动公式是对教师具体教学情境的凝练和总结，有时更能反映
教师知识的个体性和实践性。比如，教师经常用于激励学生的公式：
"成功＝目标＋计划＋行动"，这是励志型的教师根据自己多年的经

---

① G. Lakoff & M. Johnson, *Metaphors We Live By*, Chicago: The University of Chicago Press, 1980, p. 3. 转引自［加］F. 迈克尔·康纳利、D. 琼·克兰迪宁《教师成为课程研究者——经验叙事》，刘良华、邝红军等译，浙江教育出版社2004年版，第73页。

② D. J. Clandinin, "Personal Practical Knowledge: A Study of Teachers' Classroom Images," *Curriculum Inquiry*, 1985, pp. 361 - 385.

③ 陈向明：《搭建实践与理论之桥——教师实践性知识研究》，教育科学出版社2011年版，第121页。

验所生成的行动公式。再如在《搭建实践与理论之桥——教师实践性知识研究》中，陈向明结合自己的教学，提炼了一个行动公式："可感知的学习情境 + 教师提问 = 学生发现。"她根据其在一所藏区中学作为汉语文和英语实习代课老师的教学经历，提出了一个行动公式："教学设计 = 学生学习设计 + 教师的引导。"

作为教师实践性知识的表征形式，除了通过教师直接的言语和书写表现外，还可以通过教师的身体语言来呈现。在具体的教学情境中教师已经潜移默化地把身体作为工具或手段来传递教学信息或表达某种教学情感，并且在一定的情境中可以很好地解决问题。比如，教师在一定情况下使用某种手势，学生就会明白这种手势的用意，并按照老师的意思去做，因而师生之间会形成彼此间的默契。"教师身体语言可以传递多种信息，而教师如何运用身体言语、如何有效发挥它的教学功能，其中反映出来的便是教师的实践性知识……教师身体化的实践性知识蕴涵了教师对自身身体的了解、运用自己身体进行表达的能力、对学生感知能力的把握、对学科知识的理解，以及根据教育教学情境的需要迅速作出判断并采取行动的能力。"[①]

（三）语言类表征

语言作为人类交流的重要工具，在教师实践性知识的形成与表征中都是极为重要的利器。教师通过语言来表达自己对世界的理解、对教育教学活动的认识以及对学生个性特质的把握，只有借助于语言，教师才可以将自己的教学经验提炼生成实践性知识。叙事和案例是教师表达自己实践性知识的两种方式。

通过叙事，教师可以自我呈现教学活动中对教育教学实践的认识和感悟，同时也可以向外部表达自己的人生观、价值观和世界观，还是让别人认识自己的一种方式。"教育叙事的意义就在于：回归教育时空中各种具体人物、机构及事件，提示各种教育存在的方式和行为

---

①　陈向明：《搭建实践与理论之桥——教师实践性知识研究》，教育科学出版社 2011年版，第 127—128 页。

关系，以及当事人在此行为关系中的处境与感受。"① 叙事既是教师实践性知识的生成路径，也是教师实践性知识的呈现方式。

案例是教师实践性知识表征的主题式的、片块式的，以教师某种特殊的教学场景为例呈现教师实践性知识的一种载体。以某种教学案例呈现教师的实践性知识更有利于教师对自己教学情境的再认识和深入分析，同时也可以作为专门的研究案例加以探究和挖掘。因此，通过研究教师的案例，不但可以帮助教师改进自己的教育教学实践，而且有利于他们实践性知识的积累与发展。

（四）综合类表征

综合类表征是以上述几种形式为基础的，在特殊的情境中教师实践性知识不仅具有一种特征，而且兼具图式类、行动类或者语言类等两种及其以上的表征形式。"综合类表征凝聚了其他形式的特色，融贯于教师的教育教学之中，从形象、行动和语言等维度彼此验证和检视教师的实践性知识。"②

五 教师实践性知识的生成

教师实践性知识在教师的教育教学实践中发挥着潜移默化的作用。作为教师个体性的实践性知识，在某种情况下会发挥基础性的作用。教师实践性知识的获得具有多方面的意义。首先，可以让教师胜任自己的岗位，促进教师专业化发展，提升教师自身的素质能力。其次，实践性知识的获得有利于教师由新手教师走向成熟型教师。在此基础上，再成为专家型教师。最后，教师实践性知识的生成及更新也是新时期教师队伍建设的坚强支撑，可以提高教师的工作效率和教师的教育教学质量。

郭炯认为，实践性知识的生成以教师个人体验为起点，关注实践智慧和自我反思、教师的缄默知识和本土经验以及教师在学习共同体

---

① 陈向明：《搭建实践与理论之桥——教师实践性知识研究》，教育科学出版社 2011 年版，第 131 页。

② 同上书，第 146 页。

中互动关系的内在价值，师范生实践性知识的生成途径是：案例学习与实践；在职教师实践性知识的生成途径是：在"应用型课题"带动下的校本研究。① 刘东敏等认为，教师实践性知识获取的路径有：个体教育实践是获取教师实践性知识的主要路径；实践性知识共享是获取教师实践性知识的必要路径；现代信息网络是获取教师实践性知识的重要路径。② 陈静静从学生学习阶段、教师教育阶段和教学工作阶段三个方面分析教师实践性知识的阶段性生成，从职前教师教育、在职教师专业发展两个角度阐述教师实践性知识的更新途径。③ 姜美玲从主体性的角度认为，教师可以通过个人生活史分析、反思教学实践经验、构建教师学习共同体等路径来发展、提升与深化实践性知识，由此改进教育教学。④ 张立新在其博士学位论文《教师实践性知识形成机制研究——基于教师生活史的视角》中总结了实践性知识的生成路径：教师实践性知识生成之缄默学习说、个人经验说、教师知识结构说、反思说、元认识说、建构说，进而从教师生活史角度分析实践性知识的形成，认为教师的生活史影响着教师的自我建构，教师的自我建构又影响着教师实践性知识的生成和运用。⑤ 陈向明及其课题组认为，教师实践性知识由主体、问题情境、行动中反思和信念四个要素构成，并介绍了其生成过程：（1）在行动之前，教师已有自己的实践性知识（PK）；（2）当教师遇到一个问题情境时，PK 被激活；（3）教师在行动中反思，与情境对话，对问题情境进行重构；（4）在行动中反思形成了新的教师实践性知识（PK′）。此外，还阐述了教师实践性知识生成机制的类型，主要有双路径生成、应激式生

① 郭炯：《教师实践性知识的组织结构及生成途径研究》，《中国电化教育》2012 年第 11 期。

② 刘东敏、田小杭：《教师实践性知识获取路径的思考与探究》，《教师教育研究》2008 年第 4 期。

③ 陈静静：《教师实践性知识论：中日比较研究》，华东师范大学出版社 2010 年版，第 118、143 页。

④ 姜美玲：《教师实践性知识研究》，博士学位论文，华东师范大学，2006 年。

⑤ 张立新：《教师实践性知识形成机制研究——基于教师生活史的视角》，博士学位论文，上海师范大学，2008 年。

成、渐进式生成三种类型。①

　　综合上述有关教师实践性知识的生成路径，我们认为，在民族地区师范教育改革中教师实践性知识的生成应该包括学生学习阶段的积累、职前教师教育阶段的学习、在职教师的专业发展三个组成部分。这三个阶段的积累与学习是教师实践性知识生成的必经环节和重要基础。首先，学生学习阶段的积累是教师实践性知识生成的基础，学生阶段的学习是对此时期教师的一种无意识的观察、模仿，甚至是对自己如若成为教师的一种理想塑造。其次，职前教师教育阶段的学习是教师实践性知识生成的承前启后的阶段，也是教师理论知识塑造与养成的关键时期。最后是在职教师专业发展阶段。此阶段教师将是理论与实践的连接者，是教师实践性知识生成与发挥作用的重要阶段。此外，这三个阶段是互相依赖、互相作用的，前一个阶段为后一个阶段奠定基础，三个阶段共同成为教师实践性知识生成的统一体（如图2－4）。

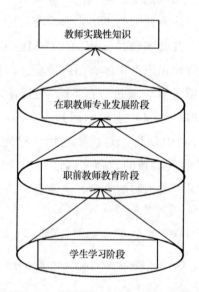

图2－4　教师实践性知识生成阶段

---

① 陈向明：《搭建实践与理论之桥——教师实践性知识研究》，教育科学出版社2011年版，第149—150页。

（一）学生学习阶段的积累

教师实践性知识的形成并不是突如其来的速成品，而是整个人生不断生活学习过程的积累，这些生活学习经验将是日后实践性知识生成的重要来源。

博库和帕特南（Borko & Putnam）的研究表明，教师一开始是从他们自己的经验中学习如何教学的。教师的信念、知识和技能早已在早期学校学习和生活经验中形成了。[1] 罗蒂（Lortie）指出，所有教师都有过做学生的经历，而且这种经历使他们形成了关于教学是什么的印象，特别是对那些专业训练不足而从事教师工作的人来说，其当年的学生经历强烈地影响着他们知识的形成，即使这些经历并不愉快，因为除此之外他们无所凭借，罗蒂称之为"学徒式观察"（apprenticeship of observation）。[2] 当教师还是学生的时候，就已经进行着潜移默化的观察、体验，甚至是模仿教师的言语、动作等言行举止，无论是正面信息还是负面信息，学生都在"重要他者"——教师身上学习着某种知识。在学生学习阶段，学生大多会无意识地观察学习、潜在地体验学习，从教师那里学到了学科知识和非学科知识，这些都为学生日后成为教师，进而在面对自己的学生进行教学活动时提供无意识的引导。总之，学生学习阶段的实践性知识是一个学生无意识地观察、模仿、体验的过程，也是将来教师实践性知识生成的基础资源。

（二）职前教师教育阶段的学习

职前教师教育是教师成长的重要阶段，对教师进行有针对性的实践性知识培育是学生成为教师的重要知识基础。韩吉珍从个人生活史角度分析认为，职前教师实践性知识生成途径有：关注先前经验，奠定教师职业意识（关键事件、重要他人）；学习教学案例，建构个人的实践性知识（教师的课堂教学、专家、名师的教学案例）；参与教育教学实践

① 转引自陈静静《教师实践性知识论：中日比较研究》，华东师范大学出版社 2010 年版，第 119 页。

② 同上书，第 119—120 页。

活动，培养和提升实践能力（微格教学、教育见习、实习）。[①] 黄友初认为，职前教师通过以下三种路径来提升实践性知识：理论课程教学的实践取向；开展儿童研究，培养关注他者；阅读教研文献，以研促教。[②] 阚赤兵认为，通过角色教育、经验教育、案例教育和实践教育四种途径构建职前教师的实践性知识。[③] 陈静静认为，职前教师教育应注重对师范生个人生活史研究，促进其对原有经验的反思；积极开展案例教学，形成教师实践与理论批判的互动；加强教育实践指导和实习，分享和重构实践性知识。总之，职前教育阶段是教师实践性知识生成的一个承前启后的阶段。

经过对民族地区师范生的调查研究，我们认为，民族地区职期教师教育应注重以下几方面：（1）关注对师范生个人生活史的探究，挖掘其已有知识中的有价值成分。首先，对师范生已有知识的关注，既可以激发师范生对之前知识的总结与外化，又可以发挥已有知识的迁移作用。其次，对生活史的阐述，也是对自我的又一次认识，经过不断地剖析自己、认识自己，进而反思自己，有利于教师实践性知识的自然生成。（2）加强师范生实习见习管理，搭建沟通理论与实践的便捷桥梁。在实习见习过程中，师范生可以学以致用，一方面检验知识的实用性，另一方面再不断生成新知识。同时，师范生更会察觉到自己在教学实践活动中的角色认知，感受在理论与实践之间的差距以及思考如何搭建二者的互动纽带。（3）积极开展案例教学，逐渐凝练教师实践性知识。"案例知识是以实践的形式呈现的，它来自教学生活，来自教师的经历，它的呈现方式与教师所遭遇的教学情境比较契合，同时它也是教师实践性知识的主要存在形式。"[④] 案例教学可以提供实践借鉴，

---

① 韩吉珍：《职前教师实践性知识的生成途径探析——从个人生活史分析》，《教育理论与实践》2017 年第 34 期。

② 黄友初：《职前教师实践性知识的缺失与提升》，《教师教育研究》2016 年第 5 期。

③ 阚赤兵：《职前教师教育实践性知识的构建》，《东北师范大学学报》（哲学社会科学版）2011 年第 4 期。

④ 陈静静：《教师实践性知识论：中日比较研究》，华东师范大学出版社 2010 年版，第 146 页。

丰富情感体验，师范生可以追随有经验的优秀教师，了解认识当前教育教学实践活动所存在的问题，学习专家型教师的教学经验。

（三）在职教师的专业发展

在职教师的专业发展是教师实践性知识生成的最重要阶段，也是教师正式踏上职业道路后的发展诉求。正如费曼—南塞（Feiman-Nemser）所说："无论他们在教室接受了怎样的职前培训，教学的某些方面的知识只能在工作中才能学到。没有任何大学课程能够教给新教师如何整合特定的学生的知识和特定的内容知识从而做出适应特定情境的判断。"① 因此，入职教师的专业成长以及教师实践性知识的获取是需要教师进行有意识的专门化训练、培训或学习的。如果教师经过前面两个阶段的精心学习，并且具备了一定的潜在的实践性知识的话，入职后教师就可以比较轻松、容易地适应新的教学环境，这对教师实践性知识的生成极为重要。陈静静认为，在职教师专业发展应该包括建立以"学生学习"为中心的共同愿景；尊重教师的个人创造，开展行动研究；加强教师个人实践的展示与共享；促进实践共同体内的协商和研讨；通过对实践的反思，不断进行自我超越。②

对于民族地区职后教师实践性知识的培育更应该注重主流文化知识与民族地区的地方性知识的学习．由于处于民族地区的学生具有独特的社会文化背景，教师在具体教育教学活动中会面临不同文化的交流互动。因此，无论是出身于民族地区的教师还是作为"局外人"的异民族教师，他们都会面临多元文化的融合或是碰撞。基于此，在民族地区工作的教师就更要关注不同文化的差异与共性。我们认为，民族地区在职教师实践性知识的生成应该包括：（1）关注课堂情境，树立现代化教学理念。课堂作为教师实践性知识产生的活动场所，是教师与学生互动交流、教学相长的地方。因此，教师要积极设计课堂

---

① Sharon Feiman-Nemser, "Helping Novices Learn to Teach-Lessons from an Exemplary Support Teacher," *Journal of Teacher Educator*, Vol. 52, No. 1, 2001, pp. 17 – 30.

② 陈静静：《教师实践性知识论：中日比较研究》，华东师范大学出版社 2010 年版，第 150—154 页。

活动，在课前、课中、课后都要做好充分准备，使用现代化教学理念指引学生，生成教师个体化的实践性知识，最终提高教学质量。（2）积极参与校本教研，争做研究型教师。在校本教研活动中，教师可以集体学习一些先进教育理念或思想，也可以共同解决一些教学中所面临的问题。在教研中提升教师对教育教学的理解与认识，在教学中研究，在研究中教学，争取成为一名专家型或研究型教师。（3）多参加教师培训，提高教师学习能力。职后教师培训相当于教师的再次学习，是教师提升自身学习能力和学习先进教学理念或了解国家政策的重要途径。参与培训可以增加与全国各地教师的交流机会，学习其他教师的教学经验，促进自我专业成长。

在民族地区师范教育综合改革中，一方面，要将教师实践性知识的职前培养与职后培训相结合，加强技能的训练以提高职前实践性知识活动的途径与可能性，比如专家案例教学、见习、技能训练等。另一方面，要加强对职后教师实践性知识的挖掘，提高教师教育教学实践能力。

第四节　民族地区师范教育综合改革的发展动力原理

教育要有信仰，教师要有信念。诚如雅斯贝尔斯所言："教育须有信仰，没有信仰就不称其为教育，而只是教学的技术而已。教育的目的在于让自己清楚当下的教育本质和自己的意志，除此之外，是找不到教育的宗旨的。"①

一　教师的专业发展

教师的专业发展一直是教育改革的一个重点，提高教师专业化水平是世界各国教育改革的共同目标。

---

① ［德］雅斯贝尔斯：《什么是教育》，邹进译，生活·读书·新知三联书店2004年版，第44页。

（一）教师专业发展的内涵

20 世纪 80 年代提出了教师专业发展的要求，经过三十多年的发展，已经逐渐成为世界上许多国家教育研究的共同关注点，也是当今教师教育研究或改革的主流话题。1966 年联合国教科文组织与国际劳工组织在《关于教师地位之建议书》中提出："教育工作应被视为专门职业，这种职业是一种要求教员具备经过严格而持续不断的研究才能获得并维持专业知识及专业技能的公共业务，它要求对所辖学生的教育和福利具有个人的及共同的责任感。"① 此后，教师专业发展受到世界各国的高度重视。我国 1994 年实施的《中华人民共和国教师法》规定："教师是履行教育教学职责的专业人员。"1995 年，我国颁布了《教师资格条例》，实施教师资格证书制度。1996 年全国师范教育工作会议进一步提出："要深化教育教学改革，提高师范教育专业化水平。"1998 年，在北京师范大学召开的"面向 21 世纪师范教育国际研讨会"更是明确地提出："当前师范教育改革的核心是教师专业化问题。"

国外学者对教师专业发展研究较多，比如埃里克·霍伊尔（Eric Hoyle）将教师专业发展定义为："教师在教学职业生涯的每一阶段掌握良好的专业实践所必备的知识和技能的过程。"② 艾伦·格拉特霍恩（Allan Glatthorn）认为，教师专业发展是"教师由于经验的增加和对教学系统的审视而获得的专业成长。"③ 迈克尔·富兰（Micheal Fullan）和安迪·哈格里夫斯（Andy Hargreaves）认为，教师专业发展既指教师通过在职教育或培训而获得的特定方面的提升，也指教师在目标意识、教学技能以及与同事的合作能力等方面的全面进步。④

---

① 转引自陈永明等《教师教育研究》，华东师范大学出版社 2002 年版，第 98 页。

② Hoyle，"Professionalization and Deprofessionalization in Education," In Eric Hoyle，& M. Jacuquetta（eds.），*World Yearbook of Education，1980：Professional Development of Teachers*. London：Kogan，1980，p. 42.

③ A. Glatthorn，"Teacher Development," In W. A. Lorin（ed.），*International Encyclopedia of Teaching and Teacher Education*（2nd ed.），Oxford：Elsevier Science Ltd.，1995，p. 41.

④ M. Fullan，& A. Hargreaves，"Teacher Development and Educational Change," In F. Micheal，& Andy Hargreaves（eds.），*Teacher Development and Educational Change*，Washington，D. C.：Falmer Press，1992，pp. 8 – 9.

我国学者叶澜等认为，教师专业发展可以理解为"教师的专业成长或教师内在专业结构不断更新、演化、丰富的过程。依据教师专业结构，教师专业发展可有观念、知识、能力、专业态度和动机、自我专业发展需要意识等不同侧面；根据教师专业结构发展水平，教师专业发展可有不同等级。"李明善经过梳理国内学者有关教师专业发展的内涵认为："教师专业发展是指教师在整个专业生涯中，通过终身专业训练，习得教育专业知识技能，实施专业自主，表现专业道德，并逐步提高自身素质，成为一个良好的教育专业工作者的专业成长过程。"郭祥超从身体哲学的视角对教师专业发展进行分析，认为教师专业发展要从四个方面理解："立足教师身体的具体个人的发展；教师整全身体生发的各种因素协调持续的发展；教师开放的互相作用的介入式发展；具有多种积极可能性的教师身体修养和榜样示范的双重过程。"

教师专业发展是一个内涵丰富的概念，国内外对教师专业发展的研究甚多，基本上可以归纳为两类："一类是将教师专业发展视为使教师职业成为专业职业，并获得应有的专业地位的过程，强调的是教师群体的、外在的专业性的提升。另一类是关注教师个体的发展，是指在关注教师社会、经济地位的提高和争取资源与权利的分配的同时，更强调教师个体的、内在的专业性的提高，关注教师如何形成自己的专业精神、知识、技能，即教师的专业发展。"[1]

（二）教师专业发展的内容

有关教师专业的具体内容有许多不同的说法。李明善从中小学教师的工作职责与发展成长的具体实际方面将其主要分为遵守职业道德；拓展专业知识；提升专业能力；建构专业人格；形成专业思想；发展专业自我六个方面。[2] 有学者从教师专业发展的基础方面来探讨，认为"教师精神是教师专业发展的首要基础；教师知识是教师专业发展的必备基础；教师能力是教师专业发展的必要基础。"[3] 有的学者

① 李明善：《教师专业发展论纲》，吉林大学出版社 2011 年版，第 13 页。
② 同上书，第 20—22 页。
③ 朱旭东：《论教师专业发展的理论模型建构》，《教育研究》2014 年第 6 期。

对教师专业发展的研究更为客观，如王少非将教师专业发展规划的框架分为总体规划框架和年度规划框架，进而分析了教师专业发展规划的内容，即自我分析：全面充分地认识自己；环境分析：把握专业发展的方向；目标确立：形成愿景；策略拟订：设计行动方案。[①] 有学者从教师本位的教师专业发展观来考察教师专业发展的内容，认为"教师本位的教师专业发展的内容中，知识的更新、新技能的掌握是重要的，但还应该包括教师专业情感、专业期望、专业价值观方面，且各项内容之间是互相联系、互相促进的"[②]。伴随着对教师专业发展研究的深化，殷玉新等通过对国外教师专业发展研究的新进展进行梳理，认为"在教师专业发展内容方面为教师信念、自我效能感、动机、态度、认知、身份认同、教师知识。教师信念、自我效能感、动机、态度和认知等因素是教师日常行为表现的内在支撑，是教师专业发展的重要内容"[③]。有学者从教师专业发展的再概念化视角，强调从人的角度理解教师的成长，强调增强教师在专业发展中具有决定学习内容、方式的权利，并倡导教师专业发展应从外在控制型走向内在生成型。[④] 此外，还有学者从身体哲学的视角探讨教师专业发展的内容，认为教师专业发展的内容有："教师个体实践知识；教师专业意识和能力；教师专业自我。"[⑤]

综上所述，结合民族地区教育教学的实际情况，我们认为，民族地区教师专业发展的内容主要包括：（1）教师职业道德。作为一名教师，应该具备教师的职业道德，它是教师专业发展的关键所在，也是教师从事教育教学活动的基本道德规范。（2）教师专业知识。教师专业知识是教师职业有别于其他职业的重要基础。有关教师专业知识，比较公认的是美国卡内基教学促进会主席舒尔曼提出的七种知

---

① 王少非：《教师专业发展规划：意义 内容 策略》，《中国教育学刊》2006 年第 2 期。

② 宋广文、魏淑华：《论教师专业发展》，《教育研究》2005 年第 7 期。

③ 殷玉新、马洁：《国外教师专业发展研究的新进展》，《全球教育展望》2016 年第 11 期。

④ 赵明仁：《论教师专业发展的再概念化》，《教师教育研究》2006 年第 4 期。

⑤ 郭祥超：《教师专业发展：身体哲学的视角》，教育科学出版社 2012 年版。

识：学科知识；一般教学法知识；课程知识；学科教学法知识；关于学习者及其特点的知识；教育情境知识；关于教育的目标、目的和价值及其哲学和历史背景的知识。此外，由于在民族地区从事教育教学工作，还应该具有关于民族地区的社会、文化、宗教、历史等背景的知识。（3）教师专业能力。教师专业能力是教师综合素质的最外显特征，也是教师能否胜任这份职业的重要基础。具体可以分为：教学设计的能力；教学交往的能力；组织和调控课堂的能力；灵活使用教学信息技术的能力；教育研究的能力以及创新能力。（4）教师专业情意。教师的专业情意应该包括专业理想、专业情操、专业人格和专业自我四方面。

（三）教师专业发展的途径

教师专业发展是教师教育改革的必然趋势，是教师成长的必由之路，更是科教强国的重要保证。

朱旭东认为，教师专业发展需要通过一定的机制才能实现，这种机制就是"教师运用经验、反思、证据、数据、概念和理论等条件实现教会学生学习、育人和服务等专业目标的活动过程，也是运用教师精神、教师知识、教师能力等专业基础的活动过程"。由于教师专业发展因环境差异而呈现出不同的高度和水平，朱旭东认为，"以公立学校为主的教师，是在国家制度、学校文化、学习社群、班级互动等环境中开始其社会化，进入专业发展的个人轨迹中的。"①崔允漷等认为："教师专业发展即教师专业实践的改善。教师专业发展或许可以从不同的路径，借助于不同的内容来切入，但最终必须指向专业实践的改善。"②殷玉新等认为，教师专业发展的途径有："教师教育、教师学习、合作、指导和反思。其中，教师教育是促进教师专业发展的最有效途径，全球许多国家都制定了各具特色的教师教育政策，以促

---

① 朱旭东：《论教师专业发展的理论模型建构》，《教育研究》2014 年第 6 期。
② 崔允漷、王少非：《教师专业发展即专业实践的改善》，《教育研究》2014 年第 9 期。

进教师专业发展。"①

　　针对民族地区教师专业发展，也有较多研究。乌兰探索了少数民族地区教师专业发展保障体系，认为"'教育关怀'是少数民族地区教师专业发展的思想保障；培训的实效性是少数民族地区教师专业发展的技术保障；建立健全政策法规是促进少数民族地区教师专业发展的制度保障。"②何丽芬从生态视角分析了民族地区教师专业发展的策略，具体包括："注重民族地区教师的职前培训；积极反思，重视民族地区教师自身专业化发展；营造良好的民族地区专业化发展的教与学生态文化，形成教师专业发展共同体；建立良好的民族地区师生共同体，形成良好学习氛围；建立民族地区校地发展共同体，促进各学科健康发展。"③

　　有学者对民族地区高校教师和英语教师专业发展进行研究，比如，郑振锋基于利益相关者理论，结合民族地区高校教师专业发展的需求，构建了以高校教师专业发展为支持中心，专业知识、专业技能、专业精神为支持内容，教师主导，高校、企业、家庭参与合作，政府统筹协调的多元支持体系。④唐兴萍探讨了民族地区高校大学英语教师专业发展的路径："（1）内在机制：关注教师的专业发展需求；提升教师的专业发展自觉性；（2）外在机制：改革英语师范教育，提高毕业生素质；重视多元文化教育，提升其跨文化交际能力；构建民族地区高校英语教师专业发展支持体系。"⑤田忠山等认为，民族地区高校外语教师的专业发展极为薄弱，并提出如下策略：（1）营造有利于教师专业发展的氛围，提升教育专业发展的民族教育意识；

　　① 殷玉新、马洁：《国外教师专业发展研究的新进展》，《全球教育展望》2016 年第11 期。
　　② 乌兰：《少数民族地区教师专业发展保障体系探索》，《黑龙江民族丛刊》2008 年第1 期。
　　③ 何丽芬：《生态视域下民族地区教师专业发展》，《黑龙江民族丛刊》2014 年第4 期。
　　④ 郑振锋：《民族地区高校教师专业发展多元支持体系的构建——基于利益相关者理论》，《广西师范大学学报》（哲学社会科学版）2017 年第3 期。
　　⑤ 唐兴萍：《民族地区大学英语教师专业发展的困境与路径构建》，《贵州民族研究》2014 年第4 期。

（2）采取行之有效的方法提高民族地区大学外语教师专业发展能力：新教学理念地域化，能更好地提高教师信息素养；立足民族地区特色大学外语课堂实践教学；建立"学习共同体"，提升民族教育意识；将内省反思法与集体反思法相结合，形成民族地区特殊"场域"下的反思性教学；开展民族地区大学外语教研课题研究。[①]

由于民族地区大部分是偏远落后地区，社会经济欠发达，人们思想观念较落后，因此，民族地区教师专业发展的途径也会有别于普通地区。总体上，我们认为，民族地区教师专业发展的途径有：（1）注重民族地区教师职前职后一体化发展，将职前培养与职后培训相结合，将教育理论与实践相结合。（2）基于专业引领的教师发展：通过科研讲座、专家咨询和合作研究对教师进行教育教学思想理念、实践方法、教学方式、教学组织形式、教学手段的引领。[②]（3）提高民族地区教师培训的有效性，对民族地区教师的培训要从多方面、全方位、多样性出发，如教师双语教学培训、教师信息技术运用培训、教师教学理念培训等。（4）提高民族地区教师的研究能力。积极倡导教师开展校本教研、行动研究以及叙事研究等专业发展形式，争取成为研究型教师、专家型教师。（5）建立学习型共同体，鼓励教师通过多种渠道学习，掌握教育教学先进思想理念。（6）提倡反思性教学，将集体反思与个人反思相结合，不断促进教师专业化成长。

二 教师信念

教师信念是教师专业发展的窗口，是教师教育变革的焦点。教师信念是学校文化建设的灵魂所在，是民族地区师范教育综合改革的动力之一。正如联合国教科文组织在总结教育改革成功经验时所警示的："没有教师的协助及其积极参与或违背教师意愿的教育改革，从来没有成

---

① 田忠山、崇斌：《社会学视域下民族地区大学外语教师专业发展研究》，《内蒙古农业大学学报》（社会科学版）2017年第2期。

② 李明善：《教师专业发展论纲》，吉林大学出版社2011年版，第102—103、105—106页。

功过。"① 但是教师改变是一项艰难的系统工程，其中涉及教师知识、信念、观点、态度、行为和兴趣等各种因素的发展和变化，而教师信念在其中又居于核心位置，统摄着教师其他方面的品质。②

（一）教师信念的内涵

有关教师信念内涵的研究较多，尚无统一定论。国外学者 Kagan 把教师信念定义为一种特殊的具有煽动性的个体知识，是职前或在职教师关于学生、学习、课堂和教学内容内隐的、不为主体所意识到的假定。③ 卡登海德（Calderhead）把教师信念归纳为五个领域，并指出各个领域是相互关联的：（1）关于学习者和学习的信念；（2）关于教学的信念；（3）关于学科的信念；（4）关于学习怎样教学的信念；（5）关于自我和教师角色的信念。④ 国内的相关研究也较多，赵昌木认为，"教师信念是教师自己确认并信奉的有关人、自然、社会和教育教学等方面的思想、观点和假设，是教师内在的精神状态、深刻的存在维度和开展教学活动的内心导向。"⑤ 马莹通过对教师信念内涵的梳理，认为"教师信念就是教师个体所确信的、能够对其教育教学行为起到间接和直接支配作用的一系列相互关联、相互支持的价值判断系统。"⑥ 谢翌在其著作《教师信念论》中对教师信念的基本内涵进行了梳理，归纳出以下一些基本的视角：（1）把教师信念看作知识或教育理念的一部分；（2）关注教师信念的评价成分及其功能；（3）关注教师信念的实质性特征：假定性；（4）关注教师信念的确认程度及其与思想、行为之间的关系；（5）关注教师信念的情

① 联合国教科文组织：《教育——财富蕴藏其中》，教育科学出版社 1996 年版，第 14—15 页。

② 同上书，第 137—138 页。

③ D. M. Kagan，"*Implications of Research on Teacher Belief*," *Educational Psychologist*，Vol. 27，No. 1，1992，pp. 65 – 90.

④ Berlinerdc，Calfeerc，*Handbook of Education Psychology*，New York：Macmillan，1996，pp. 709 – 725.

⑤ 赵昌木：《论教师信念》，《当代教育科学》2004 年第 9 期。

⑥ 马莹：《论教师信念的构成及其相互关系》，《首都师范大学学报》（社会科学版）2012 年第 6 期。

感成分；（6）关注教师信念的存在形式、确认程度及其与实践之间的关系。在此基础上对"大教师信念"进行重新厘定，认为"教师信念不仅仅指教师关于教学方面的信念，更主要是指教师关于教育整体活动的信念。教师信念是指从学生时期开始积存和发展，教师个体信以为真的、以个人逻辑和心理重要性（中心—边缘）为原则组织起来的'信息库'，它们是教师教育实践活动的参考框架。"林一钢认为，教师信念是教师对教育、教学的假定，并推测教师信念具有以下特征：（1）教师信念本身也是一个系统，并处于教师个体信念系统中的某一个层次；（2）教师信念也是以"中心—边缘"的方式组织的，越中心的教师信念越难改变；（3）中心的教师信念发生改变会导致整个教师信念的变化。边缘的教师信念日积月累的变化也会导致中心信念的变化，进而转变整个教师信念系统；（4）有些教师信念能意识到，且能用语言加以有效表达，而有些则相反。[1]

（二）教师信念形成的影响因素

有关教师信念变革的影响因素，国内外学者的看法不一。如勒曼总结的影响教师信念变革的实践活动有："（1）与同事共同投入；（2）个人目标与可见性情境的冲突；（3）大学导师在塑造与所倡导的理念相一致的有效实践中的作用；（4）教师采用革新性的课程材料；（5）课堂支持；（6）教师参与在职培训，提高学位或参与研究项目。"[2] 我国学者王嘉毅对农村教师信念进行调查分析发现："教师效能感和教师反思智力对教师信念有较好的预测力，职业认同、批判思考倾向、工作满意度、工作业绩等因素则较弱。"[3] 此外，还分析了背景因素对教师信念的影响，认为"教师性别、民族、年龄、服务区域（城乡）、学历、学校类型（高中、初中、小学）以及学校规模

---

① 林一钢：《教师信念研究述评》，《浙江师范大学学报》（社会科学版）2008 年第 3 期。

② Stephen Lerman, "Situating Research on Mathematics Teachers' Beliefs & on Change," In Gilah C. Leder, Erkki Pehkonen & Gunter Torner (eds.), *Beliefs: A Hidden Variable in Mathematics Education?* Dordrecht: Kluwer Academic Publishers, 2002.

③ 王嘉毅：《多维视角中的农村教师》，北京师范大学出版社 2011 年版，第 138 页。

等对教师信念没有显著影响。任教科目、职务和职称 3 个自变量对教师信念有显著影响。"① 谢翌认为，教师信念的改变主要受以下因素的影响："先前的信念与认知冲突；情感：信念的重要基础；信念强度的影响；学校文化；学校同事。"② 李家黎将教师信念的影响因素分为"外显和内隐分析，其中外显因素有：社会生态环境；学校文化；培养体系与培训机制。内隐因素有：关于教师对教育的认识；教师角色；个人生活经历；自我反思"③。

结合在民族地区的调研情况，我们认为，影响民族地区教师信念的因素有内部和外部两种，其中内部因素主要有：（1）教师职业认同。教师的职业认同感越强，其教育信念就越强。（2）教师角色。教师角色的融入与冲突会严重影响其对从教工作的认可。此外，教师角色的灵活适应和转变也会间接作用于教师信念。（3）教师生活经历。从学生到教师整个阶段的生活经历和体验，尤其是从教后的生活对教师是否能够坚守岗位有着至关重要的作用。（4）教师学习。教师学习是教师专业发展的源泉，教师只有持续不断的学习才能增加其对教育教学活动的深入认识以及增强教师综合素质与能力，最终增强教师信念。外部因素主要有：（1）国家的相关教育政策支持体系。由于大部分民族地区处于偏远贫困的山区，国家对民族地区的政策支持会极大地增强教师的从教信心会提高教师的社会地位。（2）师范教育培养体制和职后培训。学生在接受师范教育时，对教育教学的认识以及对教师职业的认同或理解会影响其职后的从教信念。（3）学校文化。有研究者指出，学校文化是教师效能感的主要影响因素，学校文化建设是学校发展的动力，也是教师自身发展的后盾。（4）家庭和社区。随着教育的不断发展，家庭和社区在学校教育中扮演着越来越重要的角色，因此，家庭和社区对教师职业的支持是教师坚定信念的外部动力。

---

① 王嘉毅：《多维视角中的农村教师》，北京师范大学出版社 2011 年版，第 139 页。
② 谢翌：《教师信念论》，高等教育出版社 2010 年版，第 372 页。
③ 李家黎：《教师信念的文化研究》，博士学位论文，西南大学，2009 年。

（三）教师信念形成的策略

乌申斯基说："无论有关教学和教育的指示如何详细，它们永远不能弥补教师信念的不足……对人进行教育的最主要的途径就是培养教育信念，任何教学大纲，任何教学方法，不管它有多么完善，但如果不能变为教育者的信念，那就只能成为教育者的一纸空文，而在实际上不能起任何作用。在这件事情上，甚至连最警惕的监督也不会见效，一个教育者永远不可能成为教育指示的盲目的执行者；教育指示不经过个人信念的加温，就不可能具有任何力量。"① 可见，教师信念对教育者非常重要。

我国学者王嘉毅在农村教师教学信念的构建中提出了基本思路与具体对策，其中具体对策包括："建构信念本位的教师继续教育；加强教师专业团体的支持；发展教师信念促进方案。"② 田友谊等认为，教师教育信仰的生成机制包括"需要的认同；信仰的内化；心理的整合"③。李家黎在其博士论文《教师信念的文化研究》中，认为教师信念的生成机制有：教师信念的引领机制；教师信念的保障机制；教师信念的支持机制。此外，还提出教师信念的行为策略包括：培养教师反思意识，书写教师个人生活史；建立教师工作坊，增进对话与合作；鼓励教师融入学校文化，参与校本培训；注重与大学的伙伴协作，共同支持和引领教师信念的完善。④ 马莹提出的教师信念的形成策略有："注重信念培养在促进教师专业化发展中的基础地位，将教师专业知识技能的获得，建立在其高远而坚实的理想信念基础之上；正视生命信仰对教师树立其职业理想的奠基作用，让教师获得在具体而微的教育教学活动中追求其生命价值的精神动力；依据教师信念之

---

① 《乌申斯基教育文选》，张佩珍、冯天向、郑文樾译，人民教育出版社1991年版，第100—101页。

② 王嘉毅：《多维视角中的农村教师》，北京师范大学出版社2011年版，第141—145页。

③ 田友谊、张书：《论教师的教育信仰：价值、结构及生成机制》，《江汉学术》2014年第6期。

④ 李家黎：《教师信念的文化研究》，博士学位论文，西南大学，2009年。

结构关系来分析、判断特定教师群体的具体问题所在，避免头痛医头脚痛医脚。"①

　　教师信念对民族地区教师同样至关重要，而教师信念的形成是不断接受外部世界、反思自我的过程。民族地区教师信念的生成有如下策略：（1）给予教师多方面的支持，逐步建立教师信念引领、保障和支持机制。首先，给予教师极大的外部支持，激发教师信念生成内需。（2）建立教师学习共同体或教研工作坊。由于在学习共同体或工作坊中教师能够体会或获得在学习和工作中的自我认同感和成就感，这样有利于增强教师信念生成的内在需求。（3）重视学习文化建设，尤其是符合本民族本土的特色文化，增强教师的文化认同感和文化自信心。学校文化是教师信念生成和维持的土壤，建设校园文化，有利于教师提高对学校教育和自身教学工作的满意度，激发内心驱动力。（4）探索学校集体和个体反思模式。鼓励教师定期开展集体反思活动，共同研讨教学难题和疑惑，在个体反思基础上达成集体反思的共识，最终形成具有学校特色的教师反思模式，凝聚教师教育的向心力。（5）完善大中小学关系。建立大学与中小学紧密协作的伙伴关系，既要发挥大学的理论指导作用，又要诱发中小学教师自身发展的诉求，在两者协力之下，提升民族地区教师教育信念。

三　构建教师学习共同体

　　作为一种新兴的强有力的教师发展途径，教师学习共同体日益受到教育学界尤其是教师专业发展领域的广泛关注。因此，在高等教育改革的宏观背景下，破除构建学习共同体的障碍，推进教师学习共同体建设，有助于进一步深化高等教育改革，促进民族地区师范教育的进一步发展。

---

　　①　马莹：《论教师信念的构成及其相互关系》，《首都师范大学学报》（社会科学版）2012 年第 6 期。

（一）共同体

学术界对于学习共同体的观点主要存在四种认识：学习共同体是学习团体或者学习组织；学习共同体是学习环境；学习共同体是学习的动态结构；学习共同体是学习方式。[①]

温戈（Wenger）认为，学习是一种在实践者共同体中参与社会性交互活动的产物，这种社会性参与不仅给共同体成员提供社会性活动的体验，也对这种社会性活动赋予了共享的意义。在这个意义上，在共同体中的参与体验，既构成了学习（一种社会性参与）的动机，同时也是学习的方式。[②] Lave 和 Wenger 认为，学习共同体就是指参与学习活动的学习者（包括专家、教师及学生）围绕共同的主题内容，在相同的学习环境中，通过参与、活动、反思、会话、协作、问题解决等形式建构的一个具有独特文化氛围和境况的动态结构。[③]

一个学习共同体绝不是简单地把许多人组合起来为一个任务或者目标而工作或者学习，学习共同体是一个共享和协作组织，是一个成员之间有着共同的目标和实践，通过参与、活动、会话、协作、反思、问题解决等形式共同致力于共同体成长而形成的一个动态的开放系统。[④]

由此可知，教师学习共同体是由具有共同兴趣和学习意愿的教师自愿组成的，以提高专业化水平、促进专业化发展为目标，能为团体中每位教师的专业发展提供良好环境的团体。在这个共同体中，成员之间围绕教学实践中所遇到的问题，合作分享专业知识和各种学习资源。这种合作建立在平等、互助的基础上，不仅使教师之间互惠共生，改善教师的教育教学实践，而且有利于各种不同教学思想的碰撞

① 赵健：《网络环境下城乡互动教师学习共同体构建与运行研究》，博士学位论文，西北师范大学，2011 年。

② E. Wenger, *Communities of Practice*：*Learning*，*Meaning and Identity*，Cambridge，UK：Cambridge University Press，1998.

③ 转引自黄娟、徐晓东《校际主题综合学习共同体的构建与实践研究》，《中国电化教育》2003 年第 10 期。

④ 张化东：《从系统理论的角度审视学习共同体》，《现代教育技术》2006 年第 5 期。

以产生新的教学灵感，最终形成相互帮助和相互激励的促进教师专业发展的团队关系。①

（二）构建教师学习共同体的路径

如何构建教师学习共同体一直是困扰学校管理的重要问题之一。教育的重要途径就是构建学校共同体，教师队伍建设的核心就是构建教师学习共同体。在民族地区师范教育综合改革的过程中，如何有效地发挥教师队伍的力量，形成强有力的教师学习共同体则显得异常重要。我国当前高等教育中通常存在四大问题：一是各学科之间的关系断层，不同学院各自为政，自成孤岛，难以形成综合一体化的课程体系；二是学院教师和教学研究机构联络甚少，许多教师认为自己只与本学院或者学科专业有关系；三是多种文化之间碰撞和交流的缺失，使其对学习和教学工作的促进作用无法体现；四是教师的学习机会、教学工作、教学基金被忽视。针对上述情况，以大学为载体，构建教师学习共同体基地，通过带动各个专业、各级院系的成员协同参与，优势互补，争取共赢。贝克（Baker）认为，高校中的学习共同体是由学生、教师、管理者以及其他有着明确的团队归属感、共同愿景和广泛交流机会的人组成的团队。② 因此，借助大学平台，充分凝聚各支队伍的合力，以发挥大学得天独厚的优势。高校应该不断加强与中小学的合作，尤其是在师范生培养过程中，应该以基础教育发展为导向，密切校际合作，使师范教育的人才培养目标与中小学的人才需求相结合，通过构建学习共同体为教师的专业发展提供良好的支持环境和合作氛围，以促进民族地区师范教育的综合改革和发展。

（三）大学如何促进师范教育改革

在教师教育开放背景下，师范大学原有的地位和作用受到了严重的挑战。如何在新的教师教育体系中保持原有的优势和特色，如何在

---

① 王京华、李玲玲：《教师学习共同体——教师专业发展的有效路径》，《河北师范大学学报》（教育科学版）2013 年第 2 期。

② 詹泽慧、李晓华：《美国高校教师学习共同体的构建——对话美国迈阿密大学教学促进中心主任米尔顿·克斯教授》，《中国电化教育》2009 年第 10 期。

竞争激烈的教师教育体系中谋求自身的发展，这是师范大学需要重新思考和定位的事情，其中，教师队伍的建设则是现阶段师范教育综合改革必须直面的一个重要方面。人才是办学的第一和最为重要的资源，人才是决定师范大学综合改革能否成功的关键，决定着师范教育的未来，建设一支高质量的教师教育队伍是确保师范大学转型目标实现的关键所在。鉴于此，首先要完善师资体系。基础教育对优质师资的需要倒逼着师范大学必须改革现有师资管理体制，因此要认真贯彻落实《中华人民共和国教师法》《中华人民共和国高等教育法》，大力推进教师管理制度建设，建立好教师考核制度，有针对性地提高教师待遇，优化教师队伍，合理配置人才资源。其次要扩宽师资补充渠道。加大优秀高层次人才引进力度，提高新聘教师的学位层次，努力改善新聘教师的学缘结构，扩大选人视野，从选人机制上严把"入口"关，提倡实行面向国内外的公开招聘，努力开发利用国际、国内两个人才市场、两种人才资源，多渠道、多方面地引进高层次人才，提高人才队伍素质，构筑"人才高地"。再次要加强师资自身培养，如免费师范生培养等，通过职前职后一体化来保证和提高教师专业水平和能力。最后要提高学术水平。师范大学的学术性与综合大学不同，师范大学的"学术性"不仅具备了一般大学学术追求的共性特点，而且绝不是一般意义上的"学术性"。可以这么说，教师教育具有双专业性质，师范大学院校的"学术性"体现在两个专业领域即具体专业学科的学术性和教育学科的学术性上。[①] 在上述多个方面的支持下，推动师范教育综合改革朝纵深发展。

---

① 胡玲翠：《教师教育开放背景下师范大学综合化转型研究》，博士学位论文，陕西师范大学，2014 年。

第三章　民族地区师范教育综合改革实践

　　民族地区师范教育改革是一个系统工程，需要着力其关键点，把握规律，遵循逻辑，开展系统性的研究。从当前国内外师范教育改革的关键领域来看，师范教育改革主要聚焦于师范生培养体制机制改革以解决保障问题，着力于师范生培养的课程结构改革以提高知识能力，着力于师范生培养支撑性条件建设以保障改革的实效，着力于职前职后一体化建设以确保教师培养的有效性，着力于民族地区师范教育综合改革愿景与实践路径的探索以确保师范生从教的坚定信念，着力于优质双语师资培养的经验探索，以确保师范教育综合改革的质量与效率。

第一节　师范生培养体制机制改革

　　制度建设是师范生培养的制度基础，也是培养模式的基本标尺。西北民族地区教育的复杂性与需求的独特性，要求高等师范院校必须关照师范生培养的特殊性，按照地方需求、语言学习与教师信念，改革现有师范生的培养体制与模式。

一　师范教育综合改革与师范生培养的制度建设

　　陶行知先生认为，教育是什么？教人变，教人变好的是好教育，教人变坏的是坏教育。活教育教人变活，死教育教人变死。不教人变、教人不变的不是教育。师范教育是什么？教学生变成先生。先生是什么？自己会变而又会教人变的是先生。师范生不是别的，是一个学变先生的学生。

1980 年全国第四次师范教育工作会议的召开，摆正了师范教育在整个教育事业中的"工作母机"地位，重申各级各类师范院校的基本任务是培养合格的教师。然而，当时的师范教育"在学制、专业设置、课程安排、教材内容、教学方法、电化教学手段以及领导体制等各个方面，都存在一些问题，不能很好适应四个现代化的要求"。1978 年印发的《关于加强和发展师范教育的意见》提出"大力发展师范教育是发展教育事业、提高教育质量的一项基本建设和百年大计"。2010 年《国家中长期教育改革和发展规划纲要（2010—2020年)》提出要"努力造就一支师德高尚、业务精湛、结构合理、充满活力的高素质专业化教师队伍"。这些政策的出台足以说明我国对教师教育的重视程度。教育部主办的全国第七届和第八届师范大学联席会议要求进一步提高教师教育质量。

西北地区居住着大量的少数民族，其环境里渗透着不一样的宗教、语言、文化等。为了加强少数民族地区经济和文化的发展，实现中华民族一体化局面，首先要做的是加强少数民族地区教育的发展，而教育的发展则依靠教师的努力。因此，我国正在进行的师范教育综合改革，其目的是培育高水平、留得住、用得着，并能够扎根民族地区中小学工作的教师。甘肃、青海、宁夏和新疆是多民族地区，其民族文化多元，在这种文化环境中师范院校在师范生培养方面的制度建设要结合当地的民族特色进行综合改革。

从 2011 年起，以创新人才培养模式为主体，深化教师教育体制改革，大力提高教师培养质量，扩大师范院校社会服务功能的改革实践已经成为我国教师教育改革的共识和现实路向。甘肃、青海、新疆和宁夏的各类学校在学校前期教师教育改革与人才培养模式创新发展的基础上，主要在教师教育课程体系建设和培养模式、师范生实践创新能力发展与提升等方面取得了积极进展，并积累了丰富的经验。各地区大学立足于本地区的实际情况，面向少数民族人数居多的实际，培养切合当地实际的教师人才。根据对学校专家和教师的访谈得知，他们针对师范生培养的制度建设有以下几个方面：（1）创新教师教育体制机制，使之更加有利于教师教育质量的提升，这是教师教育改革顺利开展的前提。（2）各所学校以提升教师专业素养为目标，经常邀请基础教育优秀教师参与共建，教学与研究并重，全面负责本专业师范生的培养工作。（3）依托顶岗支教实习工作的开展，建立和推进各省大学与地方政府以及中小学合作的教师教育联盟和教育实习基地建设，主要是由省教育厅牵头，联合省内各州县教育行政部门，创建高校与基础教育中小学的教学合作联盟。目前，四个地区的学校已与省内多数州县教育行政部门和各个州县中小学建立了良好的合作关系。同时，积极加入西北教师教育联盟，与西北兄弟师范院校共同开展教师教育的相关建设工作。（4）近年来，我国各类少数民族地区分别出台了关于加强民族地区师范类专业"双语教学"的工作意见。学校越来越重视双语师资的培养，双语教师的培养逐渐成为少数民族师范教育的一个特色。

二 培养模式的创新和特色

各个学校所设置的培养模式、培养方案的特色是不一样的。不同地区的学校根据教育部的要求建立了具有自身特色的培养模式，它属于师范生培养制度建设的一部分。

（一）培养模式三阶段

长期以来，人们误将师范生培养和教育实习等同起来，将教育实习当作师范生培养的最终应用和检验。事实上，高师院校师范生的培养是贯穿全程的一系列教育实践活动，既包括课堂上的引经据典，也包括校门外的教育调研；既包括学生在校期间的集中安排，又包括学生利用其他时间所进行的分散实践。通过对各个地区学校的管理者和教师进行访谈，发现他们都有一个共同的培养阶段。

1. 师范生基本功奠基阶段

通识类课程包括大学英语、军事训练课、体育课程等，开设这些课程的目的是为学生以后的发展打好基础，大学英语主要让学生学会第二门外语，与国际接轨，能够与国际友人进行基本的、简单的交流和沟通。军事训练课和体育课是为了让学生有一个健康的体魄，为接下来四年的学习打好"身体"的基础。

教育类课程奠定了学生的理论基础。为夯实师范生基本功的理论根基，不断增加教育类课程的课时，加大课堂教学渠道对师范生专业技能的培养力度。除传统的教育类"老三门"课程外，还增设了基础教育改革、课程论、教育科学研究方法、教学系统设计等课程，并根据我国历年来的经验教训和国际教师教育的实践总结，保证教育课程占总课时比例的25%左右。同时，改革传统的教育学、心理学和学科教学法课程教学，在教育学课程中增加中小学教育教学改革的新思想、新观念，使师范生能够运用先进的理论指导教育工作；在心理学课中增加学习心理和认知心理方面的内容，帮助师范生在心理学原理的指导下更好地教学，这样可以更加切实了解基础教育课改的计划与实施。

校内的训练是为了打造师范生的基本功。教学既是一门科学，又是一门艺术，不具备一定的教学技能，则很难胜任教学工作。除了基本组织技能以外，教学技能还包括三笔（粉笔字、毛笔字、钢笔字）一话（普通话）等师范生基本功。三笔一话是一名准教师最基本的素养。除此之外，每个学校都有教师技能课，还有教师技能大赛。技能大赛有自己学院组织的，还有和其他学校的师范类学生进行的比赛。通过对教师进行访谈，发现一般教师技能大赛都会有一个星期的时间，每个人讲30—40分钟的课。有教师说："比赛都是师范生自己报名参加的，报名参加的学生很多。比赛都是由专业的指导老师点评，学生们通过比赛都会有很大的改进，比如说上课的站姿、讲课的精神面貌、讲课时有的学生会用口头禅，在比赛的过程中就进行了很好的改正，还有就是学生们的板书也会有很大的改进，板书结构的设计，在讲课的课程结构设计方面有所提高，因人而异，不是每个学生方方面面都有提高，但是参加的学生一定会有收获和改进。"作为培养师范生的学校，它们应当为教师教育培养发挥出自身的优势，与学校合作举办一年一次的教师技能大赛，成为学生展现教师教育技能的平台。为了解校内实训开展情况，我们对某大学从事教育改革的教师进行了访谈。

访谈者：咱们学校关于师范生教学技能的培养有哪些制度创新？

教师：我觉得学校在师范生教学技能培养上的指导是非常充分的，除了教学见习和实习外，还有平时的校内实训。首先是书写和表达的训练，书写就是三笔字即粉笔字、钢笔字和毛笔字的训练，我们给每个学生发一个小黑板，他们每星期都需要上交一份作业，钢笔字的作业，毛笔字和粉笔字的作业，我们学校要求学生每星期天把这些作品交上来。表达主要是朗诵、正音，帮助学生纠正普通话的发音。其次是现代教育技术技能的训练，教育资源的搜集和开发，利用网络技术让学生学习。最后是课堂教学技能和课堂组织管理的指导，学生每周需要备一个教案，每个班的学生会分成几个小组，组成学习共同体的形式进行学习，学生讲课是以抓阄的方式进行的，小组先抓阄，然后组内成员再抓阄，这是为了促进每个学生都认真备课、备教案。讲课的学生所取得的成绩要算作组内每个成员的成绩，然后由教师对学生进行指导和评价，这样的培养模式我觉得可以帮助学生实现从理论到实践的转变。

教育见习是学生进行实习的准备阶段，一般学校会在学生入学的第二学期由教师带领学生进入中小学进行见习。师范教育其实是一种应用型教育，师范生有必要尽早与中小学生接触和交往，熟悉中小学生的认知特点，增加其对中小学生的熟知感。比如，青海地区学校针对当地农牧区特色建立了农牧区见习基地，在那里，学生不仅可以学习到作为教师的一些基本技能，还能逐渐适应农牧区的文化并且为其奉献自己的力量。在见习活动中,学生要完全融入学校生活中,从听课到备课再到上课,初步训练自己的从师技能。通过访谈可知,教育见习主要是为教育实习打下基础,主要是了解教师这个职业是干什么的,把平时所学到的课本上的内容应用于见习中,发现问题,以及如何当一名好老师。学校是否经常与中小学建立联系直接影响着学生每学期的见习,为了解样本学校与民族中小学建立联系的情况,笔者对各所大学的学生进行了问卷调查(如图 3 - 1 所示)。

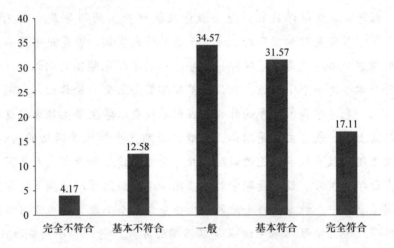

图 3 - 1 学校与民族地区的中小学建立了密切联系 (单位:%)

在对"学校与民族地区的中小学建立了密切联系"这一问题的回答中,有 34.57% 的学生认为一般,有 31.57% 的学生认为基本符合,有 17.11% 的学生表示完全符合。总体来看,将近一半的学生认为学校确实与少数民族地区中小学建立了联系,如此一来,我们必须关注有将近一半的学生认为学校和民族地区中小学的联系并不是很密切这一现象。学校与中小学联系密切还是不密切直接关系到学生的见习情况。联系密切,说明学校自身是十分关注学生见习情况的,并且能及时发现学生的困难,给予指导帮助,实习基地的老师也会更加用心地指导学生的见习。但现实情况是联系一般,学校应该反思并且加强与民族地区中小学的联系。

以下是对某大学教育学院院长的访谈，从中我们可以发现，对于西北地区的师范类学校或者有师范教育专业的学校，它们的培养模式有着共同的特点。学生从一到六学期所学习的基本上是奠基类的课程。

访谈者：学校师范生的培养取向是怎样的？比如"3＋1""4＋0"等。

院长：我们的培养模式主要是四年本科，学生在一、二、三年级学习理论和实践性的课程内容，在第七学期进行实习，其实，我们的师范生从一年级到三年级每个学期都有见习，见习主要就是观察当地老师是如何上课、听课和评课的，学习一些上课的技能等。

2. 实践反思性构建阶段

陶行知先生在 20 世纪 20 年代初针对当时师范教育缺乏学生教学能力培养的问题，提出师范生一方面要学"学"，另一方面要学"教"，师范教育并不是简单的专业基础课＋教育学、教学法，而是突出如何学"学"、学"教"的教育。也就是说，师范教育不仅应关注学生在课堂上获得相应的专业知识，还必须让他们获得"教育技术"和"教育能力"。我国的师范教育长期以来注重专业知识的培养，而忽视教育技术、技能的培养，这对合格师范生培养目标的实现是非常不利的。因此，应在培养目标的定位上把握本专业教育和教育知识学习的关系，而教育实习则很好地解决了二者之间的关系，使学生在掌握一定的专业知识的基础上，教育能力得到了培养和锻炼。师范教育是以培养合格的教师为己任的，师范生的质量直接关系到教育的质量。师范生在掌握一定的专业知识的基础上，其专业能力成为其能否胜任教师职业的重要因素。因此，加强对师范生专业能力的培养成为师范教育成败的关键。教育实习是师范教育贯彻理论联系实际原则、实现培养目标不可缺少的教学环节，是教学计划中的重要组成部分。通过教育实习，可以使学生把知识综合运用于教育和教学实践，以培养和锻炼学生从事教育和教学工作的能力，并加深和巩固学生的专业思想。教育实习是师范教育培养合格中小学教师的综合实践环节，实习前须制订出计划。计划包括实习的目的和要求、内容安排、指导教师配备、实习组的划分以及组织领导等教育实习的内容，应包括课堂上课实习、班主任工作实习和课外辅导工作实习，使学生受到全面锻炼，培养教育和教学工作的能力。教育实习由中等师范学校和高等师范院校教师和实习学校的教师共同配合进行指导。教育实习成绩的评定，由双方指导教师按照标准，共同商议进行，并写出评语。为了使学生在实习中有章可循，学校应从实际出发，制订出"实习生守则"。

访谈者：教育实习是如何安排的（整班、混合、个人）？您有带学生实习的经历吗？

教师：教育实习时间为一学期，主要以整班实习支教为主，实习基地是附近的乡村小学（有个别的学生是申请自主实习的）。就具体安排而言，一个班级的学生会分到不同的实习地点。4—5 个人在一个学校，一个学校每个专业的学生都有。我们学校是混合编队，学校实习的地点足够学生实习使用。实习时间一般是一个学期，第一个月主要是听课、写教案两件事情，以实践学习为主，之后的几个月就会让学生上讲台讲课。讲课的次数和年级就得看学生的个人能力，还有实习学校指导老师的安排。

以顶岗支教为例（"顶岗支教"，顾名思义是顶替在职教师岗位、完成支教，给即将毕业的大学生顶岗支教的机会，顶岗支教期间要完完全全担当起教师职责，这样既能让学生提高自身技能，也能让被顶岗的教师继续深造），其教育实习的过程一般分为以下几个阶段：

听课——虽然在实习之前学生大部分已经经历过教育见习，但是由于时间的不连贯，学生学到和听到的课还是较少的。因此，听课成为教育实习的一大关键部分。听课（尤其是优秀教师的示范课）是学生作为一个准教师的开端和启蒙，为培养师范生的课堂驾驭能力奠定了基础。

上课——上课是实习的一大重要环节，它在一定程度上可以检验学生对教学基本技能和教育综合知识的掌握程度，师范生在课堂上的表现是其实习前的基本功积累的结果。在上课的过程中，学生可以发现自己在理论知识和实践环节所欠缺的内容，以便回到学校对这一部分内容进行补充。一次又一次的上课可以锻炼学生的口头表达能力、师生交往能力以及课堂控制能力等，最终提高学生对教师这份职业的理解。

评价与反思——评价包括自评和互评，师范生在上完课之后，实习基地的老师会给师范生提供一些建议，以便学生深刻地意识到自己在教学技能方面的不足，然后总结经验教训。通过对师范生实习表现做出非评价性的结论，指导教师可与师范生展开平等对话互动，促使其对自身教学技能进行实践性反思，为师范生培养创造良好条件。

教育实习主要是安排在大四上学期，进行为期一个学期的顶岗支教活动，顶岗支教活动是在各地区教育部和政府支持下开展的，主要是为了提升学生的实践教学能力。但是在顶岗支教过程中，往往会出现一些问题，比如学生实习专业不对口，实习基地教师对学生的指导不足，等等。笔者针对各地区大学师范生实习状况进行了问卷调查（如图3-2）。

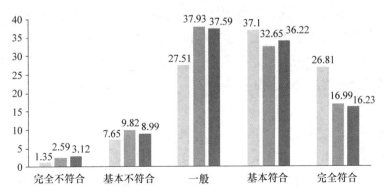

图3-2　学生实习情况（单位：%）

通过对学生实习状况的调查发现：在有关"我的实习过程是很有收获的"的回答中，有63%以上的学生认为，自己的实习过程是很有收获的；在对"通过实习我感到我有足够的知识在少数民族地区从事教师工作"的调查中，大约有37.93%的学生表示一般，有32.65%的学生认为基本符合，有16.99%的学生认为完全符合；在对"通过实习我感到我有足够的技能在少数民族地区从事教师工作"的回答中，有36.22%的学生认为基本符合，有16.23%的教师认为完全符合。从以上可以看出，通过实习，大部分学生认为自己还是有足够的知识和技能在少数民族地区从事教师工作的。虽然学校十分重视学生的实习环节，也有一套完整的实习评价手册，但是在实习过程中，学生在听课、备课和上课时难免会遇到一些问题，而指导教师没有及时给予帮助，可能会导致学生放过很多问题。在学生实习一段时间后，学校可以把学生召集回来开会，专门解决一些知识和技能方面的问题，这样，效果可能会更好。总之，学校应该对教育实习工作再进行强化。

3. 教学研究一体化

实习过后，本校教师会针对学生在实习期间出现的问题进行一些针对性的指导，目的是提高师范生的教学功底。

通过实习，学生基本上可以展开对毕业论文的写作，师范生可以从自己在教育实习过程中所积累的案例中发现一些问题，将所发现的实际教育问题提炼升华，形成教育论文，进而使理论和实践相互融合，提升师范生的教师专业素养和科学研究能力。为此，我们选取了甘肃某师范类教师的访谈作为佐证。

访谈者：师范生的毕业论文大概是从什么时候开始着手撰写的？在数据采集上有没有给学生提供固定的调研基地？

教师：学生的毕业论文从大四上学期开始准备，10月开题，12月完成论文初稿。我们有一个专门的选题提纲，学生可以选择，主张学生选择做实践性论文。学生的调研基地就是学生的实习地方，比如在实习学校进行问卷调查、访谈、课堂观察等，甚至也可以入户到学生的家里进行调查。

（二）培养模式的新特色

在教育中起着基础和奠基作用的是学前教育和小学教育，只有基础打好了，人的一生才能健康地发展。那么，在学前和小学教育中，教师自然起着至关重要的作用。要想使教师的专业素质和专业素养过硬，在对学前和小学教育师范生培养时就要加强重视。尤其是对于西北少数民族地区的学校来说，要想加强少数民族地区经济的发展，就必须强调教育的发展，尤其是学前和小学教育方面教师的发展。根据对大学培养方案的了解和对学校管理者以及教师的访谈，发现大部分学校有以下几种具有特色的培养制度。

1. 关注学前和小学教育教师的培养

学前教育培养是西北少数民族地区学校较重视的专业，为了深入了解西北少数民族地区学校对学前教育师范生的培养情况，我们对教师进行了访谈。

访谈者：学校的学前教育教师是如何培养的呢？

院长：从 2011 年开始，我们实施了学前教育课程改革项目。主要围绕新课程标准中的三大课程目标领域优化调整课程，删减了一些偏重理论或与专业发展联系不够紧密的课程，增加了实用性课程和手工课程。加大了见习比重，建立了具有专业特色的教学并行式见习及实习评估制度。加强与幼儿园的联系，聘请一线教师开设微型实践课程，举办学术讲座，参与教学计划的制订，建立了学校与实习机构合作开展实践教学改革的机制，探索出了一套具有本地特色的面向当地在职幼儿教师的培训课程体系。

通过访谈可知，这个学校学前教育专业进行了一些改革，学前教育专业学生的培养质量显著提升，而且据这位（副）院长说，2012年以来学生在北京、天津及省内幼儿园实习时为当地幼儿园环境创设做了大量工作，得到了当地幼儿园的好评。学前教育专业学生的就业率明显提升，转行率明显降低。

2. 小学全科教师培养

通过访谈发现，青海和新疆地区开展了对小学全科教师的培养，全科教师培养的目的是加强师范生对于小学各科的了解，在小学中可以胜任任何一门课程，这对大学的教师和其他工作者来说是一件非常具有挑战性的改革。对此，我们选取某学校教育学院从事教师教育改革的一位教师进行了访谈。

访谈者：全科培养是不是很困难？学校的小学全科教育是如何有效实施的？

教师：确实有困难，我们也正在努力中，我们结合农牧区小学教育的实际需要，主要突出"一专多能"的特色，对一二年级学生实行通识培养，大面积跨专业开设选修课程，三年级则根据小学教学需求，贯穿文、理、艺、体科类进行全科培养。四年级实行专业素质提升培养，提高学生的教育研究能力，培养出具有扎实的教育教学实践能力、一定的教学实践研究能力和反思能力的小学全科教师。因为有时候学生找工作不一定会对口，尤其是农牧区，非常缺老师，各科教师都缺。对于这一问题，我们就采取了在学校培养中实施"全科"教育，比如文科的学生主要学习语文和社会学，但是他必须选修一门理科专业和一门艺术类专业（美术或者音乐），实现一专多能的目标，尽量为农牧区服务。

通过访谈可知，小学全科教师的培养有利于促进小学教育传统模式的转变，改变了以往学生学习单一学科的弊端，它的主要目的是为当地农牧区小学教育事业的发展贡献力量，客观上有利于我国多民族地区的统一发展。

3. "卓越教师"培养计划

为寻求深化教师教育改革的突破口和着力点，培养党和人民满意的好教师，教育部决定全面启动实施卓越教师培养计划。根据该计划，我国将建立高校与地方政府、中小学"三位一体"协同培养新机制，培养一大批师德高尚、专业基础扎实、教育教学能力和自我发展能力突出的高素质专业化中小学教师。

在调研的 11 所学校中，青海省的学校逐渐展开了卓越教师培养计划，并且设置了较全面的培养方案。比如，2013 年青海省卓越教师培养模式创新计划入选教育部教师队伍建设示范项目，师范生培养模式创新工作全面启动，主要分小学全科、学前教育、卓越语文、卓越数学、卓越英语五个分项目具体推进实施。针对卓越教师的培养，笔者对青海某大学教育学院的院长进行了访谈。

访谈者：您刚说学校有个卓越教师培养计划，那怎么实施的呢？是怎样一种模式？

院长：我们学校先后优化了教师教育课程体系，加强师范生技能训练工作，对卓越师范生实行"1+3"培养模式和双导师制管理，与中小学共同建立了卓越教师培养联合体，加大经费投入，整个卓越教师创新计划已开始实施。具体来说，"1+3"的培养模式指的就是：第一年学生学习公共理论课，第二年学生就开始实行见习计划，每个学生在自己实习的学校都有一个导师，这就是我们的双导师制，比以往的模式更好一点，学生学到的知识更多，更加关注学生实践能力的培养。

通过访谈，我们清晰地了解到青海省卓越教师的培养计划，此计划加强了学生实践能力的培养，更加注重教师对学生的指导作用，实行双导师制模式加强了学生对从师知识和技能的深度掌握。

三　民汉双语和双文化人才培养制度

中国是一个多民族、多语言的国家，多数民族在它的发展过程中都创造、发展、丰富了自己的语言文字，而且每一种语言文字都承载着本民族深厚的历史文化和民族品质，是该民族千百年来丰富的传统文化、传统经验最直接最集中的体现。母语对民族个体和群体的成长、发展具有重要的作用。国家除了采取积极保护措施之外，还必须通过教育来有效传承和发展它。然而，一个民族语言和文化的发展从来都不可能是封闭的，尤其是在当今世界经济一体化和多元文化发展格局下，各个民族要想不断发展进步、更好地融入现代文明社会，就必须在传承本民族语言和传统文化的同时，学好国家通用语言和主流文化以及世界上其他发达国家的语言和文化。因此，国家积极倡导在少数民族地区实施双语教育。由于青海、甘肃、宁夏和新疆四省（区）地处西北，并且是少数民族的主要聚居地，培养民汉双语人才和了解双民族文化的重任自然就落到了这四个省区的大学上。

我国宪法明确规定："各民族都有使用和发展自己的语言文字的自由。"1952 年公布施行的《中华人民共和国区域自治实施纲要》规定："自治机关得采用一种在自治区内通用的民族文字为行使职权的主要工具，对不适用此种文字的民族行使职权时，应同时采用该民族的文字。""自治机关得采用各民族自己的语言文字，以发展各民族的文化教育事业。"1951 年经政务院批准的《关于第一次全国民族教育会议的报告》指出："关于少数民族教育中的语文问题，会议规定凡有现行通用文字的民族，如蒙古、朝鲜、维吾尔、哈萨克、藏族，小学和中学的各科课程必须用本民族语文教学。"之后，我国出台了一系列关于双语教育的文件，1991 年国务院批转了《国家民委关于进一步做好少数民族语言文字工作的报告》，强调增设汉语课程，实行双语教学。2010 年，党中央和国务院颁布了《国家中长期教育改革和发展纲要（2010—2020 年)》，提出制定当地切实可行的双语教育科学发展规划，这对少数民族地区社会、政治、经济和文化教育具有重要的战略意义。2015 年国务院印发了《关于加快发展民族教育的决定》，强调要科学稳妥地推行双语教育，国家通用语言文字教育基础薄弱的地区，以民汉双语兼通为基本目标，建立健全从学前到中小学各阶段的有效衔接，教学模式与学生学习能力相适应，师资队伍、教学资源满足需要的双语教学体系。这一系列文件的出台足见民汉双语和双文化的重要性。

（一）加强培养民汉双语兼通人才

双语师资培养主要以"多元文化交流融合，多学科交叉互渗，教育教学资源共享共用，各民族师生相互学习共同提高"为指导思想，这为少数民族地区的建设和发展发挥了重要的作用。关于如何培养双语人才，各个学校统一的做法就是开设民族班，民族班主要接收的是少数民族的学生，部分学生不仅要学自己本民族的语言课程，还要学习汉语和汉语开设的课程。在少数民族地区，师范院校相比较其他师范院校，大多要求学生有少数民族师范生汉语水平的等级考试证书。而这一等级的考试是有关部门在招生、招工、人员任用等决策过程中评价应考者汉语水平的依据；是各类学校允许学生免修汉语课程的参考依据；是以汉语授课的教师任职资格评审的参考依据之一；也是汉语教学机构汉语教学效果评价的参考依据之一；可以帮助应考者了解自己的学习程度。中国少数民族汉语水平等级考试，是在第二语言教学理论的指导下，结合我国少数民族学习汉语的特点，专门测试母语为非汉语的少数民族汉语学习者汉语水平的国家级标准化考试。民族汉考主要考查应考者实际运用汉语进行交际的能力，考查应考者运用汉语工具完成生活、学习、工作和社会交往任务的能力。而这一考试的目的是满足少数民族地区汉语教学的需要，建立适合少数民族学习汉语的科学评价体系，全面推进汉语教学改革，包括教学目标、教学方法、教学管理等方面的改革，以便提高少数民族实际运用汉语的能力，适应生活、学习、工作和社会交往的需要。一般来说，民族汉考的等级体系（MHK）从低级到高级，共分为四个等级，它们互相衔接：一级属于小学毕业生应该达到的水平，二级属于初中毕业生应该达到的水平，三级属于高中毕业生应该达到的水平，四级属于大学毕业生应该达到的水平，即基本接近母语的水平。

访谈者：学校怎么培养双语人才？

教务处（副）处长：2014 年 12 月，省教育厅将我们学校确定为藏汉双语教师培养培训基地。我们学校常年直接从事藏汉双语教学的教师达 300 余人，保持藏文、数学、物理、化学等传统藏汉双语专业建设，以满足农牧区义务教育和基础教育师资的需求，同时针对社会需求，完善学科结构，增设了学前教育、人文教育、英语、生物、科学教育、地理、政治、历史等其他藏汉双语教育专业，满足藏区教育对其他专业人才的需求。目前，我们学校积极着眼于《双语教学质量评估指标体系》《课堂教学质量评价办法》《双语教师资格认定办法》等制度的研究制定，深入推进质量工程建设。到目前为止，我们学校累计编译出版的 60 余部各类藏汉双语教材形成了比较完备的藏汉双语教材体系。

访谈者：学校的双语教学是怎样进行的？有关双语师资的培养是怎样的？

辅导员：学校在数理化与小学教育专业中都设有双语班，我们称双语师范方向。如数学与应用数学又分普通班和民族班，我们有民考民，他们都是高考的时候用民族语言考进民族班的，如藏族班都是藏族学生，对他们在进行课程设置时都有相应的双语设置，因为都要去民族地区教课，所以对于这些学生我们设置了藏文课程、藏文语法课程、汉藏翻译课程。在基础教育方面，由于地区差异，他们的基础比较薄弱，所以在设置基础课程时，还得设置一些补基础教育阶段的课程，如初等数学这类课程，有一个班的藏族学生可能会出现分数的加减法都不会运算的现象，所以我们民族班的老师——特别是理科班的老师还得为他们补基础课，所以老师工作的负担会增大。

西北地区大学对于少数民族双语人才的培养在制度上逐渐健全，无论是在学校双语课程开发建设上还是在理科教育上抑或是在双语语言的学习上，都做了非常大的努力。而且，学校对于双语师资的培养是十分重视的，一些教育学院小学教育专业和学前教育专业，物理、数学和化学这些师范类专业分别包括普通班和双语班。普通班基本上招收的是汉族的学生，学习普通类的专业基础课程。双语班的学生主要招收的是藏区的或者其他民族的学生，他们既要学习汉语课程，也要学习民族类课程，比如藏语、藏语类的文化内容。

（二）提高少数民族文化对人才培养的重要性

双语教学必然伴随着对少数民族文化的培养和熏陶。加快少数民族和民族地区的经济社会发展，必须保护和发展少数民族文化。要实现中华民族的伟大复兴，就必须保护和发展少数民族文化。文化是民族生命力、凝聚力和创造力的重要源泉，是民族生存的根基、发展的动力、繁荣的根本。文化的发展推动着民族的发展，文化的繁荣推动着民族的繁荣，文化的衰落会导致民族的衰落。几千年来，中华民族之所以屡遭入侵而巍然屹立、屡经离乱而保持一统、屡受磨难而自强不息，就是因为我国具有深厚的文化传统、强大的文化力量。实现中华民族伟大复兴，离不开中华文化的复兴，而且归根结底，要靠中华文化的伟大复兴。中华文化是我国各民族文化的统一体。在中华文化形成和发展的过程中，少数民族做出了不可磨灭的贡献。因此，加强少数民族教育的发展就必须重视少数民族的文化，学校作为培养人才的场所，有责任让学生了解少数民族丰富多彩的文化。

访谈者：学校有没有开设民族文化类的基础课？

教师：这类课程大多数是民族地区中小学特有的，我们学校没有开设相关课程，但是我们在组织课外活动和专题讲座的时候有涉及民族文化类的问题。

访谈者：据您所知，学校针对民族教育系列的讲座开设的情况怎样？效果如何？具体而言这些民族元素是如何融入课堂中的？

教师：学校的课外活动基本上是一周两次，专题讲座由于时间、地点的限制，基本上是一个学期开设两到三次，由于教育科学学院的民族构成比较复杂，其中汉族生的比例占35%，少数民族学生的比例占65%，其中有50%的学生是维吾尔族，另外的15%是其他少数民族。正是由于这样的一个民族构成，我们在开设民族教育系列的讲座时会更加侧重于促进各民族间的相互了解，使不同民族的学生能够团结友爱、互帮互助、共同进步。

从学生的反映和他们之间的日常相处来看，他们从中学到了一些知识，其效果还是不错的。至于民族元素融入课堂这个问题，主要还是任课教师个人在上课时会讲解一些关于民族文化的知识内容，不同教师的方式是不同的。

在学校开设关于少数民族文化类的基础课程方面，虽然国家在民族基础教育课程的改革中明确提出要重视开设少数民族文化类的基础课程，但是有的学校还没有开设这类课程，只是在学生组织课外活动或学校组织专题讲座的时候会涉及一些民族文化类的问题。学校除了开设关于民族文化类的课程之外，有些学校还开设了针对民族教育的系列讲座，但是在有些学校，关于民族文化系列讲座的开设情况，大多数教师对此不是很了解。讲座作为一种以扩展学生知识为目的的活动形式，不论开设的情况怎样，多数教师认为，开设这类讲座对学生来说都是有益的，因为这类讲座可以使民族学生对本民族文化有一个更深的了解，而对汉族学生来说，则可以更多地了解其他少数民族的文化。这样可以促进各民族间的相互了解，使不同民族的学生能够团结友爱、互帮互助、共同进步。在具体的课堂上每个教师都会根据自己的实际情况，将民族元素带入课堂中。

从图3-3来看，有32.92%的学生认为"大学教师能够紧密结合民族地区中小学的教学实际"基本符合事实，有39.45%的学生认为一般，仅有13.76%的学生认为完全符合。在"学校开设了很多与从事民族地区中小学教师工作有关的课程"和"学校组织了很多与从事民族地区中小学教师工作有关的活动"这两个问题中，认为一般的学生分别占36.04%和36.68%，认为基本符合的学生占25.63%和30.01%，认为完全符合的学生占11.29%和11.58%，说明学生对学校开设的关于民族地区中小学课程和活动不是很满意。有18.11%的学生认为，学校的确开展了很多针对师范生未来从事教师工作的民族教育类讲座；有 33.1% 的学生认为，实际与情况与所提问题基本相符；有 32.92% 的学生认为，这样的讲座开设次数一般。我们可以看出，有将近一半的学生认为，关于民族教育类讲座不是很多。从整体上看，这一情况反映了学校应该增加对关于少数民族地区课程活动和具有民族特色讲座的开设次数。

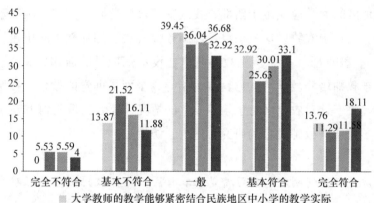

图 3 - 3　开设有关少数民族地区课程、活动讲座的调查（单位:%）

少数民族地区的学生以后可能会留在本民族地区工作，那么，关于少数民族的一些教学实际情况、课程、活动，学生就有必要掌握，这对他们以后从教有非常大的好处。因此，学校有责任在关于教学、课程、活动和讲座方面加强与民族地区的联系，让学生在学习这些民族地区的知识时更加方便。学校还可以立足于民族地区的实情，从民族地区中小学教师的需求出发，将民族科学与民间文化的内容整合起来，把民族性渗透到实习教师学科教育领域里。比如，在语文教学中利用民族地区的民间故事讲授神话传说，结合地方寓言讲授人生哲理，引用当地谚语讲授事物变化的道理等，这些都能起到潜移默化的教育之效。因为这些富有民族性的故事、寓言和谚语，大多是以少数民族口头文学形式在少数民族聚集地流传的，其中包含着丰富的少数民族价值取向、文化心理等深层的精神因素，在不经意间就对职前教师进行了民族性的传承与教育。

四　立足于农牧区实际培养"牧区"教师

由于青海、新疆地处西北，周边及其内部多为农牧区，西北少数民族地区的大学应立足于西部农牧区基础教育发展的需求，服务于农牧区。立足于农牧区这一项目是以国务院《关于加强教师队伍建设的意见》、教育部《关于实施教师队伍建设示范项目的通知》《关于实施卓越教师培养教学的意见》等为指导，全面贯彻党的教育方针所开展的。关于针对农牧区特色培养学生的情况，笔者选取青海和新疆的两所学校从事教师教育的研究者进行了访谈。

访谈者：您刚才说实习都是在农牧区，为什么把实习地点确立在农牧区？

院长：因为我们这个地方是农牧区，少数民族人数比较多，学校的教师又比较缺乏，为了提高农牧区和整个基础教育的质量，我们就设立了这样一个项目。结合西部农牧区小学教学改革的实际，吸收、利用我校现有的小学教育专业、课程设置经验，对农牧区小学全科教师培养方案、课程结构体系进行深入研究；制定了有针对性的培养方案，构建了教育思想先进、开放兼容的农牧区小学全科教师培养课程体系、教育技能培训体系、教育实习实践体系。对双语学生加强"双语"课程的学习，培养符合农牧区小学教育需要的教师。因此，我们的小学全科教育，就是要让学生能够一专多长。到了小学，有时候不能专业对口，你必须教其他科目，学生在学校学了其他科目的课程就很容易应对了。而且我们学校师范生有藏汉双语班和普通班，双语班的学生去教民族地区的小学生是绝对没有问题的。

面对本地区的实际情况，学校针对农牧区教育做了一些探索尝试。为农牧区培养小学教师的目的有两个：一是加强汉族和少数民族的团结统一；二是加强农牧区教育的发展，用教育带动经济的发展，实现中华民族多元一体格局的理想。

　　总之，制度建设对于民族地区师范生的培养起着指导性的作用，不仅要加强民族地区课程和实践环节的实施，还要重视对民汉双语和文化的学习和开发。在多元文化背景下，教和学已不再被视为囿于学校之内的活动，将学校所处地区和学生所在家庭的文化资源整合起来，使师范生有机会参与校本三级课程的编写制作实践工作。通过多种培养途径来提升自身的多元文化课程意识与课程开发能力，民族地区高师院校可以动员、鼓励师范生参与到民族地区中小学校本课程的构思、编写、教授环节中，把民族文化课程开发作为提高师范生多元文化素养的有效途径，依据不同民族学生的文化背景和学习风格，将具有民族特色的文化素材融入教材当中，突出民族历史和民族艺术。这对学生学习民汉双语提供了良好的环境氛围，而且让学生亲自参与课程开发，有利于让师范生更多地了解少数民族文化，加强对民族文化的认同感。

第二节　师范生培养课程结构改革

　　课程是高等学校教学建设的基础，课程建设是学校教学基本建设的重要内容之一。加强课程建设是有效落实教学计划，提高教学水平和人才培养质量的重要保证。而课程是由学校教师来实施的，师范类课程是师范院校的特色课程。

　　鉴于青海、宁夏、甘肃和新疆这四个省区的地理位置和民族文化的独特性，师范院校的课程建设必须考虑到这些因素。民族地区师范院校为民族地区的教育源源不断地输送着教师人才，民族地区师范院校师范生培养的数量与质量，直接关系着我国民族地区，乃至整个中国教育事业的发展。民族师范教育涉及方方面面，而民族师范教育课程是其中最重要的问题，因为师范教育最终是通过课程来实现的。课程是知识与技能的载体，是道德修养的指南，师范教育通过课程的实施来培养合格的教师。那么，民族师范教育究竟应该如何设置课程？设置的课程如何教授给学生？如何评判课程教授和学生掌握的程度，学生对课程的满意程度？这一系列具体的问题对于提高民族师范教育水平，进而提高整个少数民族地区基础教育水平，提高国民素质，有着至关重要的意义。关于少数民族地区的课程建设，教育部也颁发了一些政策，主要是为了调整我国少数民族学校课程权利及其不同的需要，调控课程运行目标和方式，在我国社会制度和教育结构的范围内，依据少数民族的特点来制定课程设计和运行的行动纲领与准则，是我国少数民族教育政策的重要组成部分。

一 课程方案的制定原则和培养目标

在高等教育大众化和学校向综合、应用转型和发展的大背景下，样本学校相继深化教师教育改革，突出双语教育教学专业人才培养，凸显了西北少数民族地区师范生培养的特色。

（一）方案制定的基本思想和原则

各大学秉承"为了适应我国基础教育发展和课程改革的需要，落实国家有关教育优先发展、建设人力资源强国和创新型国家战略，巩固和加强教师教育特色，着力创新教师教育模式，培养和造就全面发展的创新型基础教育人才和未来基础教育专家"的理念，制定各自的方案。关于具体制定方案的基本思想和原则，我们通过访谈各个学校的管理者和教师，发现有以下几点。

1. 树立科学性原则

树立科学的质量观，遵循教育教学基本规律，按照"厚基础、宽口径、高素质、强能力"的创新人才培养理念，全面推进素质教育，着力培养德、智、体、美、劳全面发展的高素质教育人才。坚持科学发展观，遵循"教育以育人为本，以学生为主体"，办学以"人才为本，以教师为主体"的观念，广泛征求专业教师和学生的意见。

2．坚持整体性原则

加大对课程体系和教学内容的改革力度。坚持拓宽专业口径、夯实学科基础的原则，将学科专业教育与教师教育、基础教育与专业教育、科学教育与人文教育有机结合起来；坚持文理渗透和整体优化的原则，加强学科专业的课程整合，使课程具有整体性和综合性。

3．坚持以学生为本原则

尊重学生个性，因材施教。按照知识、能力、素质协调发展和综合提高的原则，适当调整必修课与选修课的比重，为学生提供更多自主学习的时间，拓宽学生的知识面，完善学生的知识结构，促进学生的个性发展。

4．加强实践性原则

增强学生的实践能力。列入培养方案的各实践教学环节累计学分（学时），人文社会科学类专业一般不少于总学分（学时）的15%，理工类专业一般不少于总学分（学时）的25%；加强教师养成教育，密切师范生与中、小学校的联系，以培养师范生的综合实践能力和创新能力。

（二）课程方案的培养目标

课程方案的制定必然有一个明确的培养目标，即要培养什么样的人。培养目标决定着学校把学生培养成什么样的人。课程培养目标指的是通过课程使培养对象在知识、能力和素质结构上所要达到的基本要求与规格标准。它主要依据一定的教育目的与约束条件，对学生预期发展状态做出规定，它是教育目的的具体化。规定着培养方向和规格要求，回答了"培养什么样的人"这一问题，是整个培养活动的出发点与归宿，是人才培养的灵魂，它具有导向的作用。中国人民大学劳动人事学院发布的《中国就业战略报告2008—2010》指出，高等教育培养体系缺乏必要的就业市场需求导向，就业能力培养目标不清晰，学生对企业就业能力的实际需求缺乏了解，在此基础上培养出来的大学生在知识与技能结构上与人才市场的需求存在差异。足见一个好的培养目标对于师范生的培养来说有着巨大的作用。我们通过调研了解到各个学校的培养目标基本相似。

1. 课程方案的总体培养目标

就国家层次的人才培养目标而言，所有高校，不论什么层次，也不论什么类型，都有着共同的培养目标。《中华人民共和国高等教育法》第四条规定："高等教育必须贯彻国家的教育方针，为社会主义现代化建设服务，与生产劳动相结合，使受教育者成为德、智、体等方面全面发展的社会主义事业的建设者和接班人。"第五条规定："高等教育的任务是培养具有创新精神和实践能力的高级专门人才，发展科学技术文化，促进社会主义现代化建设。"由于师范院校培养的师范生毕业以后大部分从事教师工作，在国家总的培养目标下，又有着自己独特的培养目标。

2. 课程方案的具体培养目标

师范生的具体培养目标包括知识结构、能力结构和素质结构三部分。在知识结构上应具有宽口径、基础扎实的专业知识与教师教育知识；能力结构上不但应该具有高超的教师教育技能，还应该具有研究、反思和创新的自主学习能力；在素质方面不但要有远大的教育理想和抱负，还应该具有健全的人格，做一个讲诚信、有高度责任感与服务意识的高素质专门人才。我们选取西北地区某大学教师的访谈作为佐证。

访谈者：学校师范生的培养目标是什么？请您具体解释一下。

教师：首先肯定是要与我国大方向的培养目标相一致，热爱祖国热爱党，坚持科学发展观，要培养学生正确的价值观和人生观，还要有高尚的道德品质。

访谈者：针对学生的学习具体有什么样的目标？

教师：要具有健康体魄，毕竟身体是革命的本钱，没有身体，其他的一切都是空谈，养成锻炼身体的习惯；要掌握本专业的基础理论、基本技能和基本方法，了解相关学科的基本知识；掌握一些现代信息技术，掌握一门外语，达到全国大学外语等级考试四级水平；师范生将来是要做一名教师的，他必须热爱教育事业，具有高尚的教师职业道德，还得掌握教育学、心理学等教育基本理论，要成为一个高素质的教师，还应会讲普通话，且达到二级乙等以上水平，少数民族学生要达到三级甲等以上水平，能胜任少数民族小学教育科目，具备教师的基本素养、基本技能。

从以上课程培养目标的描述里可以看出，其基本取向是充分利用自治区和学校现有的资源为国家培养一批"高素质师资人才"，课程培养目标不仅在少数民族师范生思想品德、综合素质、专业基础和教学实践能力方面提出了要求，还在培养目标中限定了"高素质""双语教育"等规定，与普通师范生的课程目标相比，可以看出国家和少数民族地区对师范生的高度重视，也体现出该校努力要将学生培养成为日后能在西北少数民族地区工作的优秀教师。

（三）课程方案模块的构成

西北少数民族地区师范生的课程设置必须考虑当地教师成长发展和人格的形成方面，高效能地推进少数民族双语教师的培养工作，促进民族师范教育的快速发展。通过对各个地区培养方案的分析，我们发现，师范生培养方案的课程结构基本上包括四大模块：通识类课程模块＋专业课程模块＋实践课程模块＋教师教育模块。这四大模块课程相互交叉，四类教育课程相互融合，将教师教育贯穿于整个培养过程中。我们选取青海某大学的培养方案作为案例进行分析。

1. 通识类课程模块

通过对教师进行访谈可知，通识类课程在夯实基础，拓宽口径，加强科学精神和人文精神的贯通和融合，强调学生掌握宽厚的文理学科知识背景，促使学生全面发展方面起着重要作用。公共基础模块的课程由学校统一规划设计，各课程所属院公共教研室协助实施和管理。通识类课程如表 3 - 1 所示。

表 3 – 1　　　　　　　　　　　　　通识类课程

课程编码	课程名称	开课学期	学分	讲授学时	实验/实践学时	周学时	考试方式
220064	思想道德修养与法律基础	1	2.0	30		2	考试
220036	中国近现代史纲要	2	2.5	36	18	2	考试
220065	毛泽东思想、邓小平理论和"三个代表"重要思想	3	3.5	54	18	3	考试
220067	马克思主义基本原理	4	2.5	36	18	2	考试
220045	民族团结与形势政策教育 I	2	0.4	6		3	考查
220059	民族团结与形势政策教育 II	3	0.4	6		3	考查
220060	民族团结与形势政策教育 III	4	0.4	6		3	考查
220061	民族团结与形势政策教育 IV	5	0.4	6		3	考查
220062	民族团结与形势政策教育 V	6	0.4	6		3	考查
130002	大学英语 I（单班开综合英语）	1	4.0	60		4	考试
130003	大学英语 II（单班开综合英语）	2	4.0	72		4	考试
130004	大学英语 III（单班开综合英语）	3	4.0	72		4	考试
130005	大学英语 IV（单班开综合英语）	4	4.0	72		4	考试
130501	英语听说 1	1	4.0	72		4	考试
130502	英语听说 2	2	4.0	72		4	考试
130503	英语语音	1	2.0	36		2	考试
130504	小学英语教学技能	4	2.0	36		2	考试
200040	大学体育 I（单班开学校体育）	1	2.0	30		2	考查
200041	大学体育 II（单班开学校体育）	2	2.0	36		2	考查
200042	大学体育 III（单班开学校体育）	3	2.0	36		2	考查
200043	大学体育 IV（单班开学校体育）	4	2.0	36		2	考查
200501	体育游戏	1	2.0	36		2	考试
200502	体育训练与比赛	2	2.0	36		2	考试
200503	体育教学法	3	2.0	36		2	考试
210017	计算机信息技术 1	1	3.0	30	30	2	考试
210176	计算机信息技术 2	2	3.0	36	36	2	考试
200004	国防教育	1	1.0	14		2	考试
200130	必读书目阅读		1.0				考查
小计			62.5	1004	120		
合计		62.5 学分					

通识类课程是各个专业学生都必须掌握的基础课程，包括思想政治、大学英语、高等数学、计算机等。值得注意的是，英语占 26 学分，占通识类总课程的 41.6%。

2. 专业课程模块

专业课程是民族师范教师教育课程的核心与基础，教师必须掌握一定的学科专业知识，它是教师的基础性必备课程，主要是为民族院校师范生毕业后从事的教育事业所应具备的专业知识和能力而设的。学科专业课程是围绕培养师范生专业素养而设置的，是解决教师"教什么"的问题，它为师范生提供所教科目的专业知识，有着一定的深度和广度，而且和中小学开设的学科课程相对应（如表 3 - 2 所示）。

表 3 - 2　　　　　　　　　　　语文专业课程

课程编码	课程名称	开课学期	学分	讲授学时	周学时	考试方式	修习方式
100512	中国古代文学 1	5	2.0	36	2	考试	必修
100513	中国古代文学 2	6	3.0	54	3	考试	必修
100514	中国现代文学	5	3.0	54	3	考试	必修
100515	外国文学（普通班）	5	3.0	54	3	考试	必修
100516	现代汉语	3	3.0	54	3	考试	必修
100517	古代汉语（普通班）	6	2.0	36	2	考试	必修
100518	文学概论	4	2.0	36	2	考试	必修
100519	小学语文教学论	5	3.0	54	3	考试	必修
100520	社会与品德概论	6	2.0	36	2	考试	必修
100521	小学语文教学技能（含微格训练）	6	3.0	54	3	考试	必修
100522	小学社会教学论	6	2.0	36	2	考试	必修
100523	写作	5	2.0	36	2	考试	必修
100526	藏语文（藏汉双语）	5	3.0	54	3	考试	必修
100527	藏语文（藏汉双语）	6	2.0	36	2	考试	必修
小计			35.0	600			
合计	35.0学分						

在语文教育主干课程中，总共 35 个学分，其中必修类课程 14 门，选修类课程 0 门，可见学校非常重视学生对于专业课程的学习。专业课程是师范类整个课程的核心，学生通过学习专业课程来掌握其精髓和精华，这对他们从事某一学科的教学工作有很大的帮助。毕竟语文教师和数学教师的专业知识不一样，教学方式也不一样，有必要把专业课程的学习摆在第一位。

3. 教师教育模块

教师教育模块主要是为师范生专门设置的，主要目的是让学生掌握作为一名准教师的基本知识和技能（如表 3-3 所示）。

表 3-3　　　　　　　　教师教育模块课程

课程类别		课程名称	学分	开课学期及周学时						学时
				1	2	3	4	5	6	
教师教育模块	公共必修	教育心理学	2.5		2/1					54
		教育学基础	2.5			2/1				45
		现代教育技术及应用	2				2			36
		教育政策法规与教师职业道德	1						1	18
		"三字"与书面表达	1	1						18
		普通话与口语表达	1	1						18
		基础教育改革与实践	1					1		18
	学科必修	××学科教学论	3					2/1		54
		××学科教材分析与教学设计	2						1/1	36
	公共选修	学生必须从全校性公共选修课中选修 2 门"教师教育类"课程	4	2—6 学期选修						72

第一类别（教育心理学和教育学基础、现代教育技术及应用以及教育政策法规与教师职业道德）有助于教师形成正确的教育理念，掌

握教育教学的一般规律、了解一般意义上的教育教学逻辑和方法，掌握先进的现代教育技术和信息；第二类别（"三字"与书面表达、普通话与口语表达以及基础教育改革与实践）在于训练从事教育教学人员的教育教学技能，以便于形成较强的教育教学技能和水平，提高从教的能力；第三类别（××学科教学论和××学科教材分析与教学设计）主要帮助教师了解所教学科的性质，学科教育的目标、教学方法、组织原则等，具备学科教育的正确理念，掌握该学科的教育方法和教学方法，了解学科的内容体系和内容更新范畴规律；第四类别主要是学生根据自己的兴趣爱好进行的选修课程，给予学生很大的自由空间，有助于学生自主和独立学习。

值得注意的是，有的学校在教师教育类课程中还开设了教育研究类课程，如宁夏、新疆和甘肃等地的学校，教育研究类课程主要培养教师的教育反思能力以及教育研究能力。在平时的教育教学过程中，对教育教学活动中的教学现象和教育实践活动进行反思和研究，以便发现其中的规律，探究解决的策略，从而摸清这类教育现象的本真。这类课程是促进教师专业化的手段，也是教师专业成熟的标志。教育研究类课程开设得虽少但却是教师教育类必不可少的课程。"教师成为研究者"已经成为新时期教师专业发展的一个趋势，教育研究类课程的学习就是为"教师成为研究者"提供方法论上的指导，使教师从新手教师转变为专家型教师成为可能。

4. 实践课程模块

实践类的课程都是必修课，主要是为了加强学生的实践能力，弥补只有理论知识而缺少实践知识的不足。它主要包括教育见习和教育实习。通过对各个学校教师进行访谈，我们发现了一个共同点：每所学校都非常重视学生的实习环节，认为实习是学生成功走向准教师的重要环节，因为教师的专业成长不仅需要理论的武装，也需要真实的实践环境来体验。教育实践活动需要经过高质量的实习。教育实习和教育见习是教师教育的重要环节，是提高师范生实践能力的重要手段，教育实践是学生在教师的指导下运用所学的专业知识、教育理论和教育方法来完成教学实践的一次综合性训练，也是师范生积累教育实践知识与初步形成教育技能的重要保证。教师教育的效果如何，在一定程度可以说是由足够的教育实习时间来保证的。

（四）课程培养的新特色

由于青海、新疆、甘肃和宁夏四个省区位于少数民族聚居地，这四个地区的学校培养特色必定会受到少数民族的语言和文化的感染与熏陶，学校的课程设置必然有本地区的培养特色。双语教学是这四个地区学校的培养特色之一。

1. 重视双语课程教学

《中共中央国务院关于加强四川、云南、甘肃、青海省藏区经济社会发展的意见》把"双语教育"和"双语教育保障体系"列为支持四省藏区教育跨越式发展的"五大工程"和"三大保障体系"之一，并把"建立健全适合藏区的教材、师资、教学模式相结合的双语教育体系"纳入其具体政策措施之中。国家和青海省相继在《少数民族事业"十二五"规划》和《青海省教育体制改革试点工作方案》中对"科学稳妥推进双语教育，加大双语人才培养力度"提出了具体的贯彻措施。2010 年，中央新疆工作座谈会将新疆双语教育提升为国家战略，会后教育部等部委联合下发了《关于推进新疆双语教育工作的实施意见》，提出了保障新疆双语教育发展的政策和措施。9 月，国务院颁布《国家中长期教育改革和发展规划纲要（2010—2020 年)》提出要"大力推进双语教学"。2011 年，自治区人民政府颁布《新疆维吾尔自治区少数民族学前和中小学双语教育发展规划（2010—2020 年)》，进一步明确了未来 10 年新疆双语教育的指导思想、基本原则和目标任务，并做好双语教育模式设置、巩固少数民族语言教学、加快双语教材和教学资源建设的工作。中共甘肃省委省人民政府《关于印发〈甘肃省中长期教育改革和发展规划纲要（2010—2020 年)〉的通知》强调要加强双语课程改革，探索和推进新型双语教学模式。加强双语教学的实践性研究，促进研究成果向教学实践转化，双语教育的提出是切合西北地区少数民族人数居多的实际状况的。针对双语教学的情况，我们对 11 所样本学校的教育学院院长、管理者、教师和学生分别进行了访谈，在此选取了青海省的访谈片段来说明双语教学特色。

访谈者：学校的双语教学是怎样的？有关双语师资的培养是怎样的？

教务处处长：我们学院开设了普通班和双语班，藏汉双语班的学生不仅要学习汉语课程，还要学习藏语课程，比如说双语班的学生要上藏语文，还要上汉藏科技翻译，以及科技信息类的课程。这有利于他们到藏族地区教学。

访谈者：从你个人的经历来看，你认为成为一名合格的小学教师最大的困难是什么？

学生：我自己觉得是语言问题，因为我们民族生的普通话不是太好。

访谈者：你目前的汉语水平怎样？

学生：我们学校少数民族的学生要参加的是汉语水平考试，要求必须达到二乙的水平才可以从事教师职业。

访谈者：平时有没有开设汉语演讲比赛，汉语诗歌朗诵比赛、举办汉语口语角等来提高自己的汉语水平？

学生：有很多比赛或者同学们自己组织的活动。

访谈者：你们有没有专门开设有关写作和口语表达能力的课程？

学生：写作和口语表达的课也都有，尤其是在口语方面学校很重视。

访谈者：学校有没有结合自身特色的培养方案？

教师：我们学校位于少数民族聚集的地方，据了解，学校本科生有10458名，师范生有8978名，少数民族师范生有6985名。18个民族，70%是少数民族学生，34%是藏族学生。本校的藏族、回族学生比较多。我们学校的三个特色是高原生态、民族师范教育和藏学特色，其中藏学特色也包含着双语教育。藏学院里的藏语言文学是该院乃至国家级的特色专业，师资力量雄厚，教授较多，出版的专著、论文在学校首屈一指，成果丰富，人才储备丰厚。除此之外，就是各学院的藏汉双语专业，如外语系设置了藏汉翻译专业，计算机系设置了藏语言应用等专业，藏汉双语理科系设置了藏物理、藏数学等专业，政法系设置了思想政治民族教育专业，历史系有藏法律专业，教育系设置了学前教育藏汉双语专业。教育系对双语师资实行储备政策，从本系选拔优秀的学生送出去，一方面使其学历达到硕士水平，另一方面提高双语水平。

通过访谈我们知道，青海、新疆、甘肃和宁夏四省区大学的少数民族人数居多，各个大学对双语师范生的培养是非常重视的，大学的很多专业（小学教育专业、学前专业、物理、化学、汉语言、数学、英语）等都开设了藏汉双语班。学校非常重视学生的汉语水平等级考试，学校平时会举办口语角、教学技能大赛等活动来提高学生的汉语口语能力。理科系如计算机系开设了藏语言应用等专业，藏汉双语理科系开设了藏物理、藏数学等专业。可见，理科双语教育也逐渐受到重视。双语教育逐渐引起了国家和社会的重视，它的开办对于少数民族地区师范类学校来说尤其重要，在一定程度上决定着少数民族地区经济和教育的发展。

2. 关注创新能力的实践环节

宁夏地区学校在实践环节中设置了创新能力实践环节。通过对宁夏学校某教师的访谈得知，学校设置创新实践环节的目的是"通过创新能力实践环节的设置，努力使全校所有学生以不同方式参与到创新培养活动中，并且有一定的创新精神，使30%左右的学生具备一定的创新能力，使5%左右的学生具备较强的创新能力，并在各类创新活动中取得良好成绩。创新能力实践环节最低为 8 个学分，并没有做具体的学时要求，创新能力实践环节的最高学分均由各学院自主设计"。

随着以学生为本的现代教育理念、素质教育理念和实践的持续推进，培养具有创新意识和创新精神的人才成为我国未来各级各类教育发展的关键。但培养学生创新能力的前提是身为教育者的教师创新能力的提高。在新课改强势推进的背景下，基础教育课堂教学、德育工作、各种常规管理改革势在必行，而对学生最直接、最主要的培养和起示范作用的人就是身处教学一线的教师。他们是直接培养学生创新素质的人，教师的创新能力状况对学生的创新能力起着重要的引导作用。大学教育中的师范生培养是教师人才培养的"储备库"，只有从教师教育开始抓起，培养师范生的创新能力、养成创新的习惯，教师才能拥有培养下一代学生创新素质的能力。

3. 彰显"卓越教师"风采

卓越教师的培养是青海地区的一大特色，主要分为五个专业：语文、数学、英语、小学教育（全科）和学前教育，英语项目主要分为普通英语和藏英双语两个方向。针对"卓越"教师培养特色，我们对青海省某大学教师进行了专门访谈。

访谈者：您能谈谈卓越教师计划的具体实施情况吗？

教师：我们学校是卓越教师培养项目示范点，比如说小学教育专业，在大二学期末的时候选取 20 名学生进入"卓越班"，在"卓越班"的学生都有两个导师，本学校一个，实习基地一个，学生只要没有课程就可以到实习基地跟着实习老师进行实习。这个卓越体现在理念卓越、技能卓越和研究能力卓越上。

对卓越师范生培养实行双导师制，即在小班化教学的基础上，建立班级学习小组，每个小组配备 1 名校内导师和 1 名校外导师。校内导师主要负责学科专业课程和教育理论课程的教学、研究和指导，校外导师主要负责实践类课程和学科教学类课程的教学、研究和指导。学科性导师主要由各师范专业学科教学论教师担任。卓越教师实践教学基地的建立，标志着青海与中小学建立了联合培养卓越教师的机制。

二　少数民族师范院校课程实施的成效

为了深入了解样本院校师范生的培养情况，我们采取问卷调查、访谈等方式，通过设计相关问题，借助问卷结果、访谈记录、了解样本院校课程实施过程中各个环节的实施效果。

（一）师范生对从事少数民族教师工作的专业态度

师范生从事教师职业的动机、对少数民族地区文化的了解和在少数民族地区从教的信念直接影响着他们对少数民族教育工作的热情，从事教师工作必须有一颗对教师的热爱之心，对教师工作信念的坚定是在少数民族地区工作的基本条件之一。

1．师范生报考初衷

师范生的培养目标是从事教师工作的人才，作为一名将来在少数民族地区从事教师工作的师范生，必须有一颗"热爱教师"的心。为了解师范生对教师这一职业的热衷程度，笔者进行了问卷调查（如图3-4所示）。

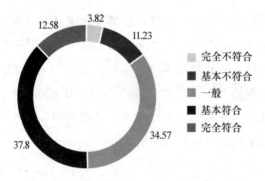

图3-4　学生热爱教师职业的情况（单位:%）

调查发现，在"我热爱教师职业"这一选项中，有37.8%的学生基本表示喜欢当教师，有 12.6% 的学生表示完全喜欢教师职业，有 34.57% 的学生表示一般，有 11.23% 的学生表示不是很喜欢做教师，有 3.82% 的学生表示完全不喜欢当教师。针对类似的问题，我们还对新疆地区的大学生进行了访谈。

访谈者：你们为什么选择上师范院校？

学生：我喜欢当老师，愿意成为一名家乡老师，当老师自然是到师范院校来上学了。

访谈者：那你呢？

学生：因为家里条件差，读师范比别的专业在新疆当地好找工作。

通过访谈和调查数据，我们发现，教师职业仍是比较多的少数民族师范生看好的职业，因为当教师是一个相对稳定的职业并且有相对稳定的工资，这也是家长对学生的期望。数据显示，喜欢当教师的学生占一半，十分不喜欢当教师的学生所占比例相对较小。那么作为一名师范生，以后的出路基本上是教师这一职业，如果师范生对教师这一职业不热爱，那么对祖国未来的花朵必然也是一种摧残。首先，学校和大学教师应该为学生树立良好的榜样，教育其要热爱教师职业；其次，应该引导学生，经常与学生谈心交流，转变学生对教师职业的看法；最后，要让学生在教育见习和实习中体会到作为一名教师的快乐和幸福。

2. 师范生对西北少数民族文化的了解不足

作为一名将来很可能在少数民族地区从事教师工作的师范生，有必要对少数民族地区的文化进行一些了解，文化和教育是不分家的，彼此相互渗透，文化需要通过教育进行传承，教育中也渗透着文化。

如图 3-5 所示，在对"学生对西北少数民族文化的了解"这一问题的调查中，对少数民族文化完全了解的学生占 9.58%，对少数民族文化基本了解的学生占 31.10%，有 41.92% 的师范生对西北少数民族文化只是一般了解，完全不了解和基本不了解的学生占

17.40%。由此看来，师范生对西北少数民族文化了解的基本情况还停留在表面的简单认知上，对西北少数民族文化感情较淡薄，无法从较深层次体会西北少数民族文化对少数民族地区师范生进行教育的意义。因此，学校应该积极创造条件，为学生提供一些平台和机会去体验学习，使学生真正热爱西北少数民族文化并为从事本民族文化教育工作而感到自豪。

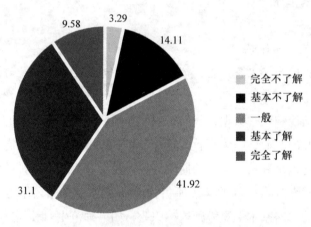

图3－5　学生对西北少数民族文化的了解（单位:%）

3. 在西北少数民族地区从教信念不坚定

我们调查了西北少数民族地区师范院校师范生从教信念的基本状况。整体来看，师范生对于在少数民族从教的信念不是很坚定，几乎有一半的学生不想留在少数民族地区工作，学校应该在教学过程中经常了解学生的从业想法，对其进行引导，了解学生为什么不喜欢这个地方？为什么不愿意留在这个地方？对本民族文化的认同是少数民族教育和经济发展的支撑条件之一，学校应该帮助学生加强对本民族文化的热爱，加强师范生在本民族地区从教的信念（具体情况如图3－6所示）。

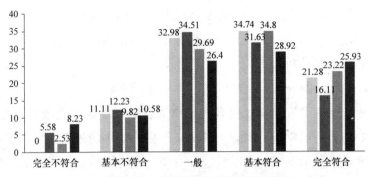

图3-6 学生在少数民族地区的从教信念（单位：%）

从图3-6中我们可以看出，有关"我对未来在少数民族地区从事教师工作充满信心"的调查中，有32.98%的学生对未来在少数民族地区工作的信心一般，有34.74%的学生认为，基本有信心在少数民族地区从事教师工作，有21.28%的学生表示完全有信心在少数民族地区从事教师工作。可以看出，将近56%的学生是有信心的，剩余44%的学生信心一般或者没有信心。有关"我喜欢在西北少数民族地区工作"的调查中，有31.63%的学生表示比较喜欢在少数民族地区工作，有16.11%的学生表示很喜欢在少数民族地区工作，喜欢在少数民族地区工作的学生和不喜欢在少数民族地区工作的学生比例相当。在对"我为从事本民族文化教育工作感到骄傲"的回答中，有34.8%的学生为从事本民族文化教育工作而感到骄傲，有23.22%的学生感到非常骄傲，有29.69的学生感到一般，从数据可以看出，"我为从事本民族文化教育工作感到骄傲"的学生比例较高。在"毕业后我愿意留在西北民族地区工作"一题中，学生的选择也大体相似，愿意留在西北民族地区工作的学生和不愿意的学生比例相当。

（二）少数民族地区师范院校专业课程、技能和实习的实施成效

师范类院校主要培养师范生，而对于师范生来说最重要的是掌握

作为教师的基本素养。为了解少数民族地区师范院校对师范生培养实施的成效，本书从专业课程设置、教学基本技能训练和教育实习状况三个方面进行分析。

1. 专业课程开设不合理

专业课程设置要新、要合理。作为教师，要成功完成教学任务，首先要精通所教学科的知识，其次要掌握该学科的最新进展情况，尽量成为该学科的专家。样本学校针对师范生的培养，专门设置了师范类的课程，如专业核心课程、专业选修课程等。那么课程的实施成效如何，就需要教师和学生进行评判了。

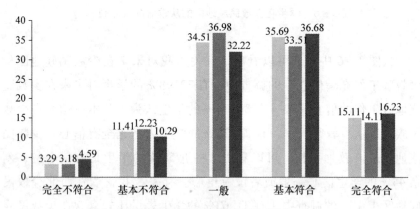

图3-7 大学生对课程设置情况的认识（单位:%）

通过图3-7我们可以看出，在"我对大学针对师范生培养开设的课程感到满意"中，有35.69%的学生对学校针对师范生开设的课程感到比较满意，有15.11%的学生表示很满意，有34.51%的学生认为针对师范生开设的课程一般，可以看出，对课程感到满意和不太满意的学生各占一半比例。在"我对大学开设的从事民族地区教师工作的相关课程感到满意"中，有33.51%的学生对大学开设的针对从事民族地区教师相关课程感到满意，有 14.11% 的学生感到非常满意，高达 36.98% 的学生认为这样的课程开设得一般，可见，学生对关于民族地区的相关课程满意度较低。在"我觉得学校师范专业的课程设置合理"一题中，有 36.68% 的学生认为合理，有 16.23% 的学生认为设置非常合理，有 32.22% 的学生认为一般，多数学生认为师范类课程设置总体上还是可以的。

总体来看，学生对于师范类课程开设的满意度比前两类课程的满意度要高一点，说明学校应该加强关于在少数民族地区从事教师工作的相关课程和针对师范生开设的整体课程。课程实施效果关键要看学生，学校应该关注学生对于课程的需求和未来在少数民族从事教师工作的特殊情况，这有利于提高课程实施的效果。

访谈者：您觉得学校对于师范生开设的课程实施得怎么样？

教师：理论性的课程开设得比较多吧，像师范类的学生肯定必须学习教育学、心理学、教学论以及学科教学法。我觉得理论性的课程开设得是非常丰富和充足的，这为学生打下了很扎实的理论基础，但是师范类的学生最终是要走上讲台的，他们更多地需要一些实践性技巧和知识。我觉得实践性的课程开设得不够，应当将"三笔一话"等活动也作为正式课程。

访谈者：您觉得应该开设一些什么课程？

学生：我觉得像微格教学课这些，学生模拟讲课，分成几个环节，教师帮助学生纠正，这些课程是学生非常需要的。而且作为一名任课教师，我们开设的有的课程存在滞后性。像一些课程技能、教法在实习之前就应该开设的，但是我们在实习之前没有开设，反而是在实习回来后才开设的，导致学生在实习之前茫茫然就走上讲台，实习回来后开设又感觉有些浪费资源，我觉得这是最不合理的。应该理论在前，让学生在实践中去检验理论。

通过访谈可知，教师认为师范生课程的开设有不合理之处，包括开设的时间顺序不符合学生学习发展规律，课程开设没有完全满足学生作为一名准教师的需求。

2. 教学基本技能掌握不牢固

教学基本技能是每一位师范生所必须掌握的基础，针对这些基本技能实施成效，我们进行了问卷调查和访谈。

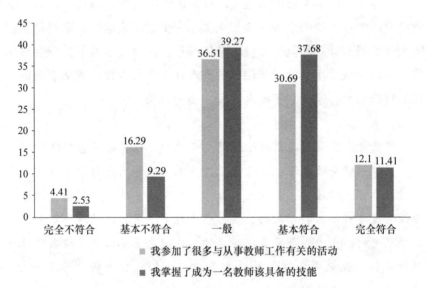

图 3 – 8　我掌握了成为一名教师应该具备的技能（单位:%）

从图 3 – 8 中我们可以看出，在"我参加了很多与从事教师工作有关的活动"中，有 12.1% 的学生认为完全符合事实，有 30.69% 的学生认为基本符合事实，有 36.51% 的学生认为一般。从数据中我们可以看出，参加了很多活动的学生所占的比例相对较小。此外，在"我掌握了成为一名教师应该具备的技能"中，有 37.68% 的学生认为自己掌握了作为一名教师应该具备的技能，有 11.41% 的学生认为自己完全掌握了成为一名教师应该具备的技能，有 39.27% 的学生认为自己在技能这方面的掌握情况一般，总的来看，有一半的学生认为自己掌握了作为一名教师应该具备的技能，有一半的学生认为自己没有很好地掌握。

访谈者：针对师范生的培养，你们开设了哪些基本技能课程？您觉得课程实施得怎么样，学生反映怎么样？

教师：其实教学基本课程学校都有，就是我们的校内实训，三笔字的练习，普通话的考核，教师技能大赛，少数的学生会参加，这可以锻炼他们的能力。我觉得不能一概而论吧，有些学生学得就比较好，有些可能比较差一些，其实课程还是存在一些问题的，课程既然开设了，就需要教师负责任地完成，课程本身还是好的，在实施过程中可能会有一些问题。

通过访谈，我们可以看出，西北少数民族地区师范类学校开设了专门针对师范生的技能训练，所开设的教学基本技能课程本身是比较全面的，但是在实施过程中可能会因为一些问题而未达到理想目标。在实施过程中教师和学生要共同努力，相互配合，教师在技能掌握学习方面应多多指导学生，传授经验。学生也应该在学习过程中多和教师交流，在技能方面经常练习，逐步提高，只有思想和行为发生碰撞，才会发现自己的问题所在。

3. 教育实习成效不明显

师范生教育实践知识是在主体与客体相互作用的过程中，通过同化与顺应逐步建构起来的，并在"平衡—不平衡—新的平衡"的循环中不断丰富、提高和发展。师范生教育实践知识受其自身的情感动机、经验知识背景、外部学习环境的影响，其教育实践知识生成的个体经验基础和实践能力形成的主动参与性都期待课程设置具有整合性特征，能集融情于景的真实性、知识结构的完整性、过程的生成性、主体的参与性、方法的灵活性等于一体。① 教育实习是师范类学生实践环节的重

① 兰英、郗海娇：《师范生教育实践能力培养下的课程整合探析》，《高等教育研究》2009 年第 10 期。

头戏，不仅是对学生所学课程和知识的测评，也是学生锻炼的机会。

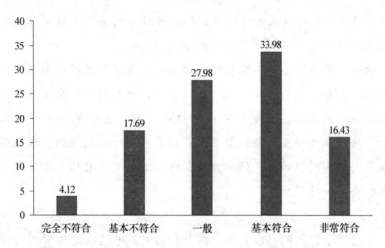

图 3-9 学生对学校的实习组织安排满意情况（单位：%）

从图 3-9 可以看出，对学校的实习组织安排感到基本满意的学生占 33.98%，对实习组织安排感到非常满意的学生占 16.43%，认为一般的学生占 27.98%。对实习组织安排感到满意的学生和感到一般或者不满意的学生比例相当。为了深入了解教育实习成效，笔者选取对某大学的实习指导教师进行了访谈。

访谈者：作为一个带过实习生的教师，您觉得学生实习情况怎么样？可以满足学生实习的要求吗？

教师：最明显的是学生实习回来后专业技能有了明显的提升。但是，学生实习所去的学校情况是不一样的，本来青海地区教育水平差异明显，有的学生实习时参与的机会多，有的学生参与的机会少，这样效果就不是很明显。有的学校学生上课多，教师指导得好，这样效果就比较明显。

教师：青海省民族构成比较多元，比如一个藏族学生分到一个周围全是回族和撒拉族的地方就会很难适应。另外，学校条件不一，比如在村里的学校上课，住宿在镇上的中心学校。我带的一个学生就反映说，他每天得坐黑车去上课，可能这样的实习就难以保证质量了。还有学校指导教师指导得不到位，这是一个很重要的问题。有的学生实习时最重要的事情就是批作业，锻炼不一，效果就会不一样。我们前期就没有开班主任工作这门课，所以在实习时会存在一些困难。回到学校后，我们开设了这门课，让他们结合自己的经验再去理解。另外一个层面就是，实习回来之后我们好多选修课都是扩展性的，如语文教育如何渗透审美教育，开设语文特级教师研究课，我们应从这些优秀教师身上汲取什么样的东西。还有教师专业发展之类的课程，实习回来后学生对教师的专业成长才有了具体的认识。

教师认为，学校对于学生的实习是非常重视的，但是实习模块既有优点也存在着一些问题：优点是学生在实习之后专业技能明显提升了。问题是：学生对实习地点不是很满意，实习地点多为偏远山区；实习期间一些学生上讲台的次数很少，不能很好地锻炼教学技能；实习出现专业不对口的现象，学生不能很好地把自己所学专业用到课堂上；实习基地的指导教师对学生指导不足，很多时候都流于形式，学生并未学到真正的东西。因此，学校应该提出针对性的解决策略，帮助学生提高实习效果。

（三）师范生对课程实施的满意程度

对师范生课程实施满意度的调查，有助于改进学校的课程和实践环节，寻找有效的培养方案。我们主要从四个方面进行调查：学生对教育类课程、对教学基本技能、对教育实习和对少数民族语言、文化内容的满意程度。

1. 学生对师范类课程的满意度较低

师范生在实习前通常会有三年的理论课程，实习前所学的课程知识会影响学生的实习效果，通过学生实习后对课程知识的反映情况可以看出学生对于专业课程开设的满意度。

从图 3 – 10 中我们可以看出，超过 70% 的学生对学校开设的师范类课程表示满意。具体来看，调研样本学校开设的师范类课程（大多数学校称之为教师教育类课程）坚持实践导向，注重学生实践能力的训练。就具体开设而言，除了开设《教育学》《教育心理学》以及各学科教学法课程外，还开设了有关信息素养、班主任工作、教师专业发展等相关课程。个别课程还邀请了一线的中小学校长、教师等担任教学任务。

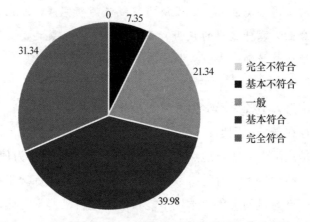

图 3 - 10   学生对学校开设的师范类课程感到满意（单位:%）

2. 学生对教学基本技能比较满意

通过调查发现，各地区学校组织了很多针对师范生教学技能训练的活动，各个学校所重视的程度是不一样的，学生还是希望自己学校的教师能够多组织他们参加这样一些活动，以提高其教学技能。

如图 3 - 11 所示，有 36.33% 的学生对学校开设的技能训练感到基本满意，有 16.29% 的学生认为学校开设的基本技能训练课完全符合自己的要求，有 33.51% 的学生认为学校开设的基本技能训练课一般，极少数的学生对技能训练课感到不满意。从总体来看，对学校开设的基本技能训练课感到满意的学生和感到不满意的学生的比例相当。在"学校有必要对学生教学基本技能进行全程性培养"一题中，有 37.21% 的学生认为有必要对学生的教学基本技能进行全程性培养，有26.63%的学生认为完全有必要进行全程性培养，认为没有必要或者一般的学生占少数，可以看出学生对教学基本技能的培养需求还是很高的。总之，学生对教学基本技能课的高度要求一方面反映了学校对学生这一方面培养的缺失，另一方面说明教学基本技能课程对于作为一名教师是非常重要的。针对这一硬性要求，学校有必要加强重视，增强对学生教学基本技能的训练。

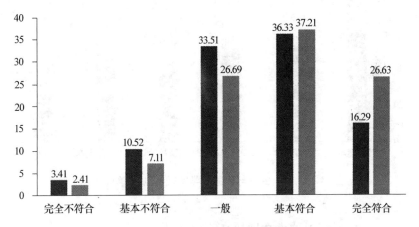

■ 我对大学开展/开设的从师技能训练感到满意
■ 学校有必要对学生教学基本技能进行全程性培养

图 3 - 11　从师技能培养训练情况（单位:%）

对学生进行关于"师范生参与相关教学实践活动"的调查情况（如图3 - 12）显示（此项是对学生参与教学实践活动类型的调查，有学生会参加两种及以上的类型），有100%的师范生参加过教育实习，有53.2%的师范生参加过微格教学，有53.09%的学生参加过教学技能训练，有51.21%的学生参加过模拟教学，有43.03%的学生参加过教学技能大赛。另外，还有27.69%的学生参加过其他类型（如家教、在辅导机构兼职教学等）的教学实践活动。由以上数据不难发现，师范生在提升和加强自身教学实践能力的方式上主要依赖的是学校统一组织的教育实习活动，而且几乎一半以上的学生均参加了一种或多种教学实践活动。因此，在教育实习环节中的经历和阅历将会对师范生教育教学相关能力的发展发挥重要作用。

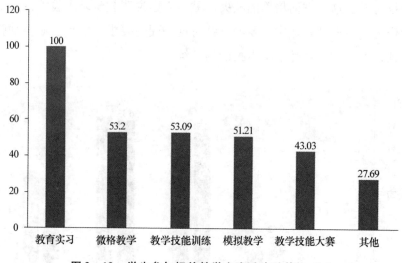

图 3-12　学生参与相关教学实践活动（单位:%）

3. 学生对实习的满意度较高

教育实习对于师范生来说是他们将理论付诸实践的必需环节。通过实习，师范生可以更多地接触与专业相关的实际工作，综合运用所学的理论知识、基本技能和专业知识，把理论与实践相结合，用理论指导实践，提高自己在教育工作中的实际操作能力。

通过对学生的访谈，我们知道，实习还存在一定的问题，如部分学生实习专业不对口，实习期间指导教师无法满足学生解决问题的需求等。通过图 3-13 所显示的数据来看，有 36.98% 的学生认为自己的实习过程是有收获的，有 26.81% 的学生认为自己的实习过程非常有收获，有 27.28% 的学生认为收获一般，总体来看，实习有收获的学生所占比例较高。在"通过实习我感到有足够的知识在少数民族地区从事教师工作""通过实习我感到有足够的技能在少数民族地区从事教师工作"这两个题中，分别有 34.22%、16.28% 的学生认为基本符合，有 16.28%、16.70% 的学生认为完全符合，也就是说，基本上有一半的学生感到实习后自己是有足够的知识和技能在少数民族地区从事教师工作的，还有一半的学生认为自己达不到知识和技能的要求。从整体上看，实习过程对学生来说是有收获的，学生可以把自己的理论知识应用于教学实践。但是，如果学生在实习过程中所遇到的问题教师没有及时进行指导，学生的知识和技能没有得到及时的更新和梳理，就有可能导致其自我效能感低。在这一方面，学校和教师应该肩负起责任，重视对师范生实习的指导。

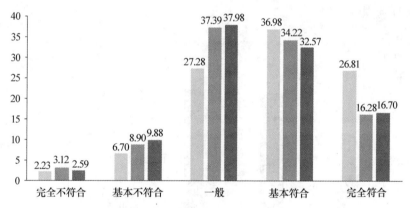

图 3 - 13 学生对实习过程效果的反馈（单位:%）

由此可见，教育实习最大的问题是实际授课时数太少。师范生实际授课的时数与专业有很大的关系，虽然各专业都有一部分学生上课在 30 课时以上，但体育、音乐、美术专业的学生最多。与高考科目不相关的课程，实习学校会更多地放手让师范生去锻炼，其他的主科目，实习学校给予的机会要少得多。此外，师范生在实习过程中还存在着一些其他问题，如认为可供选择的实习学校太少，实习学校教师指导不够，实习学校提供的条件不足。一些师范生认为，导致以上问题的原因是实习期间经费支持不足，进而给实习学生、实习学校以及实习效果带来一系列问题。

4. 师范生对少数民族语言和文化课程的满意度较低

西北地区是少数民族的聚居地，学校开设少数民族课程和语言学习是非常有必要的，有助于为少数民族地区培养人才和发展经济。为了调查西北四省区少数民族师范类学校开设的语言文化学习课程的效果，笔者对学生进行了访谈。通过访谈发现，各个少数民族师范类院校针对少数民族学生开设了双语班，使其既学习少数民族语言和文化，又学习汉语言和文化，这主要是为了他们将来在少数民族地区工作打基础。

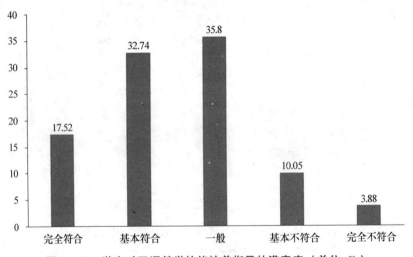

图 3 – 14　学生对双语教学技能培养指导的满意度（单位:%）

如图 3 – 14 所示，有 32.74% 的学生对学校在民汉双语教学技能方面的指导感到满意，有 17.52% 的学生对学校在民汉双语教学技能方面的指导感到非常满意，有 35.8% 的学生认为指导一般。从数据中我们可以看出，对学校在民汉双语教学基本技能方面的指导感到满意的学生和感到不太满意的学生大约各占一半。这说明学校应该加强对双语班学生技能的培养，学生双语语言的应用和教学技能的应用对从事少数民地区的工作是非常重要的，双语学习效果影响着师范生将来与少数民族地区的学生进行交流，教学技能的掌握程度也影响着师范生的教学能力。因此，学校应该在师范生的双语教学技能方面加强指导和改进。

　　"教育大计，教师为本。有好的教师，才有好的教育，才能培养一流的人才。"因此，师范教育十分重要，特别是作为承担少数民族地区教育的师范教育尤其重要。在师范生培养的方方面面，课程问题是最为突出的问题。课程是知识与技能的载体，课程是道德修养的指南，课程是教师教育的蓝本。在学校建设的诸多条件中，缺少什么，也不能缺少课程。

第三节　师范生培养的支撑性条件建设

　　长期以来，国家在师范院校师范生的培养，特别是少数民族地区师范生的培养方面做了很多工作，并取得了一定的成绩，但对于地处边疆的西北少数民族地区师范院校师范生来说，学校培养的实际效果却有许多不尽如人意之处。综观影响西北少数民族地区师范生培养的内外因素，为增强西北少数民族地区师范生培养的支撑性背景条件，做好以下工作尤为重要。

一　师范生培养中的环境建设

　　环境是对围绕着人群空间，以及其中可以直接、间接影响人类生活和发展的各种自然因素和社会因素的总称，环境既是人类生存和发展的基础，又是人类开发利用的对象。① 环境与人的心理及行为有着密切的关系。环境心理学研究表明，影响人行为的因素有主客观之分：主观因素即人自身的内部状况，客观因素即外部状况，或称外部环境。② 人可以通过感觉器官获取对外界环境的信息，通过大脑的分

---

　　① 李道增：《环境行为学概论》，清华大学出版社2002年版，第47页。

　　② ［日］相马一郎、佑古顺彦：《环境心理学》，周畅、李曼曼译，中国建筑工业出版社1990年版，第134页。

析判断来指导行为。① 古希腊思想家柏拉图认为，好的行为是一个好的本性倾向与好的环境接触的结果。②

在师范院校的教育过程中，广大师范生的文化知识获取主要来自课堂、图书馆等。提高素质和修养，在很大程度上有赖于大学校园整体环境潜移默化的影响作用。正如在美国斯坦福大学首期建筑完工及开学典礼上，其首任校长大卫·乔丹所说："……长长的连廊和庄重的列柱也将是对学生教育的一部分。四方院中的每块石头都能教导人们要知道体面和诚实。"③ 一般认为，校园的环境须具备三个主要功能：满足教学科研工作的师生员工的生活需求；给校园来访者以文明、优雅的视觉与精神享受；具有积极的育人功能，如北京大学提出的"空气养人"，华中科技大学提出的"泡菜水"理论等。良好的校园环境是陶冶学生情操、坚定理想信念、丰富科学知识、规范学生行为、促进身心健康，激发学生成才的重要因素。

师范生培养过程中的环境建设是指在师范教育教学中努力贯彻理论联系实际的原则，通过课程结构的调整、培养模式的转变、师资结构的重组等一系列改革，建立起一个存在于校园内部一切物质条件和精神文化的氛围，它包括校园物质环境、生态环境、校园文化（精神）环境等多个方面。

（一）校园的物质环境建设

校园物质环境建设主要指师范院校的硬件设施，包括校园建筑、广场、体育设施、生活设施、人文景观和文化标识等，是对学生的学习、生活、成长产生影响的一切物质因素的总和。

在西北少数民族地区师范院校调研期间，我们看到许多包含少数民族特色的校园建筑，比如新疆某师范大学的教师在访谈中就提到这

① ［英］D. 肯特：《建筑心理学入门》，谢立新译，中国建筑工业出版社1997年版，第123页。

② 转引自张耀灿《现代思想政治教育学》，人民出版社2001年版，第255页。

③ 周逸湖、宋泽方：《大学校园规划与建筑设计》，中国建筑工业出版社2006年版，第71页。

一方面。

访谈者：贵校有哪些具有民族特色的环境布置？

教师：您在楼下看见我们学校的图书馆了吗？

访谈者：看见了，就在这栋教学楼对面。

教师：这些基本上都是双语的，还有我们教学楼旁边的小卖部，都是很有维吾尔族特色的。

在与这位老师访谈结束后，路过她刚提及的具有民族特色的小卖部时她向我做了介绍。她说："看看，这就是我刚刚给你介绍的我们学校的特色，也是新疆的特色，这种小屋子是铝制的，四面都有装饰，冬暖夏凉，现在暖气主要是靠里面的炉子烧天然气，通过它顶部的烟囱排出废气。"

校园物质环境建设是学校空间与社会空间交流的通道。在围墙完整的情况下，大门成了捍卫学校内部空间的屏障，在正常的教学时间里，外面的人不得随便入内，里面的人也不得无故离开。人们在描述自己入学经验的时候总会不约而同地说："当我踏入校门的那一天……"想要进入学校的儿童或外人，总会向校门里张望；放学临近的时候，儿童总是不停地向校门口张望。难怪有教育学者这样描述道："学校的大门口，对于外界人而言，是看待学校空间的窗口和好奇心最微弱的开端；对于局内人而言，是学习和教育行为即将拉开的序曲，是脚步迅速越过的门槛。门处于一个双重过渡性的位置：它既是身体（对于教师和学生而言）的必由之路，是两种空间变换的地理标记；同时，它也是一个心理转化的驿站，空间在此刻开始改造欲望。由此，规范和自由、随欲和控制、解放和压迫，一切都由步入校门的那一刻开始。"① 但是，校门也绝不仅仅具有"通道"这一简单的

_____

① 石艳：《我们的"异托邦"》，南京师范大学出版社 2009 年版，第 90 页。

作用，它还是学校空间的重要标志。民族地区的学校校门也竭力保持着自己的民族特色，这在有着本民族文字和语言的地区表现得尤为突出，在甘肃尤其以甘南藏族地区最为明显。每一个来到藏区学校的人，都会被富有浓厚藏族建筑风格的学校大门所吸引，再加上校门上独特而优美的藏文，使人有一种走进这座大门就走进藏族社会的感觉。这样对学生而言就平添了几分亲近感。目前，甘南藏族的一些学校随着双语教学的开展，校牌的书写语言也变成藏、汉两种文字。

　　除了校门这一司空见惯的学校符号外，学校空间里最普遍的现象之一就是随处可见的标语、口号、张贴画，成为现代学校又一大特色。虽然各个学校标语书写的内容略有差异，但总体设计无非以下几种：其一是关于国家意识、民族团结教育理念、基本教育政策，体现国家教育理想、办学理念的标语、口号等，如"百年大计，教育为本""教育要面向现代，面向世界，面向未来"等，体现着国家主流的意识形态；其二是反映学校自身的办学理念，教育教学原则，校风校纪校训等标语，目的在于勉励师生努力工作，刻苦学习，促使学校形成良好的风貌；其三是在教室、宿舍、餐厅等不同活动的具体空间中还会出现有针对性的标语和张贴画，如班级公约、学生守则、规章制度、名人名言等；其四，校园还是国家其他政策法规及具有重大历史意义事件的宣传阵地，诸如环境保护、远离毒品、法制教育等内容都会成为标语、张贴画的主题。此外，学校还存在一些临时性的标语，诸如体现欢迎、庆祝之类主题的标语。总体而言，标语类空间表征符号的存在是学校空间意识形态化的表现，在看似空洞夸大的标语书写中营造着学校的育人功能。这种借由行动者的心理和观感促成的权利空间形成的目的在于通过潜移默化的形式将国家、社会、学校、教师等方面的要求或主流价值观念传递给每天身处其间的学生。在新疆地区和甘南藏区的师范院校中，教学楼的装饰和书写带有明显的民族文化特色和民族认同感。新疆某师范大学的教学主楼，除了维汉双语的表达方式外，还有电子屏幕滚动播放着"庆祝新疆维吾尔自治区成立 60 周年"的条幅。甘肃某师范院校的教学楼，通过这种藏汉双

语的方式，将学校对每个人的要求体现出来，这种少数民族文字书写
的标语宣称了学校空间下受教育者的文化背景，反映了民族地区学校
对于少数民族语言、文字的尊重和重视，其行为本身也是对国家民族
语言教育政策贯彻的体现。与此同时也意味着，用不同语言书写的相
同或相似的标语实际上是一种权利空间内交流的工具，其实际目的在
于使学校成为具有社会主流文化教育意义的空间。

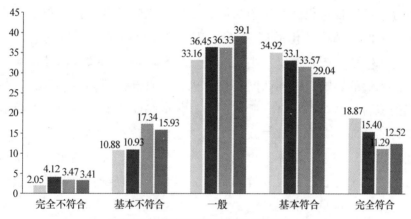

图 3 - 15　对学校环境建设问题的回答

在学校的环境建设方面，从图 3 - 15 我们可以看出，在有关"学
校有足够的硬件设施建设供师范生使用""学校的信息网络平台有丰富
的从事教师工作的内容""大学教师对民族地区中小学的实际情况比较
了解""大学教师的教学能够紧密结合民族地区中小学的教学实际"这
些问题的调查中，持一般态度的学生分别占 33.16%、36.45%、
36.33% 和 39.1%，认为基本符合的学生分别占 34.92%、33.10%、
33.57% 和 29.04%，认为完全符合的学生分别占 18.87%、15.40%、
12.29% 和 12.52%。可以看出，总体上将近半数学生认为学校的各项

设施很完善，学校的信息网络平台有丰富的可供从事教师工作的内容，学校教师的教学也能紧密结合民族地区中小学的实际情况来授课。

西北少数民族地区师范院校校园的物质环境既是学校生存发展的基本条件，又是精神环境中各种因素的载体。富有特色的校园物质环境也是在一定观念支配下造就出的文化成果，是高校开展思想政治教育的场所，在社会比较的过程中，从认知、情感和行为上更偏向于对自身所处的内群体给予积极的评价。通过这种对内群体的区分来维持自身积极的社会认同，整洁、优雅的校园环境能对人产生持久的、潜移默化的影响，引起人们思想感情、审美观念的变化。教学楼、图书馆以及小卖部等设施和环境的布置，都能对学生产生无形的影响。民族认同是社会成员对自己民族归属的认知和情感的依附，是个体对自身所属的内群体的信念、态度及对自身民族身份的认同。西北少数民族地区的师范生无论在总体的国家认同上还是民族认同上，都体现出他们对内群体的偏好，进而采取积极区分的原则来对自己的民族群体给予积极评价，以维持自身的社会认同感来满足自身的需要。

（二）校园的生态环境建设

生态校园是指以可持续发展为理念指导，运用生态学原理和方法，通过合理的景观规划设计和建设所形成的集学习、工作、活动、休闲、文化传播功能于一体的，环境良性循环治理的人工生态系统和生态教育管理体系。

西北少数民族地区由于受地理位置、人文风俗、经济条件等因素的制约，学校在生态校园的建设中难以保证面面俱到，只能根据自身情况，有所侧重地进行规划建设。通过调研、实地考察和实例分析归纳，将其细分为如下方面。

1. 校园布局结构尊重并合理利用自然条件的建设

生态校园的建设意在利用自然条件和人工手段来为人们提供一个舒适、健康的生活环境，同时又要控制对自然资源的使用，要特别注意和自然环境的结合与协调，利用一切可以利用的因素高效地使用自然资源，减少人工因素，注重自然环境设计，重视对自然景观的保护性利用。

在新疆某师范院校新校区布局中，我们发现其基本布局利用了校园的自然生态条件，保护了原有的自然生态系统，巧妙利用原有的水系和山地，尽量保留原有的树林植被，力求新校区在水文、土质、动植物等方面与基地生态相融。

2. 校园布局结构利用人工景观的建设

生态建设中所创造的人工景观必须与保留、改造的自然景观相协调，形成完整的大景观构架。以校园中固有的山坡、河流、湖泊、凹地、绿地、树林等自然景观作为校园景观环境格局的构架，是建成优美校园的重要而有效的方法。①

例如在甘肃某师范院校调研时，我们发现，该校的校园景观设计在教学楼边南北向的植物以低矮为主，形成宽敞明亮的采光环境，校园内的建筑适合大众使用，简洁整齐。人工打造的水池边建有生态性驳岸，缓坡草地一直延伸到水边，水深处的平台、桥梁设有防护栏杆。

3. 校园布局结构中节能环保的建设

生态型校园应该成为全社会节能环保的示范窗口，在校园环境建设中要高度重视和充分运用各种先进节能环保理念和技术。要严格遵照国家有关规定，对校园内教学、科研、生产、生活所产生的废水、废气、固体废物，采取积极措施进行无害化处理，提倡对老建筑物和废弃建筑物进行合理改造利用。在青海某大学调研时，我们发现，该校在节约能源方面，包括能源结构调整和各种能源的节约利用上都有比较好的作为。比如采用新的墙体结构和新型门窗，改进建筑围护结构，改善和提高锅炉供暖系统热效率，节约保温用能等。我国是严重缺水的国家，特别是西部地区更为严重，西北少数民族师范院校在节约水资源方面应该做出表率。比如我们在宁夏某大学调研过程中就发

① 徐苏宁：《大学的理念与大学校园的设计》，《新建筑》2004 年第 2 期。

现，在校园内较低地段或建筑物下设置贮水池，拦截、贮存雨水，可供校园绿化或冲洗厕所使用。建设中道路和广场等的铺装设计应考虑雨水的自然渗化，以补充地下水源的不足。

访谈者：贵校有没有开设一些具有少数民族特色的公共课程？

教务处副处长：少数民族特色的公共课是自治区统一开设的，我们学校自己没有再开。但是结合自治区特色，开设了一些环保知识、普及生态方面的课程。

访谈者：您能具体说说这是一个什么样的课程吗？

教务处副处长：这门课程主要培养学生在气象学、水力学、土壤学、景观学、植物学、地理信息学等各个科学领域的兴趣，鼓励学生与专家进行研究合作，参与环境的监测、数据的处理等工作，激发学生在生态与环境保护方面成为科研、技术、管理工作者的潜质。

访谈者：除了这门课程外，学校还进行其他环保活动吗？

教务处副处长：我们学校在后面开辟了成片的"校友林"，即将走出校门的毕业生或相聚母校的校友，手植"校友林"，既凝聚校友的母校情结，又是记忆最深的生态教育课。

从上述访谈中我们可以看到，该校加大对生态教育观念和管理的力度，实施生态化校园管理，充分发挥环境的育人作用。大力加强生态教育、运用环境友好技术系统管理生态校园，塑造生态文化，开展广泛的生态知识宣传，让更多的人了解自然，热爱自然，保护自然，从而真正实现人与自然的和谐相处，是生态校园建设的终极目标。

（三）校园的精神环境建设

校园的精神环境主要是指学校的文化精神氛围，办学理念，各种管理规章制度，包括学校的师生和管理人员的道德行为准则、价值观、教育观、管理作风、学习风尚等学风、教风、校风因素的整体构成。

校园精神文化是由师生共同创造的一种长期积淀而形成的特定群体文化，是校园文化的灵魂和核心。少数民族地区师范院校校园文化集知识性和民族性于一体，一方面学校提供了浓厚的学习和学术气氛；另一方面，学校始终坚持以马克思主义理论为指导，坚持科学教育与人文教育的统一，将思想政治教育寓于专业教学和科学知识的传授之中，并使之变成大学生易于接受的东西，有效地提高了大学生的思想道德水平和科学文化素质。

校风是校园精神文化建设的反映，它是由学校文化环境中无形的教育因素对学生的思想品德、学习生活所产生的潜移默化的影响形成的。优良的校风为学生个体的全面发展提供了最佳的精神环境条件。一方面，优良的校风对学校的成员产生着定向作用，另一方面，优良的校风在形成后，其本身就成为一种强有力的教育力量。从教风来讲，它包括正确的教育思想、严谨的治学精神、为人师表的育人风范。从学风来讲，它培养学生的品格、磨炼人的意志、激发情感，具有熏陶作用。

教风是教师在长期教育实践活动中所形成的教育教学的特点、作风和风格，是教师道德品质、文化知识水平、教育理论和技能等素质的综合表现。学校是育人的场所，是人才的摇篮，而教师是人才的培养者，理应在管理育人、教书育人、服务育人的过程中发挥主力军的作用，必须形成实事求是、团结协作、高效严谨、细心耐心的工作作风，必须树立起教书育人、严谨治学、认真负责、开拓进取的教风，必须引导和促进学生勤奋学习、积极向上、尊师重教、遵纪守法的优良学风。总之，没有良好的工作作风和教风就难以形成良好的学风。

学风是指学生集体在学习过程中所表现出来的治学态度和方法，是学生在长期学习过程中所形成的学习习惯、生活习惯、卫生习惯、行为习惯等的表现。优良的学风像校风、教风一样，对学校教育教学质量的提高，对学生人格品质的发展和完善，对培养学生成为德、智、体、美等方面全面发展的人有着重要意义。

（四）校园的制度环境建设

制度是一种重要的教育手段。按照作用的范围可将制度分为教学管理、校园环境管理、生活行为管理、社会实践管理等，由此所形成的文化氛围即制度文化。它对维护学校正常的教学秩序和生活秩序，促进大学生养成文明举止和良好的行为习惯，起着一定的规范作用。民族师范院校校规、校纪是校园制度文化的重要环节，具有约束功能，良好的学校纪律是民族地区思想政治教育的宏观环境。各种规章制度的制定和实施，对规范大学生的行为具有积极作用。民族地区师范制度文化对学生的思想行为具有调节、约束、规范和导向作用。良好的制度文化有利于学校形成鼓励先进、鞭策后进、促人进步的良好风气，优化大学生心理，从而使积极向上的价值观念得到认可和肯定，为民族地区思想政治教育营造了良好的环境。

（五）校园的学术、教学环境建设

西北地区是少数民族的聚集地，主要由维吾尔族、藏族、回族等少数民族组成，而甘肃、青海地区的少数民族则以藏族为主；新疆地区以维吾尔族为主；宁夏地区以回族为主。《中共中央国务院关于加强四川、云南、甘肃、青海省藏区经济社会发展的意见》把"双语教育"和"双语教育保障体系"列为支持四省藏区教育跨越式发展的"五大工程"和"三大保障体系"之一，并把"建立健全适合藏区的教材、师资、教学模式相结合的双语教育体系"纳入其具体政策措施之中，所以双语师范生的培养是本地区的特色。

1. 设置合理的"双语兼通"和"通三语"的人才培养模式

人才培养模式是在一定的现代教育理论、教育思想指导下，按照特定的培养目标和人才规格，以相对稳定的教学内容和课程体系、管理制度和评估方式，实施人才教育过程的总和，由培养目标、培养规格、培养方式、评估方式等要素组成。以某学院为例，民族地区的师范类院校有着自身的特殊性，突出地表现在学生的生源比较复杂，教学的目标是对双语人才的培养，教学过程中不同民族师生交流存在一定的障碍等方面。

针对这一情况，学院充分考虑到以往人才培养过程中的不足，初步形成了"理论＋实践"的人才培养模式。围绕"一个中心"（提高教学质量）、"两个基本点"（双语语言教学、双语学科教学）推进教学改革，打破单一的分类式"双语"教学模式，依据学生掌握语言文字的实际能力和水平，实施民族语言分层次教学、汉语水平等级考试和少数民族语言水平等级考试，在加强语言教学的同时，推行双语过级免修制，鼓励学生积极学习、掌握外语；立足于巩固学生专业基础的需要，根据学生愿望和师资情况积极开展民族双语学科教学，推行藏汉双语人才综合素质测评改革，鼓励优秀学生选学普通院系专业课程，不断提高专业素养。根据就业需要，引导非少数民族师范毕业生学习西北少数民族地区的历史文化与习俗，拓展普通生的民族语言技能。

　　2. 强化语言类教学，增强学生教学的适应性

　　民族地区师范院校的主要培养对象是面向中小学、幼儿园的教师。鉴于该情况的特殊性，学校在构建课程设置时采取因材施教的方针政策，对于少数民族的学生，重视他们对于汉语的学习，增加汉语课程的课时量，而对汉族学生则增加维语、藏语、回语课程的课时量，加强了日常用语、会话等内容的学习。无论是对哪种语言的强化学习，重点都是为了培养学生双语授课的能力，在一定程度上消除了学生在实习支教乃至走上工作岗位后的语言交流障碍，大大提高了学生的适应能力。

　　访谈者：请问你们学校师范生的民族构成是怎么样的？

　　辅导员：我们教育科学学院的构成比较复杂，其中汉族生占35％，少数民族学生占65％，其中有50％的学生是维吾尔族，另外的15％是其他的少数民族。

　　访谈者：针对这样复杂的民族构成，你们学校的目标定位在哪个层次？

辅导员：正是由于民族构成复杂而多样，我们侧重于培养的是中小学和幼儿园的双语教学人才。

访谈者：既然如此，你们的培养模式是什么样的呢？

辅导员：语言交流的障碍是我们少数民族师范生最大的困难，当然也是我们学校培养师范生的主要出发点，所以我们会侧重于强化语言类的教学，增强学生教学的适应性。

调查发现，师范生课程中的基础课程模块是 41.5 个学分，专业课程模块是 60 个学分，实践课程模块是 16 个学分，教师教育课程模块是 16 个学分，综合素质模块是 10 个学分。基础课程模块和专业课程模块所占比例较高，达到了 70% 多，而教师教育课程模块、实践课程模块和综合素质模块只占近 30%。由此可见，学校对于教师教育类的课程及课程设置不够重视。

3. 加强师范技能培训，提高教学技能

要培养合格的师资人才，除了要求学生有扎实的专业知识外，还必须有过硬的师范技能。教师职业技能训练包括教师口语、板书、语言表达、备课、讲课、说课等教学技能和班主任工作技能培训，为培养师范生的教师职业技能水平，学校对培训工作提出了明确的要求，制定了相应的考核标准，将师范技能培训贯穿于三年的理论学习和最后一年的实习见习中。除此之外，师范院校每年都会举行各式各样的教师技能大赛，例如模拟课堂、说课讲课大赛等，学生的参与度普遍较高，教师技能类比赛的开展激发了师范生教学的热情，提高了学生的教学技能水平，使得人才培养方案得到很好的执行。

访谈者：在师范生培养上，你们学校开展了哪些有针对性的训练？

辅导员：三笔字训练、第二课堂、微格教学，还有教学技能大赛。

访谈者：师范生对于这些活动的参与度怎样？

辅导员：学生们热情非常高，他们不太喜欢纯理论知识的灌输，所以对于这种训练活动都很乐于参加。

访谈者：这些训练活动的开展，对于师范生有哪些帮助？

辅导员：我们的师范生大多数都是为了当教师才考师范院校的，这些活动能够提高他们的教学技能，培养他们作为教师的专业素养，使他们能更好地适应未来的教育教学工作。

在问到青海省民族师范院校的师范生关于课程方面的问题时，大多数学生会觉得理论课的开设很充足，但是实践课程相对来说有些不足，学生对实践课程的需求没有得到很好的满足。

访谈者：你们开设了哪些与你未来从教有关的课程？

学生：教育学、教育心理学、教师专业发展、班主任工作艺术、美术、舞蹈以及钢琴等都开设了——这是针对我们的专业开的。

访谈者：这些课都是在大一大二上的吗？

学生：大四也上，现在有10门课。

访谈者：那你认为你们开设的课程当中有什么不足的地方吗？

学生：我感觉讲课说课是我们的重头戏，因为我们以后毕竟要当老师的。现在我们上课是以讲课说课为主的，在这个过程中，我们是以模拟课堂为主训练的。现在我们在上面讲，下面坐着的就是我们班的学生，不是针对小学生来讲的，因为出去后是针对小学生来讲的嘛，对象不一样，他们的文化素养、知识能力，还有知识技能都是不一样的，我们就想着平常应该多去小学实习。

访谈者：你们什么时候去实习？实习中主要做哪些方面的训练？

学生：我们是大三下学期去实习的，实习时间为一学期。但我去实习的学校是共和县第一小学，那里的教学水平比较高。我是一个实习老师，所以不可能让我带"主科"的，学校就让我带"副科"。我学的是语文，让我去教计算机、体育、音乐等，都与我的专业不对口，所以我学不到相应的知识，实践能力也无法得到较大提高。

从上述的访谈中我们不难发现，虽然少数民族地区师范院校开设了相关技能课程，也有实习机会，但是学生仍然觉得实践方面的机会欠缺，这会直接影响西北少数民族地区师范生的培养。

4. 积极借鉴，明确目标，办出特色

由于民族地区各师范院校的办学定位不同，在师范类专业的人才培养模式上也各有其优点，积极借鉴其他高校的做法，不仅吸取了相关学校的优秀成果和培养经验，也进一步改善了本学校在师范生培养领域的不足和欠缺。作为民族地区的高等师范院校，强调的是对教育人才的塑造，因而在人才培养模式上有较强的针对性和目的性。从这个角度讲，每个师范院校都应该紧紧围绕自己学校的办学定位，依据自身的特点和实际，设置合理而有特色的人才培养模式。只有这样，才能使学校培养出来的师范生更加符合民族地区的需求。

访谈者：你们学校有没有结合自身特点的一些培养方案？

辅导员：我们的培养方案就是按照课程标准的整体框架，在真正落实上突出我们学校的特色。

访谈者：那是怎样的特色呢？有哪些经验可以和我们分享？

辅导员：经验谈不上，但是我们学校在制定自己的培养方案时，首先会派教师代表去东北、沿海、南部、中部地区的师范院校学习交流，再到民族地区的中小学进行实地访问考察以了解中小学的真正需求，回来之后再开设专门的研讨会来制定方案。

访谈者：方案有没有具体落实到各个学科老师那里？

辅导员：这个培养方案基本上每个老师手里都有一份，在开学之初教师会告诉学生培养方案中的一些具体细则，学生会清楚明白地知道自己要达到一个什么样的水平。

访谈者：你们有没有开设民族教育系列的讲座？涉及哪些方面？这些讲座对你们将来从事教师职业有哪些帮助？

学生：有讲座，这些讲座对我们的帮助很大。因为学校会请一些专家、校长、一线优秀教师（西宁市周边较好的学校）来开设讲座，主要是讲教学技能方面和学生管理方面的内容。我们基本上每场讲座都参加，这些讲座对实习有指导作用，对于我们以后成为老师会有很大的帮助作用。

从上述访谈中，我们看到学校会请一些学者、专家以及一线的优秀教师和校长等给学生做一些专题讲座，学生的参与度也很高，这些讲座能够帮助学生更好地理解教师这个职业，使之学到很多和教师职业有关的知识，这在一定程度上能更加坚定学生从事教师职业的信念。

5. 校园师资培养方面的环境建设

对于西北少数民族地区师范院校教师队伍建设问题，我们访谈了一位工作了 15 年的辅导员。

访谈者：请问您现在主要的工作领域是什么？

辅导员：学生管理。

访谈者：您给师范生上过什么课程呢？

辅导员：教育学、特殊教育概论、班级管理、安全教育等专业课。

访谈者：您觉得这些课程对师范生将来从事教师工作有哪些帮助？

辅导员：这些课程是师范生将来从事教师工作所必须掌握的基础课程、入门课程，对于这些课程的学习，可以使学生深化教育理念、明确教育目的、了解教育途径，进而更好地成为一名合格而优秀的教师。

访谈者：您怎样看待我国教师教育改革和师范生培养问题？

辅导员：我非常赞同教师教育改革和师范生培养改革，在我们的教师队伍中确实存在一些素质不过关、水平不合格的教师，此次改革压缩了教师队伍的数量，提高了教师队伍的质量。教师的管理问题，首先联系的就是师范生的培养问题，教师道德素质的提高、教师水平的加强，直接关系着学生学习的积极性和创造性，关系着整个社会的稳定和发展。

依据上述调研访谈，我们认为可以从以下几个方面加强少数民族师范院校的师资建设。

（1）重视师德师风建设

思想是教育的基石，是教育的灵魂。教育需要思想，需要有思想的教师。在民族地区，教师不仅仅是教育发展的生力军，也是党的政策的宣传者、民族团结的巩固者、政治稳定的维护者。立德树人、教书育人是为师之本。民族地区青年教师要以热爱学生、教书育人为己任，以"学为人师、行为世范"为准则，弘扬高尚师德，力行师德规范，激励广大教师爱岗敬业、为人师表、关爱学生、无私奉献的精神，以人格魅力和学识魅力感染学生，努力做学生健康成长的指导者和引路人。在自己的教育教学过程中，教出品位，教出思想，教出属于自己的价值与尊严，为民族地区教育事业的跨越式发展做出贡献。

（2）加强"双语"教师队伍建设

结合民族地区的实际，建立和完善师范院校与中小学教育的衔接制度，将国家规定的校本课程同师范院校主体的地方课程相补充，培养一支更加符合民族地区需要的双语师资队伍。按照"因地制宜、因时制宜"的原则，民族地区学校开展不同模式的双语教学，全面提高民族地区学生学习和使用双语教学的能力。通过教师的集中培训与在职进修等措施，强化双语教师的培养与培训，积极实施双语教师培养培训工程，为民族地区培养、选拔一批合格的双语教师。

（3）加大多民族教师交流工作的力度

鼓励内地优秀教师到民族地区任教一段时间，开展支援工作。国家为到民族地区开展支援工作的优秀教师发放津贴，颁发荣誉证书，在职称晋升、评优选模等方面给予倾斜和照顾。除此之外，还应加强城乡教师交流工作，通过交流，增加锻炼机会，促进教师的专业发展和学校的可持续发展。对主动到农村学校和薄弱学校工作的教师和校长，在职称评定、岗位聘用、评优选模等方面，实行政策上的倾斜。

特别值得一提的是，2013年教育部决定全面启动实施在青海地区少数民族师范院校的"卓越教师培养计划"，该计划的目标是寻求深化教师教育改革的突破口和着力点，培养党和人民满意的好教师。根据该计划，我国将建立高校与地方政府、中小学"三位一体"的协同培养新机制，培养一大批师德高尚、专业基础扎实、教育教学能力和自我发展能力突出的高素质专业化中小学教师。

笔者在调研中了解到，青海某大学申报的"卓越中小学教师培养模式创新"入选教育部"教师队伍建设示范项目"。以此项目为依托，该学校相继在教师教育课程体系建设、师范生实践创新能力发展与提升、精品师范专业建设等方面务实推进，积累了丰富的经验。2014年，学校申报的"西部农牧区卓越小学全科教师培养"再次成功入选教育部"卓越教师培养计划改革项目"。该大学"卓越教师培养"项目连续两年得到教育部的批准和支持，增强了学校持续深化教师教育改革的信心。该大学卓越教师（语文）培养课程模块设置如表3-4所示。

表 3 - 4　　　　**青海某大学卓越教师（语文）培养课程模块**

模块分类		主要内容
主要任务	职业道德教育模块	教师职业道德、教育法规、教师职业生涯设计、教师礼仪等
	从教技能模块	阅读训练（全程课程）：每人每学期至少阅读三部著作，写好详细的读书笔记，每学期还要组织一次读书交流活动，具体由班主任老师督促检查并进行考核
		书写训练（全程课程）：主要练习钢笔字、毛笔字、粉笔字，重点是钢笔字。每人每学期临帖至少两本，具体由班主任老师督促检查并进行考核
		教师语言训练（全程课程）：指普通话、语言表达、语言沟通等方面的训练。通过摸底测试了解学生说普通话的现状，针对实际组织讲座和培训，努力争取人人过关。每学期组织学生开展演讲、朗诵、辩论等活动，提高学生的语言表达能力，争取人人能说会讲
		计算机文字处理、课件制作：依托计算机课，进行专门学习和训练。组织开展文字处理、课件制作比赛等，提高学生的计算机应用能力
	实践教学模块	观摩教学（全程课程）：观摩优秀课例，进行案例分析，展开研讨评析，达到学习和借鉴的目的，从而提高学生的教育教学水平
		模拟课堂：人人上讲台，从备课到上课，按照教学环节的全过程严格训练，争取人人都能讲好课
		微格教学：利用先进的教学资源，讲、评、练一体训练，提高课堂教学技能
		教育见习（全程课程）：从本科二年级开始，每学期安排一周见习
		教育实习：统一安排，集中实习，全面培养
	教育科研模块	鼓励学生参与学校设立的专门面向"卓越教师培养"的教学研究项目和其他教学研究，系统培养教育科研能力
	人文素养模块	举办音乐鉴赏、美术鉴赏、文学鉴赏活动等。利用现有资源，开设或选修相关课程
	教育管理模块	班主任工作实践训练、课外活动组织与安排、教师社会交际能力。在教育见习和教师实习期间多加强这方面的训练

　　上述西北少数民族地区学校的环境建设不仅有目的、有计划地突出教育教学中的实践环节，使所学的教育理论和专业知识固化为良好的教育教学素质，而且构建了合格教师的教育教学能力和技能的系统化的师范课程与教育体系。[①] 这里的环境建设不仅包括显性的能看得到的校园生态、物质环境建设，还包括隐性的我们看不到的校风、教

---

　　① 皇甫倩、王后雄：《免费师范生实践能力培养的环境建设研究》，《教师教育论坛》2013 年第 26 卷第 2 期。

风、学风等精神环境建设。此类支撑性条件既是国家建设高素质专业化教师队伍的需要，也是国家免费师范教育政策和培养未来教育家不可或缺的因素。

二　师范生培养过程中见习与实习基地建设

实习支教是目前我国高等师范院校教育实习的重要形式，它不仅对师范生实践能力的培养起着重要作用，而且担负着改善农村师资、提高农村教育质量的重要使命。以新疆某大学为例，自 2006 年开展实习支教工作以来，先后共选派 16 批 10256 名实习支教的学生和 168 名实习支教的指导教师先后赴阿克苏、和田、喀什、吐鲁番、于田、塔城、鄯善等地开展实习支教工作。该项工程在很大程度上缓解了南北疆贫困地区师资短缺的矛盾，推动了基础教育的快速、稳步发展，同时也提高了师范生的实践能力和适应能力。

访谈者：你们学校的顶岗支教制度实施情况怎么样？

实习教师：从 2008 年开始到现在，大概已经进行了 9 年。到目前为止已有 16 批 10256 名实习支教的学生和 168 名实习支教的指导教师有过实习支教的经历。

访谈者：一般都去哪些地方实习支教呢？

实习教师：主要是去阿克苏、和田、喀什、吐鲁番、于田、塔城、鄯善等地开展实习支教工作。

（一）完善实习支教的各项规章制度

制度建设是科学管理的基础。要使实习支教工作有条不紊地进行，就必须在政策和规章制度上对实习支教工作的程序、方法和各主体的职责等进行明确规定。各省区教育厅应根据教育部的文件精神制定相关的政策，明确各级职能部门在实习支教工作中的责任和义务；高校应制订详细的实习大纲和计划，对实习的目标、内容、形式、考核等做出规定，并制定出有关实习支教各个具体环节的管理制度；地方支教学校应积极接收和安排师范生到本地区农村学校进行实习支教，并以制度的形式保障支教工作的顺利进行。

（二）完善实习支教过程中导师队伍的建设

加强教育管理部门与实习单位之间的信息反馈与交流，加强指导教师队伍建设，造就一支可靠的实习指导教师队伍，是实现顶岗实习过程监管工作高效运转的关键，也是"顶岗实习支教"质量保障的重要手段。

访谈者：您觉得学校对师范生实习所给予的指导工作是否充足？

实习教师：学校在教育实习的安排上，我觉得实习前对学生能力的培养是不错的，但是在实习的安排上做得还不足，比如在帮助学生制订实习计划，指导实习生如何将理论与实践相结合，解决理论与实践对接过程中所面临的问题等方面有欠缺。

访谈者：您觉得实习学校的教师所给予的指导充足吗？

实习教师：还可以吧。实习学校的指导老师主要就是负责学生的上课和备课工作，对学生的实习工作进行深入细致的指导。

访谈者：这可以称之为另一种形式的"双导师制"吗？

实习教师：可以这么说。

因此，在师范生顶岗支教的过程中，教师的指导和帮助是必不可少的，应选择一些责任感、事业心和人际交往能力强，中小学教学实践经验丰富的教师作为实习指导教师。在指导教师配置方面，应从实习学校和师范院校各选择一名教师作为实习生的指导教师，其中高校实习指导教师是实习生的"指路人"和"咨询师"，帮助学生制订实习计划，指导实习生如何将理论与实践相结合，解决理论与实践对接过程中所面临的问题；实习学校指导教师是实习生的"师父"，从教学的各个环节来指导实习生，包括如何备课、上课、做好班主任工作等，使实习生逐步由理论知识的拥有者成为理论知识的实践者。实行这种"双导师"制度，可以因地制宜地开展实习工作，让实习师范生尽快投入支教过程中，并在教学过程中感悟教师职业的精髓，提高职业技能。

（三）强化教师技能训练与要求，提高师范生的职前从教能力

师范生教师职业技能的强与弱，直接影响着实习支教的效果和基础教育的质量。关于学生的实习问题，我们也对学生进行了访谈。

访谈者：你本人有见习或者实习的经历吗？
学生：我们专业已经见习回来了，下周就要去实习了。

访谈者：你们的实习是怎么安排的？
学生：时间为一个学期，主要是去周边的小学，是以整班实习的形式安排的。

访谈者：你们在实习前，学校有没有组织什么指导活动呢？
学生：学校会开展各种活动例如模拟课堂、教师职业技能大赛、微格教学等，在实习前也会开展例如实习支教大会来为学生讲解地区特点并分享实习经验，强调校纪校规和安全问题。

访谈者：你们平常有开展类似的活动吗？
学生：一直都有的，像教师职业技能大赛、模拟课堂都是一学期一次，风采月、板书、三笔字练习都是一个月一次。

访谈者：你是否参加过此类比赛？你觉得此类比赛对你是否有帮助？
学生：参加过，老师说这是我们师范生必须掌握的基本技能，我参加过之后感觉更好地锻炼了自己的能力，丰富了自己的实践经验。

因此，加强师范生的教师职业技能，完善师范生职业技能培养体系，对于实习支教工作至关重要。提高师范生从教职业技能，就需要对在校期间的学生，多加强微格教学的培训力度，以提高师范生的课堂授课质量以及自我认知能力。同时，应加强"三笔字"、多媒体课件制作、说课、讲课等环节的培训力度。在加强培训力度的同时调整实习地点和支教对象，直至完全符合"顶岗实习支教"的要求。

（四）严格考勤和考核，确保实习过程的有效开展

有关学生在实习中的考核考勤问题，有学校也做出了明确规定。我们在访谈中了解了某学校的相关要求。

访谈者：你们学校对师范生的实习支教要求是怎么样的？

教师：还是相当严格的。

访谈者：具体指的是哪方面？

教师：我们学校除了平常的教师职业技能训练之外，最严格的就是教育实习了，我们对实习生有严格的考勤制度，学生不得无故旷工，请假必须提前出示请假条。

访谈者：那对学生的考核呢？有哪些要求？

教师：对学生的考核分为三部分：一是学生的考勤；二是学生在实习过程中的表现；三是学生在实习结束后提供的主要实习材料和报告。我们这么严格要求的主要目的和出发点还是为了帮助学生将课堂上所学到的知识转化为实践操作，这十分锻炼学生的能力。

根据上面的访谈，在实习生实习前，将有关考勤、考核的要求以开大会的形式，向实习生进行广泛宣传，并将具体的要求写入学生的实习手册，使实习生对请假制度和考核制度清楚明了。实习生的考核坚持校内评价与校外评价相结合并以校外评价为主的原则。其中，实习学校应该对学生完成的具体工作任务、工作质量、实习纪律、职业道德等方面

进行考核。高校应根据专业培养目标和教学要求，结合实习生日常实习表现、中期检查情况、顶岗实习总结报告完成情况等进行考核。

此外，为了确保实习过程的顺利展开，必须争取政府和社会在教育经费上的投入与支持，尤其是硬件设施环境的改善需要大量的资金支持。但是由于各种原因，许多偏远地区的中小学在硬件设施上没有发生大的改善，这是一个不争的事实。经费不足、信息闭塞等一些不利条件直接影响了学校教育教学活动开展的质量。

师范院校要与见习和实习基地的中小学达成"互利共赢"的目的，形成长期稳定的合作意向，并将其制度化，主要是指组织领导和协调顶岗支教基地建设的协同机制；顶岗支教基地培养及综合评估机制；顶岗支教工作的安排及师范生教育教学质量及水平的评价机制；师范生实习过程中的课程安排，生活和保障机制；师范生在实习期间的岗位设计机制；顶岗实习带队教师的监督机制等方面。[①] 一方面，师范院校安排自己的师范生在大四上学期到合作的县或乡镇的中小学校进行顶岗实习，同时要安排被顶岗的县或乡镇的中小学校的教师到师范院校进行深造和提升；另一方面，学生在顶岗实习的过程中，提高了自己的实践能力，满足了学生对于真实课堂的渴望。接受深造和提升的学校教师也接受了新的教育理念与技能，从而实现了双方院校优势互补的共赢目标。

（五）建立科学、合理的实习评价机制

建立科学合理的"顶岗实习支教"质量评价体系是确保实习质量的关键。在甘肃某样本院校，当问到"你们学校有没有顶岗支教的？你们学校的顶岗支教制度实施情况怎样"的问题时，学生这样回应："学校顶岗支教和实习一体化了，派遣学生到各市县中小学和幼儿园，教育厅置换培训，根据国培项目，援教顶岗。此外，派学生到沿海地区包括福建等地的学校完全顶岗支教，有些幼儿园也是完全顶岗。"当问到另一个学生时，她回答道："我们学校和城市学院、天水师范、

①　罗琴、周克江：《高师院校顶岗实习基地建设初探》，《湖南科技学院学报》2013 年第 4 期。

西北师大等学校合作开展顶岗支教，主要去藏族地区。"

高等师范院校通常都建立在省会和市级地区，而师范生顶岗支教的地方却大多数分布在经济发展相对落后且偏远的县和乡镇地区。这样一来，对于没有或很少到偏远地区且缺乏实践经验的在校师范生来说将是一个巨大的挑战。考验的不仅仅是他们将在学校学习的理论知识转化为实际操作的能力，同时也考验了他们适应困难生活条件的能力以及解决各种问题的能力。

"顶岗实习支教"涉及面广、内容多，评价应体现科学性、导向性、实践性、综合性等特点，只对实习生进行一次终结性的评价，难以对其实习过程做一个全面、客观的把握，不利于实习生的职业成长。因此，在评价内容、评价手段、评价方式、评价主体等方面应体现"顶岗实习支教"的本质和价值。在评价内容方面，应注重思想素质、教学能力、社会实践三方面的考核；在评价手段方面，将传统方法与现代网络技术相结合，通过访谈、问卷调查、网上评价等方式对实习生进行评价；在评价方式上，采取过程性评价与总结性评价相结合；在评价主体方面，可选择高校指导教师、实习学校指导教师、实习生所教学生等。在具体实施时，可采用多元评价的方式进行，设定各评价元素的比重，确保评价结果的公平、公正和有效。

三　师范生培养过程中的参与程度

师范生制度的实施和开展，目的是培养师范生教育教学的基本技能，锻炼师范生的实践能力，为今后从事教育工作打下坚实而有力的基础。为了更好地培养出合格而优秀的适合未来民族地区教育工作的从教人员，仅仅依靠国家政策和教育部门的规定和措施是远远不够的，作为亟待培养的师范生群体，其主动性和积极性也是决定师范生培养政策有效开展和落实的重要因素。下面以新疆某师范院校师范生的问卷访谈为例，从四个方面进行详细论述。

（一）师范生对教师职业的憧憬

教师是学生成长、成才的引路人，无论是基础教育还是高等教育，教师工作都是学生和家长最热衷的职业。自 2006 年公共事业单位实行"逢进必考"政策以来，中小学教师招聘考试已经成为继公务员考试以后又一大热门考试。

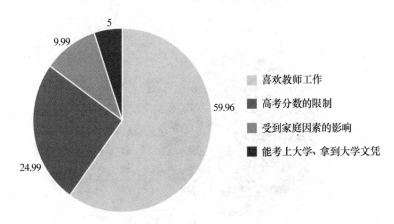

图 3 – 16　大学生选择师范院校的原因（单位:%）

　　教师职业作为目前社会上选择率较高的职业之一，具有稳定性较高、福利待遇较高、社会地位较高三大优势，因此在高考之后填报志愿的时候很多学生会主动选择报考师范院校，目的就是将来可以从事这份稳定而待遇较好的教师工作，这也是很多学生家长对于自己孩子的热切期望。在"你为什么选择师范院校"这一问题上，学生的回答情况如图 3 – 16 所示:近 60% 的学生回答他们喜欢教师这份工作，选择师范院校是由于他们对于教师职业有着无限的憧憬;近 25% 的学生回答是由于高考分数的限制，以致他们不能选择自己心中更为理想的大学;近 10% 的学生回答选择师范院校是由于受到家庭因素的影响;而剩余 5% 的学生则回答说仅仅希望能考上大学、拿到大学文凭，对专业没有明确的特殊要求。

　　以上结论可以证明，大部分学生还是更倾向于教师这一热门行业的，尤其是对于少数民族地区而言，文化和语言的限制使更多的少数民族大学生选择师范生的道路，为的是能够在本民族地区从事教育工作，一方面是为自己寻求一个稳定而有发展前途的工作，另一方面也是为了缓解民族地区由于各方面条件限制而导致的师资匮乏的现状。

（二）对西北少数民族文化的了解程度

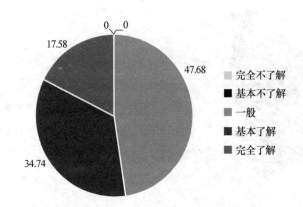

图 3－17　学生了解西北少数民族文化的情况（单位:%）

根据问卷调查，样本师范院校师范生普遍认为自己对少数民族文化了解比较多的占 17.58%，比较少的占 34.74%，有 47.68% 的师范生对西北少数民族文化只是一般了解。由此可见，师范生对西北少数民族文化了解的基本情况还停留在表面的简单认知上，对西北少数民族文化感情较淡薄，无法从较深层次体会西北少数民族文化对少数民族地区师范生进行教育的意义。因此，学校应该积极创造条件，为学生提供一些体验的平台，使学生真正热爱西北少数民族文化并为从事本民族文化教育工作而感到自豪。

（三）师范生对课程设置的渴望

在师范生的课程设置上，大部分学校都是严格按照教育部对于师范生培养所规定的专业基础课程而开设的，其中主要包括教育学、心理学、教育科学研究方法等必修课程。师范类专业的大学生，无论是哪个年级分布，对于师范生培养的课程设置都有自己的想法，而民族地区的师范院校所培养的师范生，一方面他们和普通师范生一样对课程设置有着自己的想法，另外一方面他们又有别于普通的师范生，他们更多地希望能够继续留在民族地区从事教育教学工作。除了教育部所规定的师范生必修课程以外，他们渴望更多地学习一些关于少数民族地区的文化以及维汉双语、藏汉双语的翻译和转化知识与技能，以帮助他们更好地适应民族地区的教育工作。

访谈者：你们现在都开设了哪些和你们当老师有关的课程？

学　生：班级管理、小学语文研究课，主要就是通过动手合作、小组讨论、玩游戏等方式展开的。

访谈者：你们还想开设哪些课程来提高自己的能力呢？

学　生：我是维吾尔族的，我的汉语说得不好，但我以后又想教小学语文，所以我希望开设维汉双语的口语和翻译课，我们很多同学都希望学好汉语。

（四）师范生对培养模式的建议

虽然教师是学生成长成才的引路人，在学生的学校学习中起主导作用，然而，我们都知道学生才是真正的学习主体，教育教学工作的有效开展更是为了学生德、智、体、美、劳各方面的全面发展，师范生作为未来教师队伍中的一员，他们有权利提出合理的关于师范生培养模式的建议。而作为民族地区的师范生，由于民族地区的特殊性和复杂性，他们更是有权利提出自己的建议和想法。因为没有人比他们更了解什么样的培养模式更加适合民族地区的师范生，什么样的培养模式能够使师范生在未来民族地区的教育工作中发挥自己的价值。因此，我们在做访谈时特地设计了"从你大学学习、实习经历来看，你觉得你们学校在师范生培养方面有哪些不足？你对你们学校今后师范生培养有什么建议？"在问卷调查中也设计了"你对师范生的培育还有哪些意见和建议"这一相关的问题，通过抽取关键词的方式进行统计，发现有51.68%的学生希望学校加强教师技能类训练；有23%的学生希望学校可以延长见习实习的时间；有 5.94% 的学生希望学校增强语言知识的学习；而有 36.95% 的学生则希望学校重视教学方法的指导（如图 3-18 所示）。

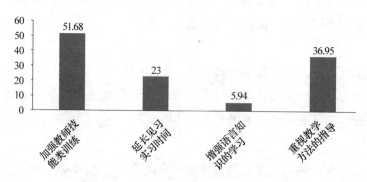

图 3-18　学生对师范生培养的建议（单位:%）

由以上结论可以看出，一半以上的师范生希望学校可以增加对自己未来从事教师职业有帮助的训练和活动，而小部分的学生则希望师范院校给予他们的不只是课程理论知识的灌输，还应该包括更多的实践锻炼机会。无论是训练活动的增加，还是实践机会的增加，对师范生而言，他们都希望学校能够为他们将来从事教育工作打下坚实的基础，做好充足的准备。当然，由于作为民族师范生培养的特殊性，当地的师范院校对英语的教学并不那么重视，学校给予的指导也不够充足，不能满足那些对英语具有热切渴望的师范生的要求。所以在调查中了解到，学生希望学校可以加强对英语教学的重视。

但正是因为民族师范院校自身的特性，维汉双语和藏汉双语成了教师教授和学生学习的重点，而英语的教授和学习并不能很好地适应民族地区教育的特点，所以英语这门学科并不能在民族地区广泛传播，充分发挥其价值和优势。英语作为国际化交流中使用度最高的语言，在民族地区恰恰是使用度最低的语言。

（五）师范生对未来发展的规划

随着科学技术的飞速发展，社会变革的日新月异，师范类大学生的眼界日益开阔。虽然他们从始至终接受的都是一些有关教师教育类的课程和活动训练，但随着他们自我认知的成熟，他们不再仅仅局限于毕业从教这样一条已经限制好的道路。为了更加了解民族地区师范院校师范生的未来规划，在拟制管理者访谈提纲时笔者特地设计了"师范类大学生毕业后的走向"这一问题，同时在对学生进行访谈时，也增加了"你未来有什么规划"这一问题。通过对问卷调查数据进行统计分析（如图3－19）发现，有54.03%的学生计划参加教师招聘考试，有19.99%的学生计划未来将继续深造，有12.99%的学生会考虑自主择业，有8%的学生考虑参加公务员考试，有5%的学生选择大学生自主创业。

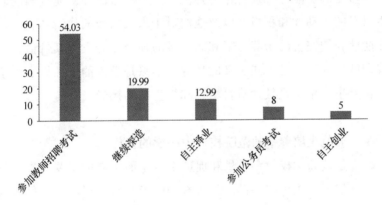

图3－19　师范生对未来发展的规划（单位:%）

　　由此可见，在未来的职业发展和前进道路上，师范生对于自身的未来规划和毕业走向基本上都有一个明确而清晰的目标。作为师范院校培养的人才，半数以上的学生还是会将本专业所学知识应用于实践，选择参加教师招聘考试，其中也包括新疆地区的特岗考试、西部计划等支教活动，最终还是要发挥自己在本地区教育行业中的价值。除此之外可以发现，随着社会对于文凭和学历的重视，小部分学生会选择在学业上继续深造，或参加专升本考试，或参加硕士研究生考试，或出国留学，等等，无论是哪种方式的继续深造，都是为了完善自身理论知识的不足和欠缺，都是为了自己能够在未来的社会中更好地获得一席之地。当然，我们还会发现，随着社会压力的不断增大，民族地区师范院校各方面情况的复杂，师范生的就业会受到一定条件的限制，部分师范生在毕业后不能及时找到适合自己的岗位，他们就会选择参加公务员考试和自主创业。

在师范生培养的过程中，无论是教育部门还是学校自身，应该充分考虑的就是培养主体。我们要培养的是新一代社会主义的接班人，是全面发展的新时代人才，对未来教育有着至关重要的作用。我们必须充分考虑"他们需要的是什么"以及"我们究竟该如何培养才能更好地发挥他们的价值"这样的问题。对于民族地区的师范生培养，师范生参与的可能性必须转化为师范生参与的必然性，充分调动起师范生自身的主动性和积极性以及他们对于未来从教的热情和决心，这样才能使我们完善的培养方案和高质量的师资充分发挥其价值，才能使我们的培养不只是形式主义的教育，不只是学校的硬性规定和学生的应付差事，更不是教师盲目填鸭和学生被动接受。

四 师范生培养中师范院校与中小学的合作

教师是提高学校教育质量和促进学生全面发展的重要因素，是教育改革和发展的主体与关键。只有教师的专业水平提高了，教师教育质量才能得以提高，课程改革才能顺利实施和推进。

（一）合作双方在合作过程中的基础

大学与中小学要想实现有效的合作，就必须确立共同的发展基础。大学和中小学的合作是具有互惠性的，只有合作了，才能发展，只有合作了，才能共赢。南京师范大学吴康宁教授认为，要想使大学和中小学得以可持续的深度合作，就必须走文化融合的道路。这种文化融合要求合作的双方面向有关学校教育以及教师教育的问题与前景，一起探索，共同建构，在探索和建构的过程中逐渐形成双方所共有的文化取向。大学和中小学的合作实质上就是理论与实践的融合。

在双方的合作过程中，顶岗实习基地的中小学教师通过置换，到高师院校里去深造和进修，在观念和技能上有了很大的进步和提升，为以后教学工作的开展积累了更多的知识和经验。同时高师院校的师范生通过顶岗实习这个活动，给那些偏远地区的中小学注入了新的活力，带去了不一样的元素。师范生将自己在学校里学到的知识和技能很好地运用到课堂上，既锻炼了自己的实践能力，又丰富了实践的经验，为以后从事教师职业提供了很大的帮助，有利于学生职业生涯的发展。

（二）合作双方在合作过程中的关系

合作双方要想建立成功的合作关系，关键是要建立双方之间的平等互信、彼此依靠、共同进步、共同发展的共生共融的关系，而不是双方仅仅基于自身的利益需要，将对方视作实现自身发展的工具和手段，以致置对方于不顾的地步。双方的关系应该是平等、互利、共享、共赢、共同发展的，合作中所有的参与者，包括实习基地的教师以及顶岗支教的师范生的利益都应该有所兼顾。

大学和中小学应该是一种友好的、共同进步和共同发展的伙伴关系、兄弟关系。双方之间的成功合作在改变中小学教学实践的同时也建构着新的教育理论，所以大学和中小学应该深化彼此之间的合作关系，重新解读彼此在合作过程中的平等地位与关系，重新审视彼此在合作过程中所取得的成就，重新认识彼此在合作过程中所取得的进步与发展。要把这种合作的理念深入双方参与者的思想当中，消化理解并主动践行到实际的行动中去，发挥自己的才能，以此推进我国教师教育事业的蓬勃发展。

（三）合作双方在合作过程中的制度保障

大学与中小学双方之间的顺利合作，需要一定的制度做保证。首先，大学和中小学要寻找和自己具有共同理想和信念的学校，与对方建成合作共同体。地方政府可以给予一定的支持，为双方的顺利合作搭建平台，教育行政部门应该协调双方组建领导班子，并赋予其必要的权力，使双方能够共同分享彼此的教育教学资源，促进合作的完成。其次，当前中小学教师的评价机制只是看学生升学率的高低，而大学则是看教师每年的科研成果和发表在期刊上的文章的数量。显然，这种评价机制对于大学和中小学的合作环境是不适宜的，所以有必要针对此种环境来设计一套新的评价制度和体系。最后，大学和中小学合作的顺利展开需要投入足够的经费做支持和保障，因此教育行政部门要设立专门的基金，下拨足够的经费来保证顶岗实习基地的建设与运行，也可以通过企业资助等形式来筹措资金。此外，还要建立专门的部门来管理这笔专项资金，以保证资金能够用到需要的地方。

（四）双方合作中存在的问题

开展师范生实习支教工作，不仅有利于师范生所学知识实现从理论到实践的转换，也有利于帮助农村中小学提高师资水平，促进素质教育的全面实施。就工作成效而言，学校安排高年级师范生到当地中小学开展实习支教，在较大程度上缓解了所支教的当地中小学师资相对匮乏的现状，对充实当地中小学教师队伍，活跃当地教育教学氛围，推动当地教育事业发展起到了积极的促进作用，受到支教当地教育主管部门及各中小学师生的普遍欢迎。

但是，从访谈中了解到，总体上有很大一部分实习生对实习学校不了解，且了解方式比较单一。这在一定程度上会影响实习生实习前的准备工作，尤其是心理准备，不少实习生在到达实习地点后，实习环境与想象中的情景相差甚远，心理落差比较大。这种情况主要与学院对实习基地学校缺乏了解，给实习生介绍实习基地学校情况的不充分有关。根据调查结果可对实习中所出现的问题总结如下。

1. 师范生对民族地区农村小学的学情不熟悉，影响备课水平

经过访谈，我们发现大多数民族地区师范生认为在教学过程中，普遍存在着重理论讲解、轻技能训练，教学内容空洞、陈旧、乏味，教学体系和教学手段单一的现象，很少结合当地小学课堂所出现的案例进行分析，使学生缺乏理论与实践相结合的练习机会。师范生到农村小学顶岗时发现，有许多备课模式和教学方法是不切实际的，致使师范生的教育实践与农村小学的教学需求相脱节，从而影响了教育实践的效果。

2. 师范实习生无法满足当地"双语"教学的需要

作为民族地区，乡镇学校的少数民族学生多，汉语能力相对比较弱，对全汉语授课还不能完全接受，需要大量懂少数民族语言的汉族

实习生和汉语基础好的民族实习生，但是汉族实习生懂少数民族语言者寥寥无几，这些实习生与实习学校的学生交流起来比较困难，上课效果不是很理想。实习学校的领导、教师和学生普遍反映，实习生不懂少数民族语言，直接影响着他们的教学效果。我们在访谈中也发现，大约有超过2/3的学生认为，实习支教最大的困难是语言问题；大约有一半的学生建议在实习支教前加强少数民族语言口语的培训。

3. 顶岗实习专业不对口，影响实习的效果

师范生实习支教工作主要是按照学校与地区教育主管部门对接的方式进行的，虽然便于统一管理，但存在实习生的供给与实习基地的需要在数量和结构上不相匹配的现象。学校派出的实习生并不能完全按照当地中小学需要的专业、学科被分配，实习生跨专业实施教学的现象很普遍，实习效果和质量难以得到保证。此外，个别学校在分配实习生时，没有从中小学师资缺乏的现状出发，而是通过行政手段过分干预实习生实习地点和数量的分配。有些学校师资力量相对雄厚却接收了数量较多的实习生，而教师真正比较匮乏的偏远学校，因当地教育主管部门出于安全考虑，不分配实习生前往该校实习，致使真正需要援助的偏远学校得不到实习生的援助，使"实习"和"支教"的效果大打折扣。从对某学校专家和管理者的访谈中可以了解到实习专业不对口的具体情况。

访谈者：您认为教育实习主要存在哪些问题？

教师：地区经济条件的局限导致乡镇学校的教师结构严重不均衡，不同条件学校的师资配备严重不平等。我们的学生在实习期间没有时间听课就直接走上了讲台，有些学生的专业明显不对口，却不得不按照当地学校的分配而继续实习。学校应该根据当地中小学的需要去安排学生实习，应该考虑好学生的专业对口性，做好提前联系工作。

教务处长：管理理念不一样，学生实习专业不对口，教学效果不是特别好，政治意义大于实践意义。

4. 实习学校支持力度不够，影响学生教学技能的提高

多数民族地区农村小学都十分愿意接受顶岗实习生，其主要原因是急缺在岗教师，教学任务无法安排，他们把顶岗实习生看成廉价劳动力，一切事务都推给实习生，却未对实习生进行应有的培养和指导。实习生在教学中一旦遇到问题，完全处于孤立无援的状态。实习本身就是一个知识、技能锻炼和提高的过程，指导教师是关键，如若教师缺乏对实习生从教技能的指导，那么实习生的教学技能就难以得到提高。

以上种种情况不由得让我们想到，西北少数民族实习支教在师范生学习过程中起着十分重要的作用，如何做才能更好地发挥它的真正价值呢？因此，必然离不开师范院校和当地中小学的密切合作，只有密切合作才能使师范院校培养出来的师范生更加符合当地中小学的需求，只有交流沟通才能更好地为师范生的实习搭桥铺路。通过访谈某学校教师，可以了解到该校与中小学的合作较为紧密，能够满足学生的实习诉求。

访谈者：在师范生培养上，你们学校与中小学是怎样合作的？

教师：学校安排教师先去当地中小学实习，以亲身经历来教给学生如何做好一名实习支教老师，如何更好地在实习期间获得更多、学到更多。

访谈者：你们的合作学校能不能满足学生的实习需求？

教师：学校在顶岗实习期间能够为学生提供充足的工作、学习的机会，保障学生的基本生活需求，以满足学生的学习需求。

（五）优化双方合作的策略

1. 实习学校应该加强与被支教地区的沟通联系

学校要保证实习支教科目与师范生所学专业一致或相关，使师范生在实习支教期间能够充分利用在校所学专业知识，学以致用，提高自己的专业教学水平。这需要学校加强与被支教地区学校的沟通联系，保证实习支教期间师范生得到应有的教学实践锻炼，使师范生在

实习支教期间能正常地参加教学活动。①

2. 实习学校应该与中小学建立合作关系

在关于实习学校与中小学建立合作关系的问卷调查中（如图3-20所示），在"学校是否与民族地区的中小学建立密切联系"的选项中，甘肃有51.69%的样本学校与中小学保持着密切联系，青海有28.95%的样本学校与中小学保持着密切联系，新疆有33.44%的样本学校与中小学保持着密切联系，宁夏有13.97%的样本学校与中小学保持着密切联系。

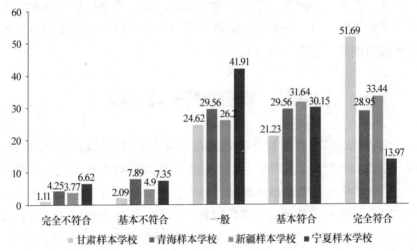

图3-20　与民族地区中小学建立密切联系（单位:%）

师范院校可与顶岗实习学校协商，将小学优秀教师、班主任、校长或教研员等"请进学校""请进课堂"作报告、作讲座，甚至承担某些实践性较强课程的教学任务等，为师范生传经送宝，搭建理论和实践沟通的桥梁，提高教育教学的针对性和实效性。同时师范院校应长期对农村小学提供多方支持，如积极参与基础教育改革实践，在教师培训、教育教学研究和咨询等方面为农村小学提供多样化的教育服务。

① 任翠:《新疆高校师范生实习支教问题及对策研究》,《教学研究》2015年第9期。

3. 支教的中小学要有效落实实习支教的各项工作

在对于实习学校建议的教师访谈中，有教师表示："实习学校应该保持一种好的姿态，欢迎广大的实习生到校实习，为学生的实习提供有利的条件。"提高被支教学校对大学实习支教工作的重视程度是保障大学师范生实习支教教学质量的重中之重。师范生在实习支教过程中如果得不到被支教学校教师的专业指导，对师范生实践技能的提高是没有帮助的。被支教学校应当加强原任课教师的指导作用，采用有效的考核和激励机制，充分调动原任课教师指导实习生教学的积极性，使原任课教师在顶岗实习中积极主动地帮助实习生，传授中小学课堂教学和组织等的切身经验。除此之外，被支教学校还应该对大学实习支教工作予以充分重视，采取必要的措施来保障师范生实习支教期间得到各方面能力的提升和发展。

第四节　职前职后一体化建设

长期以来师范教育被分为教师的职前培养和职后培训两个系统，就一般意义上理解，教师职前培养是指师范院校对志愿走上教育教学岗位的青年学生进行的职业准备性教育，主要是各省区教育厅按照培养方案中对于未来教师的要求将培养任务下达至各个省市的教育管理部门。然后再由各个地方的教育管理部门分配给各个高等师范院校，完全由高等师范院校承担对其的培养教育工作。教师职后培训是指师范院校对已经走上教育教学岗位的教师所进行的提高性教育。在既往的师范教育实践中，职前培养和职后培训面临着不同的客观条件，两种类型的师范教育也有各自的模式和不同的惯常性做法，这就在客观上形成了教师职前培养和职后培训的不同特点，造成了职前培养和职后培训各有优势和不足。

一　职前职后一体化制度化建设

（一）国家相关政策规定

1975 年，联合国教科文组织在第 35 届国际教育会议上通过的

《关于教师作用的变化及其对于教师的职前教育、在职教育影响的建议》特别强调了教师职前培养与职后培训相统一的必要性。1996 年，在《教育——财富蕴藏其中》的报告中又一次强调要把终身教育放在社会的中心位置上，重新考虑并沟通教育的各个阶段。所谓一体化，其核心就在于要将教师的成长与发展视为一个连续的过程，并在这个连续过程中始终为教师提供持续的培养、培训，使教师终身受到连贯的、一致的教育。[①] 20 世纪 90 年代末期以后，我国对教师教育进行了改革。1999 年 6 月，中共中央、国务院颁布了《关于深化教育改革 全面推进素质教育的决定》，该决定提出，要"加强和改革师范教育，大力提高师资培养质量。调整师范院校的层次和布局，鼓励综合性高等学校和非师范类高等学校参与培养、培训中小学教师的工作，探索在有条件的综合性高等学校试办师范学院"[②]。

2001 年颁布的《国务院关于基础教育改革与发展的决定》第 28 条规定："完善以现有师范院校为主体，其他高等学校共同参与、培养培训相衔接的开放的教师教育体系。加强师范院校的学科建设，鼓励综合性大学和其他非师范类高等学校举办教育院系或开设获得教师资格所需的课程。"[③] 2002 年，全国教师教育工作会议重申了开放性建设的发展目标，"十五"期间教师教育事业改革与发展的主要任务是初步形成以现有师范院校为主体，其他高等学校共同参与，培养和培训相衔接的开放的教育体系。2010 年，根据党的十七大关于"优先发展教育，建设人力资源强国"的战略部署，为促进教育事业科学发展，全面提高国民素质，加快社会主义现代化进程，制定《国家中长期教育改革和发展规划纲要（2010—2020 年）》。2011 年，教育部制定《教育部关于大力推进教师教育课程改革的意见》，为贯彻落实

---

① 华东师范大学课题组：《师范教育发展战略研究：目标、对策与措施》，《高等师范教育研究》2001 年第 2 期。

② 教育部政策研究与法制建设司：《现行教育法规与政策选编》，教育科学出版社2002 年版。

③ 同上。

教育规划纲要，深化教师教育改革，全面提高教师培养质量，建设高素质专业化教师队伍，推行了教师教育课程改革和实施《教师教育课程标准（试行）》。

（二）学校的政策和制度建设

为了突破弊端凸显的传统师范院校培养师范生的职前培养模式（师范生培养模式是指对师范生实行四年一贯制的培养，该模式下主要开设的课程有：大学通修课程（通识课程）、学科必修课程和专业必修（选修）课程，教育学科课程作为专业必修课程的一部分，占总课时的 7% 到 10%，其中包括 1 周教育见习和 6—8 周教育实习，教育学、心理学等教育学科课程达到规定的学分，再有一份实习鉴定，就可获得教师资格），不同的学校针对不同地区的特点制定了不同的培养政策。以甘肃某师范大学为例，其《大学教师教育改革行动计划》内容包括：深化改革，创新模式，构建符合现代教师教育发展趋势，适应基础教育改革与发展需要，充满生机与活力的新型教师教育体系；实现专业教育与教师教育的分离；加强教师教育的师资队伍建设；加强教师教育的课程资源建设；加强教师教育的教学改革；加强实践性教学环节；加强领导、明确职责，确保教师教育改革的顺利推进；加大投入力度，为教师教育改革与发展提供保障。该学校的改革逐渐趋向加强学生实践能力的培养，如在对该校教务处处长的访谈中，他讲道："所有选修教师教育的学生，在教育实习前必须由教育学院组织进行微格教学的练习。""我校教师教育改革目前实行'4+0'模式，即学生在 4 年大学期间，完成专业教育的任务，达到专业本科毕业水平并获得相应的学士学位。同时，在 4 年学习期间选修教师教育的课程，达到教师专业的要求，获得教师资格证书。待条件成熟后逐步向'4+1'和'4+2'模式过渡。"对于师范生的培养模式，在访谈另一位教务处副处长时，他谈道："学校培养模式分为专业教育和实践环节。教师教育课程由原来的 28 个学分增加到现在的 35 个学分，进行 3 年的专业学习，最后由教务处和团委共同培养，在周末开展学生普通话、信息技术和班级管理活动的培训。大四的时候进行 10—12 周的实习，返校后对自身的实习工作进行反思、总结，学校面向全体师范生举办教学技能大赛。聘请中学特级教师和专家进行评价。"

从该校的文件《创新教师培养模式 推进教师教育改革——L 师范大学教师教育改革行动计划实施工作总结》中也可以看到，2004 年，学校在原教育科学学院的基础上改建成立了教育学院和教师培训学院。把"初步构建现代教师教育模式"作为学校"十一五"发展的重要任务之一，明确提出了教师教育改革的工作思路："推进教师教育改革，建立教师教育课程模块，整合教师教育资源，建立由各学院进行学科专业培养、教育学院进行教师教育培养的新体制；积极探索教师专业化培养的新模式，为地方农村基础教育培养更多高水平师资；努力扩大继续教育规模，推进继续教育五年教改工程，积极发展现代远程教育，构建职前职后一体化的教师教育体系。"

在调研过程中我们发现，该校已经取得的成就有：该地区教师教育与学科教育分离的教师职前培养机制基本形成；适应基础教育改革发展的教师教育课程体系初步构建；立足基础教育改革发展的教师教育类课程相继开发；提升师范生专业技能的从师技能整体训练模式逐步推进；强化师范生实践能力的教师专业能力训练中心基本建成；多学科联合编队的教育实习新模式不断完善；互利双赢的学校与实习基地的合作关系不断拓展；职前教育、职后培训、高层次师资培养良性互动的一体化机制初步形成；符合新时期教师教育培养要求的教师教育师资队伍结构不断优化；教师教育改革的辐射带动作用明显增强；根据国家颁布的教师教育课程标准和"卓越教师培养计划"，进一步创新和完善了教师教育培养模式；充分利用该校教育学科方面的资源优势，完善了高水平教师教育培养体系；统筹考虑本科、教育硕士、教育博士培养的衔接和整体优化改革，推动教师教育改革向纵深层次发展；健全"职后培养"教育体系，通过教师培训建立学校与中小学的密切伙伴关系，增强学校为基础教育服务的职能。

二　职前职后一体化对教师专业化发展的诉求

教师教育一体化改革适应了社会和教育的改革要求，针对现有师范教育中职前职后隔离、体制机构各自为政、教育内容重叠交叉、资源配置不合理等问题，依据终身教育思想、教师职业生涯理论以及资源优化配置的原则，试图构建一个体系完善、结构合理、内容科学的一体化教师教育模式。为促进中学教师的专业发展，建设高素质的中学教师队伍，根据《中华人民共和国教师法》和《中华人民共和国义务教育法》，教育部特制定《中学教师专业标准（试行）》。该专业标准树立了对教师专业素质理解的四个基本理念：师德为先、学生为本、能力为重、终身学习。

本节致力于师范生培养研究，从专业理念与师德、专业知识、专业能力三个方面阐述专业标准的内容。

（一）教师专业理念的需求

对教师的职业理解与认同是提升专业理念与师德的首要条件，也是教师专业化的必经之路。在师范生对民族地区教师职业理解和认同的问卷调查中发现，有 69.32% 的学生对"我对未来在少数民族地区从事教师工作充满信心"给予肯定回答，但约有 14.64% 的师范生回应不够肯定。在学生对民族文化的理解方面，有 71.65% 的学生表示比较理解或完全理解，但也有 14.64% 的学生对文化的理解不够。在学生对未来工作区域选择方面，有 69.32% 的学生表示喜欢在西北少数民族地区工作。有 14.84% 的学生表示不愿意。在对这三个问题的回答中，有 55.86%、53.75%、55.86% 的学生表示一般，说明在师范生的培养中，只要加强相关内容的研究、学习与实践，民族地区师范生的专业理念、专业认同等会得到很好的发展（具体情况如图 3 - 21 所示）。

从下面的访谈中我们也可以看到：不同学科，文理科学生对于师范类大学与师范专业的选择各有不同，有的学生选择师范大学或者师范专业可能是出于兴趣爱好，但有的学生是因为高考分数低而选择的。之后我们又对该校的马克思主义学院、外语系、生物系三名学生进行了访谈。

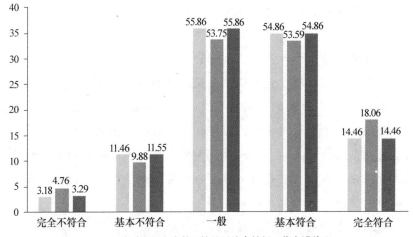

图3-21　师范生对民族地区教师职业的理解与认同（单位:%）

访谈者：请问你是学什么专业的？今年大几？你喜欢你的专业吗？

学生：我的专业是思想政治教育，今年大四，相较于我的本专业思想政治教育，我更喜欢传媒专业，也更倾向于朝传媒方向发展。因此，我参加了学校的"金话筒"比赛，并且下周会到省师范大学进行比赛。

访谈者：那你当时为什么选择这个专业？

学生：当时选择思想政治教育这个专业是因为我们学校这个专业的就业环境非常好，但是由于现在考试有了专业限制，导致现在的就业环境不乐观，就业难度增大了。

学生：我的专业是生物，今年大四，我挺喜欢我的专业的。从初中第一次接触生物，我就对这门学科产生了极大的兴趣。

学生：我的专业是外语，今年大四，我是因为喜欢外语才报考这个专业的，但是真正学习了之后发现学习任务重。从喜欢到完成任务，这个转变让我没有那么喜爱外语了。

访谈者：请问你为什么选择师范大学？

学生：首先，对于我们专业来说，有50%的学生是觉得好就业。我们学校有70%的少数民族学生，34%是藏族，少数民族就业更容易。其次，这个学校对于我们大多数学生来说就在生源地附近，所以离家近也是选择这里的一个因素。再次，我们学校高考招生有补录情况，会降分录取，我就是因为分数的原因来到了这里。最后，我们学校有针对少数民族的优惠政策。

学生：主要是因为我想当老师，小的时候就觉得老师很神圣，很伟大，就有了当老师的理想。我家里人都是医生，更想要我从事医生这一职业，但我还是决定实现自己当老师的理想，于是选择了这里。

学生：因为我们学校的高考招生的分数线相对不高，我的分数正好够学校的录取线，所以就报考了这个学校，但是并不一定会当老师。

（二）教师专业知识建构的需求

《中学教师专业标准（试行）》对于师范生的专业知识要求主要包括四个方面的内容："一般教育知识""学科知识""学科教学知识""通识性知识"。

从甘肃某师范学院的课程改革文件中可以看到，在课程设置方案制定过程中，坚持以"通识教育基础上的专业教育"思想为指导，积极探索学术教育与职业教育相融合，本着分类培养原则，分师范类、非师范类两种类型确定课程体系。师范类专业课程设置包括通识课程平台、专业课程平台和职业课程平台。通识课程平台包括通识1课程（综合素质课程·必修）、通识2课程（人文与科学素养课程·选修）、通识3课程（活动课程·选修）三个模块。专业课程平台包括专业基础课程、专业发展课程、专业选修（方向）课程、专业实践四个模块。职业课程平台（师范类专业职业课程平台为教师教育课程平台）包括职业理论课程、职业技能课程、职业实践三个模块（如表 3－5）。

表 3－5 　　　　　　　　　　　**甘肃某师范学院课程安排**

通识课程平台	通识课程 1（综合素质课程模块·必修）课程模块	思想道德修养与法律基础	中国近现代史纲要	大学英语	
		马克思主义基本原理	民族理论与民族政策	大学体育	
		毛泽东思想和中国特色社会主义理论体系概论	形势与政策	大学计算机基础	
		大学计算机基础	创业基础	大学生就业指导	
		大学生职业生涯规划	军事理论和军事训练课程		
	通识课程 2（人文与科学素养课程·选修）课程模块	文学与艺术	社会与历史	语言与能力	
		数学与科学	政治与经济		
	通识课程 3（活动课程·选修）课程模块	社团活动	科学研究与学术报告		
		社会实践	公益劳动		
专业课程平台		专业基础课程模块	专业发展课程模块		
		专业选修或方向课程模块	专业实践模块		
教师教育课程平台	教育理论课程模块	基础心理学	教育学原理	现代教育技术应用	教育心理学
		中小学×××学科教学设计		根据教育部关于大力推进教师教育课程改革的意见	
	教育技能课程模块	教学实务		教师教育职业技能训练	
		中小学×××学科课程标准及教材研究系列专题		×××学科综合实践活动系列专题	
	教育实践模块	教育见习与实习			

通识课程的学习是师范生实现教师专业化的基础性知识，教师教育课程的学习使师范生拥有成为一名好教师的必备知识，专业课程的学习使师范生拥有由学生到教师并逐渐迈向教师专业化发展的支撑性知识。三种课程的选修和学习是师范生职前教育的必经阶段，同时为教师职后教育提供理论支持。

　　在宁夏某大学的培养方案中，我们了解了教育技术学专业、学前教育专业和小学教育专业三个专业的课程选修情况。从学分和学时的比例课时中可以看出，相较于教育技术学专业，小学教育和学前教育增设了教师教育必修课和教师教育选修课这两块内容。而在课程的安排上，对通识教育必修课，各个专业的课程安排都一样，包括思想政治教育类课程，大学计算机文化技术基础、大学英语、体育、军事理论与军事技能训练等（如表3-6、表3-7、表3-8所示）。

表3-6　　　　　　　宁夏某大学教育技术学专业学时及学分

课程类别	学分	学时
通识教育必修课	43	736
通识教育选修课	10	160
学科基础课	18	288
专业必修课	47	752
专业选修课	20	320
集中实践教学环节	14	24（周）
创新能力实践环节	8	0
总计	160	2256

表 3-7　　　　　**宁夏某大学学前教育专业学时及学分**

课程类别	学分	学时
通识教育必修课	43	736
通识教育选修课	6	96
学科基础课	10	160
专业必修课	44	704
专业选修课	19	496
教师教育必修课	14	224
教师教育选修课	12	192
集中实践教学环节	24	33 周
创新能力实践环节	8	0
总　计	180	2608

表 3-8　　　　　**宁夏某大学小学教育专业学时及学分比例**

课程类别	学分	学时
通识教育必修课	43	736
通识教育选修课	6	96
学科基础课	10	160
专业必修课	46	752
专业选修课	12	192
教师教育必修课	14	224
教师教育选修课	12	192
集中实践教学环节	24	33 周
创新能力实践环节	8	0
总　计	175	2352

在对民族地区师范生的课程选修情况进行了解后，我们还对学生进行了问卷调查。在对民族地区师范院校是否开设有关民族地区教师课程的调查中发现，有41.68%的学生认为学校开设了此类课程，24.17%的学生认为学校没有开设这些课程，还有34.1%的学生表示一般，这与学生对民族地区课程内容与教师工作关系的相关性理解有着密切的关系。学习民族地区的文化、艺术等是在民族地区开展教师工作的重要因素。调查发现，有46.09%的学生表示选修过有关少数民族文化、艺术等方面的课程，有22.22%的学生表示没有选修过，有31.81%的学生表示一般。而且，有44.57%的学生表示自己选修了很多与教师工作有关的课程，但也有15.7%的学生表示自己选修得不够。另外，55.44%的学生认为自己积累了做一名学科教师应该具备的专业知识，但也有36.21%的学生认为一般，还有8.93%的学生认为不符合要求，说明学生对从事教师工作知识积累情况表示认同的状态一般（如图3-22所示）。

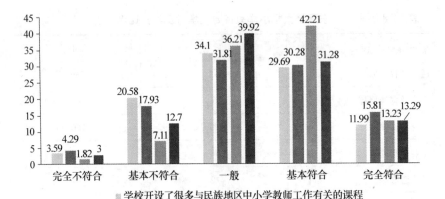

图3-22 民族地区师范生教师专业知识课程选修情况（单位:%）

（三）教师专业能力培育的需求

教师专业能力主要指教育教学能力和专业发展能力，专业能力是教师有效组织教学活动的硬性条件。《中学教师专业标准（试行）》规定的教师专业能力包括六个部分：教学设计、教学实施、班级管理与教育活动、教育教学评价、沟通与合作和反思与发展。我们针对师范生的教学设计、教学方式、班主任工作以及学生积极性方面进行了调查分析（如图 3 – 23 所示）。

教学设计也是教师专业发展的重要表现，在《中学教师专业标准（试行）》中，科学设计教学目标和教学计划；合理利用教学资源和方法设计教学过程；引导和帮助中学生设计个性化的学习计划这三项都是教学设计的重要指标。据调查分析，有 48.56% 的学生在实习前感觉到自己有足够的能力进行教学设计，有 45.27% 的学生认为自己有足够的能力变革教学方式。但有 39.92%、38.92% 的学生对自己的教学设计能力与变革能力的认同表示一般。

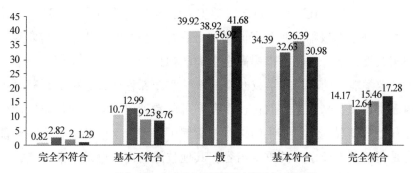

图 3 – 23　民族地区学生的教师专业能力自评情况（单位:%）

班主任是班级学习与班级管理的重要指导者，对于班级师生、生生关系的处理起着非常重要的作用。《中学教师专业标准（试行）》规定的班级管理与教育活动的具体内容（部分内容）有：建立良好的师生关系，帮助中学生建立良好的同伴关系；根据中学生世界观、人生观、价值观形成的特点，有针对性地组织开展德育活动；针对中学生青春期生理和心理发展的特点，有针对性地组织开展有益身心健康发展的教育活动；有效管理和开展班级活动，等等，这些内容也是衡量一个优秀班主任的重要指标。其中有51.85%的学生表示自己能够胜任中小学班主任工作，有36.92%的学生表示能力一般，也有11.23%的学生表示能力不够，这说明在学生班主任工作的培养方面还有较多的实践性知识与能力训练的余地。

通过启发式、探究式、讨论式、参与式等多种教学方式有效实施教学，营造良好的学习环境与氛围，激发与保护中学生的学习兴趣，调动学生的学习积极性是教学实施的重要内容。在西北少数民族地区师范生教师专业能力情况的调查中发现，西北少数民族师范生在实习前对自己充满信心，有48.26%的学生认为自己有足够的能力调动中小学学生的学习积极性，但有41.68%的学生在调动学生积极性能力方面表示一般，还有10.06%的学生表示没有足够的能力。这进一步说明在师范生教师专业能力训练方面需要较多的实践机会，需要较多的实践能力训练课程，以提高学生的从师技能。

教学能力的养成在学校开设的教学实践课程外，学生的课外学习也极为重要，从对学生的访谈中我们可以看到他们对于教学技能的学习和锻炼情况。在对学生的访谈中我们了解到，学生的语言水平与能力是影响其专业学习的重要内容，其他技能的训练也是非常关键的。

访谈者：你的汉语水平怎样？学校平时有没有开设汉语演讲比赛、汉语诗歌朗诵比赛、开办汉语口语角等来提高你们的汉语水平？你们有没有专门开设有关写作和口语表达能力的课程？

学生：我的汉语水平是二乙，我平时是通过同伴的监督和矫正来帮助自己提升汉语水平的。学校针对少数民族学生一直开设有普通话演讲比赛，汉族学生有辩论赛。没有专门开设有关写作和口语表达能力的课程，但很多课程的老师都会把主动权交给学生，让学生自己去准备、训练，从而自然而然地提升口语表达能力。

访谈者：你们开展了哪些教师职业技能训练的课程和活动？这些课程和活动对于你从事教师工作有哪些影响？［比如说三笔字训练、板书训练、说课技巧（语速、语调、逻辑方面等）、微格训练课］。平时是否有教师职业技能大赛？你是否参加过此类比赛？此类比赛对你是否有帮助？

学生：我们有微格课堂来进行讲课方面的训练，还发过小黑板让我们自己练习粉笔字。平时有教师职业技能大赛，一般在 11 月，这两天我们学院都有做海报的。我虽然没有参加过，但我觉得参加是有帮助的，会提升自己的自信心，并且在教师技能如板书的书写、课堂设计、课程挖掘方面都会有很大的提升。

（四）加强职后教师实践知识的培训

青海省位于我国西北部少数民族地区，幅员辽阔，民族众多，区域内经济发展的不平衡在教育方面表现得尤为显著，广大偏远农牧地区学校的基础教育是十分薄弱的。针对地区实际情况，国家开展并大力实施青海省农牧区中小学教师远程网络培训计划，该项目涉及区域广泛，参与学习人员众多。在调研中了解到，青海依托省内外各培训点，采取"一对一"跟岗培训、集中培训、承包式培训及送教下乡等方式，已对省内 1700 余名民族地区双语中小学教师进行了专业培训。据了解，青海省 2015 年计划培训双语教师 2900 余名，将依托青海师范大学和青海民族大学的专业师资培训力量，对省内六州藏区汉语文教师、藏语文教师、英语教师、数理化、政史地双语教师进行 21 天至 4 个月不等的"回炉式"培训。与此同时，青海以西宁地区教育教学理念一流、学校管理一流的中小学校为基地，对省内民族地区学校的校长进行一轮现场培训；以黄南州为突破口，以"名校承包制"模式，建立了省级示范性中学青海师大附中承包黄南州初、高中双语骨干教师的培训机制，打破了教师传统、封闭、保守的教学方式。① 上述做法对于青海地区双语师资的培养具有促进意义，同时也

---

① 王英桂：《青海：民族地区双语中小学教师"回炉"练本领》，《中国教育报》2014 年 10 月 27 日第 3 版。

对民族地区教师教育的改革具有现实意义。

表 3 - 9　　青海"国培计划"（2014）农牧区中小学教师远程网络培训

地区	工作坊（个）	学员数（人）	登录学员数（个）	登录比例（个）	必修作业数（篇）	选修作业数（篇）	文章数（篇）	评论数（篇）	学习简报数（篇）
海东地区	0	1258	1258	100.0	3156	4021	13234	68337	147
黄南藏族自治州	0	114	92	80.7	185	209	662	2382	0
海南藏族自治州	0	99	99	100.0	217	181	712	3887	6
玉树藏族自治州	0	245	245	100.0	568	427	1667	13720	15

　　研修区域如表 3 - 9 所示，包括海东地区：平安县、民和回族土族自治县、乐都县、互助土族自治县、化隆回族自治县、循化撒拉族自治县等，此外还包括黄南藏族自治州、海南藏族自治州、玉树藏族自治州。课程资源包括高中阶段的数学、语文、英语、物理、化学、生物、地理、历史、体育、音乐、美术、政治、信息技术、通用技术等。据 2012 年有关数据，农牧区中小学教师培训项目，通过置换脱产研修培训教师 450 名，短期集中培训教师 1154 名，远程网络培训教师 11679 名。[①] 方便快捷的网络资源为教师的学习和自我发展提供了一个快捷的渠道，也为解决青海地区所存在的区域教育不平衡问题探寻出一条合理的路径。

　　我国为了提高教育的质量进行着各种教育改革，在教师教育改革领域里，从全局的角度出发，教师教育一体化可以说是一个共识问题。在现实的教育情境中，职前培养和职后培训各自独立和相对封闭造成了教师成长过程的不连贯，而职前培养和职后培训各有所偏颇更

---

　　① 《1.36 万青海教师通过远程网络接受"国培计划"》，《中国教育报》2012 年 8 月 31 日第 7 版。

是造成了教师素质整体上的缺陷。这些都是与现阶段教师终身教育的理念和要求不相适应的，客观上也限制着教师培养的质量。虽然教育部也针对此类问题出台了有关的法律法规，但是这并没有从根本上解决问题，究其原因是多方面的。一方面是缺乏对入职青年教师的培养，也就是教师的职后培训；另一方面就是高等师范院校对未来从事教师职业的师范生职业认识不足，致使高师院校的师范生很难适应从学生到教师的角色转变，尤其是在师范生教育与在职教育之间的割裂问题上，导致教师教育的一体化难以实现。[①] 为此，要把师范生的职前培养和职后培训连接起来，实现二者的一体化，只有这样，才能实现教师职业的专业化发展，提高教师培养的有效性。而改变这种状况就必须强化职前培养和职后培训的内在有机联系，将职前培养和职后培训整合为完全意义上的教师终身教育，这便是我们所理解的职前培养和职后培训"一体化"的过程。

三　职前职后"一体化"的思考

（一）教师素质养成目标体系的一体化

教师的终身教育是一个统一而循序渐进的过程，因此必须依据国家的教育方针，参照优秀的中小学教师的素养水平和素质结构，处理好现实与理想的关系，从满足实施素质教育的需要出发，确立一个统一的教师素质目标体系，使教师在接受终身教育的过程中一直保持着不懈的追求，使少数民族地区师范院校职前培养和职后培训的所有工作始终围绕着这一目标而展开。民族地区教师素质目标体系的养成，并不是一朝一夕能完成的工作，这是一个非常严肃、严谨的基础性工作，需要组织精干力量认真进行研究。

（二）教育教学活动规划的一体化

统一的教育教学活动规划是对教师终身教育的整合计划。它是通

---

① 郝向鹏：《高等师范生职业准备研究——以广西师范大学思想政治教育专业为例》，硕士学位论文，广西师范大学，2008年。

过综合考虑各种因素，对教师终身教育的教学活动、实践活动、教育教学内容、教育教学方法和手段等进行的全程安排。科学的教育教学活动规划可以有效地避免实践中的迷茫，增强工作中的连贯性、预见性和规范性。教师作为教育教学活动的主导力量，对教育教学活动的开展有一定的支配权和决定权，所以完善教育教学活动一体化的规划，是对师范生培养的基础性要求，是未来教育工作者必须掌握的基本能力素养。

（三）教育教学内容和教材建设的一体化

根据中小学教师素质养成的目标体系及职前培养和职后培训一体化的整体构想，研究制定各专业科学文化知识和内容体系。总的知识体系既有职前培养又有职后培训，要避免出现重复和严重的缺陷。在专业知识方面突出精和深；在多学科知识方面突出广博性和基础性；在教材建设方面突出特色性和灵活性。加强教学内容和教材建设的一体化，教学内容服务于教材建设，教材建设依托于教学内容，二者的有机结合有助于师范生培养的有效开展。此外，各学科内容的相互交融、优势互补，方便教师和学生把握教材内容，理解教材建设的必要性。

（四）教师教育工作的参与一体化

政府人事部门、教育行政部门、师范院校和作为用人单位的中小学校都应积极参与教师教育工作，政府人事部门要制定有利于促进教师教育工作的用人政策、就业政策，为师范生培养的教育工作提供有效的制度保障；教育行政部门要给予经费和教师奖励政策的支持，做好教师管理体制和教师教育工作管理体制的调整、各方关系的协调，对教师教育工作进行指导；师范院校要对职前培养和职后培训进行深入研究，具体落实职前培养和职后培训一体化构想，加强相关的硬件建设，进一步提高本校教师队伍的素质，切实保证职前培养和职后培训的效果；中小学校则要把好师范毕业生上岗的入门关，防止和杜绝一切不符合教师职业素质的师范毕业生进入神圣的教育工作岗位。此外，对于在职的教师群体，切实督促、支持、鼓励在职教师进行自修和参加培训。

（五）教师管理体系的一体化

这其中有两个重点。其一是中小学教师参与职前职后教育的约束激励机制的一体化，包括对教师业务进修和素质提高方面的考核制度及其结果的合理通用，对教师工作业绩的奖惩，对知识水平、技能水平、教育才能等的重视，打破师范毕业生就业的铁饭碗，对获得职前职后学历教育文凭的资格做严格而全面的规定，等等。其二是师范院校师资队伍建设和管理的一体化，即要通过完善管理机制、强化竞争和增加危机感，全面提高师范院校教师的知识水平、教育教学水平、科研水平和师德水平，从而努力造就一支响当当的从事教师教育工作的教师队伍。

（六）教育资源配置的一体化

在教育用地、经费、设施、设备、人员等教育资源的配置上，要统一调配、统一使用，提高资源的利用率。资源配置更多地属于政府行为，对此，师范教育的改革应尽力争取得到政府部门的大力支持。要实现教师职前培养和职后培训的一体化，首先要努力实现职前职后教育的融合。其次要加强职前职后教育的衔接。一方面要强化师范生的教师职业技能训练和教育教学常规练习，使之能熟练地参与基本的教育教学活动，力求师范毕业生一走上工作岗位就能很快地适应教学工作，完成由学生身份向教师角色的过渡；另一方面在师范毕业生从教之后，要尽快组织他们进行规范化的研讨、观摩、自修和培训，并且要在观念上将自身的进修提高纳入其基本的岗位要求。最后必须改变当前师范院校办学的模式，将师专院校与教育学院两类学校合并，这非常有利于"一体化"思想的落实。合并后的校舍、人员、设施、设备等教育资源的共享为"一体化"的实施奠定了物质基础；统一的管理为教育教学目标、教育教学活动、教育教学内容及教师管理等"一体化"提供了有利条件。但合并只是一种形式和手段，"一体化"在办学方面的关键是要建立一种合理的办学模式，这需要我们根据"一体化"的构想对教育教学观念、教育教学过程、课程内容等进行一系列的改革。这将是一项艰巨的创新性工作，需要我们全体教育工作者共同合作，进行深入的研究，做出长期的努力。

　　1972 年，英国的《詹姆斯报告》把师范教育分成三个连续的阶段：第一阶段是个人教育阶段，又称基础教育阶段，主要是进行师范院校的基础教育；第二阶段是准备教育阶段，又称专业教育阶段或参加教育工作试用阶段，学习内容为教育专业的课程；第三阶段是在职进修阶段，即被录用为教师后的继续教育阶段。《詹姆斯报告》首次提出普通高等教育、专业培训和在职进修三者相结合的教师教育模式，在世界范围内产生了广泛的影响。随后 1974 年联合国教科文组织召开第 35 届国际教育会议，提出教师培养和教师进修统一的必要性，教师教育一体化建设引起人们的广为关注。社会经济与科学技术的飞速发展，新的教育理论的出现，现代化教育技术手段的不断更新，对教育质量提出了更高的要求，教师在教育培训中所掌握的知识技能已远不能满足社会发展与教育改革的需要，因此，职前培养与职后培训一体化已成为我国师范教育改革的必然趋势。职前培养 + 职后培训，其实质就是构建教师的终身教育体系，使职前培养和职后培训相互关联、相互补充，克服各自封闭、相对独立的倾向，实现优势互补和资源共享。

第五节　民族地区师范教育综合改革愿景与实践路径

　　当前，我国师范院校的改革正处在一个非常关键的重要战略选择和重新定位的时期，能否充分认识当前国家和教育改革的大势，把握机遇，确定师范院校改革与发展的方向，形成自己的特色和优势，进而进一步明确师范院校改革与发展的目标，关系到师范院校未来的发展和地位。[①] 科教兴国，人才强国，教育为本，振兴教育，师范必须先行。师范教育是教育事业的工作母机，是教育事业充满生机活力的源泉所在，在实施科教兴国和可持续发展战略中肩负着不可替代的使命。

---

　　① 谢维和：《论师范院校改革与发展的三重目标》，《中国高等教育》2003 年第 8 期。

一　办学目标与课程改革设置

（一）学校办学理念与目标定位

由于我国还处在普及九年义务教育的阶段，受高等教育总体规模尚小、水平不高等因素的影响，师范教育的学历层次一直维持在较低的水平上，即使是以培养高中师资为主要任务的师范本科院校、师范大学，其专业与学术水平同样受到轻视，其师资培养与培训的质量也不断受到质疑。[1] 近 20 年是中国师范教育发展最快、最好、成绩最大的时期，师范院校及各级培训机构建设显著加强，全国大多数地区师范教育的规模和数量已基本上适应了中小学发展的要求。[2] 经过近 20 年的发展，独立设置的各级各类师范院校在师资培养与培训中虽居于主导地位，但其他教育机构共同参与的多层次、多规格、多形式的师范教育格局已初步形成。[3]

西北地区是我国西北内陆的一个区域，在行政区划中包括陕西省、甘肃省、青海省、宁夏回族自治区以及新疆维吾尔自治区五省区，总面积达 306.2 万平方千米，占全国土地总面积近 32%，居住着汉、藏、回、维等近 50 个民族，其中少数民族人口约占西北总人口的 1/4，民族教育事业呈现出多元化特点。[4] 西北地区地理位置的独特性要求西北民族地区的师范院校必须立足于当地自然环境与人文环境，制定相应的人才培养具体目标。

滕星教授根据斯大林的民族定义和有关专家学者对教育的定义，将民族教育的基本概念表述为：民族教育是指对一个有共同语言、共同地域、共同经济活动以及表现于共同的民族文化特点上的共同心理素质这四个基本特征的稳定的共同体的文化传播和培养该共同体成员

---

① 顾明远：《师范院校的出路何在》，《高等师范教育研究》2000 年第 6 期。

② 马立：《把充满生机和活力的师范教育带入 21 世纪》，《高等师范教育研究》1998 年第 1 期。

③ 同上。

④ 李泽林、吴永丽、石小玉：《西北民族地区教师教育改革：从各自为政到合作共赢》，《中国民族教育研究》2014 年第 2 期。

适应本民族文化的社会活动。① 民族地区师范院校的民族教育是民族共同体文化的传播与共同体人才培养的重要途径，因为对一个有共同语言、共同地域、共同经济活动以及表现于共同的民族文化特点上的共同心理素质的任何一个民族而言，它传播的文化绝不限于共同体自身的文化，它培养的共同体成员也绝不仅仅是适应本民族文化的社会活动，比如在中国，少数民族的传统教育可能主要是传播本民族的文化，为本民族培养各种人才，但是现代学校教育产生之后，民族教育就不仅仅是传播本民族共同体的文化，它同样也传播着全世界共同的优秀文化，从培养人才方面来讲，民族教育也不仅仅是培养适应本民族文化社会活动的人才，而是面向本民族、面向全国、面向世界培养各级各类人才。② 比如在西北师范大学教师访谈中，一位教师说道："咱们学校作为传统师范类大学，依然能够保持师范的优势，师范性还是比较突出的，在西北地区的师资培养上做出了很大贡献。据学校统计，咱们学校建校以来共培养师范生 20 万人，基本上都留在西北地区参加教师工作。"在《甘肃民族师范学院教师教育课程改革方案（试行）》中学校的改革目标是以培养专业化教师为目标，坚持育人为本、实践取向、终身学习的理念，创新教师教育模式，强化实践环节，加强师德修养和教育教学能力训练，实现理论型师范专业向技能型师范专业转变，形成学科教育与技能型师范教育并举的师范专业新局面，培养"政治可靠，扎根基层、业务适切"的新型基础教育师资。

（二）学校教师教育课程改革与课程设置

国家教师培养体制正在从过去的封闭型走向不断的开放，不仅独立设置的师范院校可以培养教师，而且综合性大学的教育学院也可以参与教师的培养。在计划经济体制下给予师范院校的"保护地"，已经不复存在，师范院校本身不可能完全依靠传统意义上的这种"保护

① 滕星：《民族教育概念新析》，《民族研究》1998 年第 2 期。
② 王鉴：《当前民族教育领域需要重新理解的几个主要理论问题》，《当代教育与文化》2011 年第 3 期。

地"获得生存，必须开拓新的生存空间，否则，将失去自己的地位和存在的价值。[①] 为了适应当代社会、科技发展和知识转型所带来的挑战，教师教育课程体系的设计要充分利用师范大学学科门类齐全、良好的历史积淀、良好的人文环境以及多年开展教师教育的经验和熟悉基础教育的优势，以现代课程理念为指导，在积极引领基础教育课程改革的同时，实现自身的创新。[②]

为贯彻落实教育规划纲要，深化教师教育改革，全面提高教师培养质量，建设高素质专业化教师队伍，教育部颁发的《教育部关于大力推进教师教育类课程改革的意见》以及《教师教育课程标准（试行）》对教师教育类课程的改革做出整体规划，对以师范院校为主体的教师教育机构提出了改革教师教育课程体系，加强实践教学等系列要求。教育部要求各高校把教师教育课程改革和实施课程标准列入学校发展整体规划。民族地区的师范院校也不断调整着学校的教师教育类课程体系，在响应教育改革的同时也设计出符合民族地区特殊情况的课程方案。

教师教育类课程改革以甘肃民族师范学院改革最为典型。甘肃民族师范学院位于甘、青、川三省藏区交界的甘南藏族自治州，地处内陆边缘，为少数民族聚居区高校，学院藏族学生占30%以上，是内地藏族学生最多的高校。通过访谈我们可以发现，甘肃民族师范学院自2007年开始，连续不断地进行了三轮改革，主要改革了两个方面：一是学期制改革。甘肃民族师范学院实行3学期制，从2000年开始改革，1年为3个学期，2个大学期和1个小学期。每个大学期是16周，小学期是7周，后来改为6周。二是教师教育类课程改革。

第一，优化课程结构。甘肃民族师范学院设置了三大平台，分别是通识课程平台、专业课程平台和职业课程平台。其中，通识课程平台包括通识1课程（综合素质课程·必修）、通识2课程（人文与科学素养课程·选修）、通识3课程（活动课程·选修）三个模块；专

---

① 谢维和：《论师范院校改革与发展的三重目标》，《中国高等教育》2003年第8期。
② 刘旭东：《论师范大学教师教育课程体系的构建》，《高教探索》2009年第4期。

业课程平台包括专业基础课程、专业发展课程、专业选修（方向）课程、专业实践四个模块；职业课程平台（师范类专业职业课程平台为教师教育课程平台）包括职业理论课程、职业技能课程、职业实践三个模块。在访谈中，被访者谈到"课程建设有 7 大模块，其中合格课程、优秀课程、特色课程、精品课程、省级精品课程等课程建设取得了良好进展。例如合格课程建设，本校是实实在在邀请外聘专家，省内省外优秀教师给予指导，还引进省级国家级的网络课程，公共课程就有130 多门，课程教案编写和大纲编写等都是从评选最后到申报。"

第二，优化课程内容。甘肃民族师范学院根据课程标准提出了"教育理念与责任、教育知识与能力、教育实践与体验"三大领域的课程目标与内容标准要求：一是积极拓展教育学科专业课程和教师教育实践课程的广度和深度；二是更新课程中陈旧的知识以及实用性和基础性不强的知识，按照教师资格考试大纲和考试标准的要求，厘清各课程的目标和内容边界，积极整合课程中重复交叉的内容，增强课程在人才培养中的针对性；三是将学科前沿知识、教育改革和教育研究最新成果充实到教学内容中，特别要及时吸收儿童研究、学习科学、心理科学和信息技术的新成果，增加了课堂延伸 5 个环节：课前预习、课后作业、课堂讨论、课堂阅读以及课外活动。访谈中被访者谈道："这些措施对本科专业的推行是很有作用的"。

第三，建立实践教学体系。甘肃民族师范学院进一步强化教师教育技能训练和教师素质拓展。教育教学实践能力是本次教师资格考试改革突出强调的部分，为加强师范生实践能力的培养，构建层次清晰、内容丰富、结构优化、四年不间断、校内校外一体化的教师教育实践教学体系，不断提高学生的教育教学实践能力。在继续推进"援教顶岗"教育实习模式的基础上，逐步形成"学校、地方政府、中小学和幼儿园"密切合作的伙伴关系和共同培养师范生的新机制。

第四，改革教学方法与考核方式。一是大力改进教学方式和教学手段，教学方法改革要突破"五个局限"，分别为教学局限于教书，教书局限于课程，课程局限于课堂，课堂局限于讲授，讲授局限于教材，并进一步落实课堂教学延伸的"五个环节"，造就"知而有识，学而善用"的优秀人才。二是推进考试综合化改革，为适应国家教师资格考试形式和内容变化的要求，全面调整课程学习成绩评定方式，注重能力考核，细化考核要求，增加平时考核环节和内容，加大课外环节的成绩比例，尝试非标准答案的考试试卷模式，逐渐实现向"学一练二考三"的考核方式转变。同时，为适应教师资格考试结构化面试和情景模拟相结合的面试方式，重点加强师范生的教师职业技能训练，尤其是口语表达等基本功的训练。

第五，加强教师教育师资队伍建设。进一步加大教师教育人才引进力度，确保教师教育队伍数量满足教育教学的要求。其一，加强学科教学论教研室建设。将相关专业原有的教材教法教研室，按照一定条件整合现有师资，统一调整为"学科教学论教研室"，负责组织实施本专业教师教育课程建设、实践技能训练等。教学科学系加强教学论教研室建设。其二，加强实践教学指导队伍建设。一要加强校内现有教师教育师资培养。尽快调研出学校教师教育师资队伍现状，明确这支队伍的建设思路、重点及途径。教务处和教育科学系共同制定教师教育师资队伍培训方案，加大理论、实践培训和见习。教务处统筹，积极利用学校附属中学和教育实习基地的有利条件，使所有学科教学设计教师有计划、分期进入附属中学和教育实习基地，进行实岗挂职见习，逐步形成制度，并让这些教师逐步在校内各系试讲以指导教师队伍。二要加强兼职教师队伍建设。按照课程标准实施建议要求，逐步建立高水平的兼职教师队伍，构建由中小学幼儿园名师、区县教研员、教师教育专家组成的兼职教师队伍，形成高校与中小学教师共同指导师范生的"双导师"机制，为学生的专业实习和专业成长提供智力支持和帮助。其三，强化与基础教育有关的教学科研工作。每年设立研究内容为教师教育学科的理论与实践的"校长基金"专项课题，支持学校相关教师和教育实习基地教师共同积极从事学科教学的理论和实践研究。

第六，加强教学实践基地建设。甘肃民族师范学院在现有教学实践基地建设基础上，遴选一批基地，建成稳固的校外中小学、幼儿园教学实践基地，并与其建立广泛的合作，开展基础教育研究、教师教育专业见习、课程见习、课程实训、专业实习、主题观摩等活动，以提高课程实施的有效性。在访谈中谈到这个方面时，被访者说："我们要求学生现场制作课件，说课和讲课，通过网络加实践锻炼，加强学生综合能力的培养。同时也开展教师优秀奖评选，开设针对青年教师的职业技能大赛，让其运用教案大纲进行现场讲课，充分培养出优秀的教师队伍。"

第七，进行分层分级分类改革。这是甘肃民族师范学院针对民族生的改革，针对不同地区学生划定不同的分数线，比如分数线为460—470分，民族生就是410—420分，双语生是380—390分。在课程设置方面，比如大学英语，分为普通类和双语类。大学英语分级教学，有 A 级和 B 级，双语有纯藏语和混合藏语。

第八，实行单休制改革。甘肃民族师范学院实行单休制，每周休息一天。被访者谈到"学校的学期制、单休制的模块化一直不断加强"。

（三）师范教育改革与师范生培养的经验总结与建议

教师培养模式的创新，也是师范院校改革与发展的一个非常重要的目标。而且教师培养及其模式的创新是师范院校所具有的深厚基础和传统优势，是新时期进一步保持和发展自身特色的重要领域，是师范院校参与社会经济文化建设的一个重要"品牌"①。从对管理者的访谈中我们可以看出，管理者基于教师培训、校际合作、国家考评制度、教师资格证制度、教育经费等方面对本校教师教育改革与师范生的培养提出了自己的经验与看法。

访谈者：你们学校教师教育改革和师范生培养有哪些好的经验？面临哪些困难和问题？

管理者：高校教师的改革、高校教师的培训还没有很好地得到贯

① 谢维和：《论师范院校改革与发展的三重目标》，《中国高等教育》2003 年第 8 期。

彻执行，觉得还是综合院校比师范学校更好，可以了解不同学院的活动，不同学院的课程，不同学院的专业，不同学院的学术讲座，老师是未来各行各业的引导人，需要知道各行各业的情况，学文的可以看看工科的东西，学工科的也可以看看学文的东西。我们现在的困难就是教育学院发展的速度比较缓慢，师资力量不强，教师数量不多，我们肯定希望越办越好，但是从学院的角度来看，要视各个学科来定，既要平衡又要重点发展。

管理者：近几年国家对师范生改革的力度不断加大，对师范生教育进行了各种改革，也有一定的成效。在师范生的培养上，数量是够了，但是质量上的差距很大。比如我们学校和其他二本、三本院校。院校培养出来的师范生质量一定是有差距的。应该缩小各学校之间的差距，多给发展中学校一些资金上的支持。加强强校和弱校之间的交流，较好学校给相对较弱的学校一些专业支援。像我们学校有时就会有专家去宁夏师范学院做讲座。

管理者：我们学校做得扎实细致，每个师范生能够得到提升和培养。学校整个课程制度和氛围都比较好。（1）国家对地方院校要求比较高，地方院校很难获得实质性指导。地方政府、大学与中小学协同培养学生还是比较难的。（2）国家考评制度，教师资格考试制度，考试内容和考试专业性不强。考试内容是一些和教师职业没有太大关系的知识，中小学校在聘用教师后还承担着培养职前教师的工作。（3）办学经费制约着学校的发展，大学和中小学校之间的合作受到办学经费的影响。

二 高校教师对师范教育改革的认识

西北少数民族地区教师教育改革是一个系统工程，一要关照中小学对新时期教师专业能力与水平的需求，二要关照少数民族地区族群文化的特殊需求，三要发挥大学的专业引领作用，四是政府部门要加强引导，协力培养新时期教师队伍。①

（一）教师的职业道德与专业情感

加强教师职业道德建设，始终是教师教育工作的核心内容。不同时期，教师职业道德建设的关注点不同，教师职业道德建设应与时俱进，反映时代的需要。以教师专业发展为背景，寻找适应时代发展的、有效的教师职业道德建设的途径是促进教师专业发展的需要。②教师的职业道德与专业情感是教师专业发展的一部分，教师职业道德建设不是单独进行的，而是与教师职业生涯的发展和规划相结合的，在教师专业化发展过程中培养，在教育实践中形成。

当我们问到教师对教师教育改革有什么想法时，一位辅导员老师谈到了教师的职业道德和专业情感方面的问题。她说："国家对教师职业资格的规定更严、更细、更标准，专业标准更加规范。对课程专业和学科专业标准更加严格，更加规范。我们一直重视对教师知识和技能方面的培养，但是其中的问题还是有很多。比如在教师的专业意识和专业情感方面投入不够，对师德师风方面不够重视以及如何培养也没有较好的方式和取得显著的效果。"

教师职业道德、专业情感的提升，一方面离不开教师个人的教学实践努力，另一方面也需要良好的社会与学校外部环境作为保证。在访谈时，一位教师谈到了教师职业所面临的问题及他的想法。他谈到了以下四点：第一数量多，质量差。以后要压缩师范生数量，重点抓质量。在 60 万毕业生中，市场只需要 25 万，这个差距是我国师范教育改革的重点。第二，教师准入门槛越来越高，由省考到国考，对教师质量的要求变高。第三，教师专业性需要社会认可，教师的不可替代性、专业性，应在全社会范围内得到认可。第四，"双师型"教师，应培养教师的技能。教师也必须具有特殊的技能，有兴趣爱好的

① 李泽林、吴永丽、石小玉：《西北民族地区教师教育改革：从各自为政到合作共赢》，《中国民族教育研究》2014 年第 2 期。

② 王清风、杨菊香：《论教师职业道德与教师专业发展》，《青海师范大学学报》2008 年第 2 期。

教师才能培养出有兴趣爱好的学生。

（二）教师专业技能与能力训练

在西北少数民族地区，教育的相对滞后、文化的多元、语言的多样、宗教的复杂、经济的落后、信息的闭塞等，使当地基础教育发展面临着更大的难题，高等师范院校教师教育改革面临着更大的危机。高校培养的师范生除了具有懂理论、懂实践的要求外，还可能要具备懂第二语言、理解不同族群的文化、适应当地的饮食习俗、融入不同文化等多方面的能力。[①] 民族地区师范生专业技能与能力的培养是学生将来在民族地区从事教师工作的专业化要求，也是适应当地自然环境与民族习俗、民族文化的内在需要。

教师技能与能力是教师专业化的重要组成部分，它是教师能否成为学生心中的"好教师"的重要指标。对样本学校调查数据进行整理分析（如图 3-24 所示），发现学生掌握了成为一名教师应该具备的技能的比例是 49.09%，有 11.94% 的学生认为自己没有掌握从事教师职业的专业技能。学生对学校开展的从事教师工作技能训练感到满意的比例为 59.50%，持否定态度的为 11.29%。由于西北地区的特殊性，学生从事教师工作必须掌握民族地区的特殊技能，对学校在民汉双语教学技能培养中给予的指导感到满意的学生比例是 50.32%，对学校给予的民汉双语教学技能培养的指导感到不满意的占 14.76%。经过学校的学习与教育实习，能够感到自己有足够的技能在民族地区从事教师工作的学生占 50.50%，对自己在民族地区从事教师工作持怀疑态度的占 15.99%。需要特别说明的是，有 38.98% 的学生认为自己掌握技能情况一般，有 34.92% 的学生认为学校对自己双语教学技能的培养一般，有 33.51% 的学生认为自己在民族地区从教情况一般，有 29.22% 的学生认为从事教师工作的技能训练一般，说明大约有 1/3 的学生在能力训练、自我认同以及专业发

———————

① 李泽林、吴永丽、石小玉：《西北民族地区教师教育改革：从各自为政到合作共赢》，《中国民族教育研究》2014 年第 2 期。

展中，有较大的上升空间。

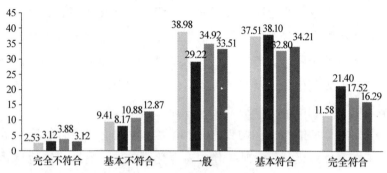

图 3 - 24　师范生在教师专业技能与能力训练方面的情况

从下面对学校管理者的访谈中我们可以看到，教师职业技能训练包括说课大赛、微格教学、普通话训练、三笔字练习等内容。职业技能训练为学生将来从事教师工作，开展教学活动奠定了技能基础。此外，还对学生的教育理念与教师素养、理想人格等产生着重要作用。

访谈者：你们学校开展了哪些教师职业技能训练活动？（比如说课大赛、微格教学、普通话训练、三笔字练习）

管理者1：学校主要有微格教学和试讲。学校有18间微格教室，开设了普通话、口语和书写方面的课程，同时还有"三笔字"训练。

管理者2：到目前为止，已经举办了三届说课大赛，教师职业技能训练采取小组训练形式，包括指导讲课、说课、课件展示等方面，在微格教室进行训练。开设普通话课，有书写和口语普通话训练，也有三笔字练习。

访谈者：学校所做的职业技能培训对于学生从事教师工作有哪些

影响？

管理者1：能够给予学生理论和实践两方面的指导。让学生学会怎么讲课，怎么写教案，如何有效完成教学内容；还对学生理想人格的形成产生了积极作用；使学生在实习期间可以顺利教学，将理论转化为实践，对学生以后从事教师工作给予实际的影响和指导。

管理者2：培养教师对专业的认同，以前学生只是在课堂上接受指导，总有"纸上得来终觉浅"的感觉，教师职业技能培训能够让学生更加明白理论与实践之间的关系；现在学生很难适应信息化技术对教育的影响，学校的教师职业技能训练使学生个人从事教师的基本能力得到了锻炼；在实践中发现问题和不足，发现自己的奋斗方向，明确自己今后需要努力改进的不足之处；学生之间的个体差异性需要学生自己调适。

三　学生对教师教育改革及师范生培养的态度与诉求

（一）师范生的教师职业认同感

师范院校在师范生培养方面的职责之一是培养和提升师范生的学习动力系统。作为民族地区的师范生，首先要着力培养师范生对从事民族地区教师工作这一教师职业的认同。民族师范院校应该对学生进行从事民族教育工作教师职业意识和职业认同的教育，帮助民族院校师范生体验到学习和从事少数民族教育工作的意义与价值。教师教育者的榜样作用、师范生之间的交流、优秀教师的故事分享、与中小学生的交往等，能够帮助师范生切身体会到教育工作对后代的发展、个人的成长、社会的进步所起的作用；让师范生体验到作为民族教师的成就感，从而更加热爱教师职业，认同教师职业的内在价值。然而，师范生专业的选择是学生对教师职业认同以及教师专业化发展的必经途径。对此，我们对某一个样本学校的师范生做了调查（结果如图3-25所示），有54.62%的师范生表示热爱教师职业，有57.68%的学生表示喜欢自己的专业，有35.10%的学生表示对教师职业的热爱情况一般，有28.45%的学生表示对自己的专业热爱情况一般，有

10.17%的学生表示并不热爱教师职业，还有13.70%的学生表示不喜欢自己的专业。

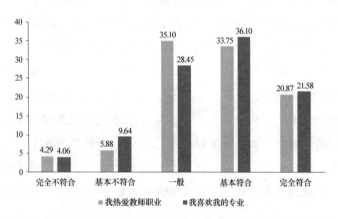

图 3-25　师范生对教师职业与师范专业的认可情况（单位:%）

从下面对学生的访谈中我们也可以看出，师范生选择师范类专业是因为比较喜欢当教师，对教师职业的认可度还是较高的，不同师范专业的学生有着不一样的回答，有学生认为自己的专业学习还是比较困难的。

访谈者：请问你是学什么专业的？今年大几？你喜欢你的专业吗？

学生：我学的是汉语言文学专业，今年大四了。我喜欢我的专业，因为从小就对语文有着浓厚的兴趣，想当语文老师。

学生：我学的是数学专业，今年大四了。我并不喜欢现在修读的专业，因为数学统计分析实在是太难了。

访谈者：请问你为什么选择你就读的这所大学？

学生：一方面因为分数的限制只能选择专科学校，另外一方面自己本身还是比较喜欢当老师的，希望以后可以进学校工作，这份工作比较稳定而且福利待遇比较好。

学生：因为以后想当老师，这份工作比较稳定而且福利待遇比较好。

（二）师范生对课程教学的满意程度

课程设置与教育教学活动的开展是培养师范生教育教学知识与教学实践技能的重要环节。如图 3 - 26 所示，除教育实习满意度略低外，学生对学校的师资水平、教学实施、教学方法及手段、教学实施、学习风气、专业知识、基础教学质量和教育实习的满意度都高于80%，说明学校在师范生培养方面的工作得到大部分学生的认可。

关于课程设置的现状，在学生访谈中，学生反映最多的是课程问题，主要有以下几点。

第一，学生的课程很多，虽然增加了学生的知识面，但给学生的感觉是主次不分，对专业课的重视不够，专业知识没有学深。

第二，课程安排不合理。学生大三下学期要去实习，但是有关实习内容的课程却安排在大四，这样学生既没有得到实习前的指导，又对这些课程失去了兴趣。

第三，课程学期分布不平衡，在大四的时候课程依然很多。

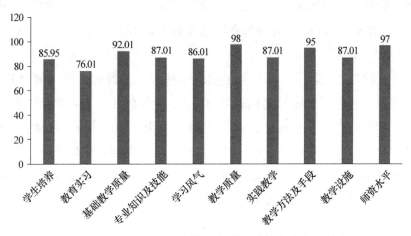

图 3 - 26　学生对课程设置与教育教学活动的满意度（单位:%）

第四，上课几乎占据了学生的全部时间，学生没有自主学习的时间。比如在访谈中有学生说："我们学校的管理太严格了，大四还要上早、晚自习，而且每天都会有老师或者领导来班级检查，我们整天在老师的眼皮底下，感觉没有自由，我们需要自由的空间自主学习。"

第五，涉及教学技能的课程比较少，课程的理论性太强，缺少实践性课程。

（三）教育实习：师范生的教育实践

1. 学期见习

各校根据具体情况组织学生见习，时间为每学期一周。以青海某大学为例，从大一入学开始直到大三结束，均会组织学生到西宁市周边小学或幼儿园见习。青海另一所大学见习目标则更为详细，从大一第二学期开始，每学期都有一周的时间去实习基地进行见习，见习第一学期是为了对教育概况有一个了解，第二学期主要是对班主任的工作有一个了解，第三学期主要是对课堂教学的技能、环节等有一个把握，第四学期主要是对教学过程和教学环节的把握，第五学期主要是对学校管理的了解和把握，这些前期见习经历为毕业实习奠定了基础。通过三年累计五个学期的见习，学生有机会参与教学一线的工作，切实体会真正的课堂教学情境，这种做法在学生当中得到了肯定，希望学校多增加见习机会，使学校中习得的理论能够更好地和实践结合起来。

2. 毕业实习

在教育实践环节，高校除了组织多种形式的课程教学与活动外，还加强了学生"临床"实践能力的培养。比如西北师范大学的"多学科联合组队实习"模式，西南大学的"顶岗实习"模式，特别是针对西北少数民族地区师资特殊性的需要，很多高师院校都推行"实习支教置换学分"模式，这对于加强学生的从业技能、坚定从教信念等具有重要的实践价值和现实意义。[①]

---

① 李泽林、吴永丽、石小玉：《西北民族地区教师教育改革：从各自为政到合作共赢》，《中国民族教育研究》2014 年第 2 期。

　　上述两所学校均实行"顶岗支教"模式，青海民族大学毕业实习时间为第六学期，而青海师范大学定在第七学期。通过混合编队的形式，由高校带队教师和实习所在学校教师共同指导学生的教学实习工作。但是在实际操作中仍然存在大量问题。首先表现在实习基地的分配上存在大量专业不对口现象，调研中学生普遍反映自己所教科目和所学专业不吻合，因此不能将学校所学的有关学科专业方面的知识很好地与实践结合起来。其次，在民族地区实习存在着一定的文化差异，需要很长一段时间的适应过程，因此希望学校在分配实习学校时尽量考虑民族因素，为日后想去民族地区从事教育教学活动的实习生提供适合的锻炼场所。最后是实习过程中实习学校的学科老师给予的指导过少，使学生不能及时发现实习中的不足，通过调查我们得出师范生更倾向于实习学校的老师对自己的课堂教学提出意见和建议，真正发挥实习的指导作用，而不是流于表面形式。

　　如图3-27所示，对调查样本学校的师范生在教育实习过程中学校有关教育实习的安排与学生对实习的满意程度的调查表明：有52.03%的学生表示对学校的实习组织安排感到满意，有14.51%学

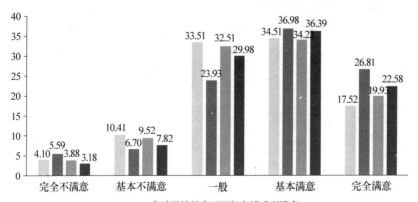

图3-27　学生对学校教育实习的满意情况（单位：%）

生表示对自己学校组织的实习安排不满意，有33.51%的学生表示一般。师范生在对实习过程是很有收获的这一问题的回答中，有63.79%的学生表示很有收获，有12.29%的学生并不认为实习过程中很有收获。有54.15%的学生认为实习学校对实习生的支持让自己感到满意，有13.40%的学生表示并不满意。学生对大学实习指导教师的指导感到满意的比例为58.97%，有11%的学生对大学实习指导教师对自己的指导感到不满意。另外，有1/3左右的学生对实习的满意情况表示一般。通过对学生的访谈，我们可以了解到学校实习的相关信息。其中包括实习学校对师范生的评价以及学校开设师范类课程的意义。此外，还鼓励学生对自己的学校有关培养师范生的举措进行评价并提出一定的建议。

访谈者：实习学校老师对你的评价是什么？你在学校学的师范类课程对你的实习有什么帮助？

学生：还可以吧，感觉自己表现得还是不错的，他们挺满意的，也希望我毕业后可以回到他们小学继续当老师。

学生：还可以，我的指导老师就是我原来的班主任，而且是教语文的，我在上学那会儿就是她的课代表，所以她比较放心我。基础知识的训练是最有用的，教师礼仪还有微课之类的很有用，我现在上课有时就会做一些小微课来丰富我的讲课，提高学生学习的兴趣。

访谈者：从你大学学习、实习经历来看，你觉得你们学校在师范生培养方面有哪些优势和不足？你对你们学校今后师范生培养有什么建议？

学生1：优势谈不上，主要说点不足吧。一方面作为专科学校，感觉在专业知识上的教育教学力度还不够，学校给同学们提供的实践机会也不太够，理论和实践联系得不够密切，理论知识不能很好地转化为实践，有些理论知识在实践活动中似乎没什么作用，应该更好地考虑当代中小学的需求和学生自身的情况来开展教育教学工作。

学生2：第一，加大师资力量，学生多，老师少，不是很足够。第二，学制上，大一大二都是声乐和钢琴，以二胡特长生进来的学生没基础也要学钢琴，这样二胡就被荒废了。应该让主修的继续学习，这样不至于产生断层，对培养造成损失。第三，师范课少，而且不好找工作，所以师范生优势不多，应该多给师范生开与就业相关的课。

第六节　优质双语师资培养的经验探索

西北地区深居内陆，位于大兴安岭以西，昆仑山—阿尔金山—祁连山和长城以北，包括内蒙古自治区、新疆维吾尔自治区、宁夏回族自治区和甘肃省的西北部。这一地区国境线漫长，与俄罗斯、蒙古国、哈萨克斯坦等国相邻。本区面积广大，约占全国面积的30%，人口约占全国的4%，是地广人稀的地区。西北地区是中国少数民族聚居地区之一，少数民族人口约占总人口的1/3，主要有蒙古族、回族、维吾尔族、哈萨克族等。[①] 西北民族地区独特的地理位置和人文环境使得民族地区的双语教育开展工作在学校教育中具有特殊地位。

少数民族地区的双语教育是社会多元文化发展的必然结果，在我国少数民族地区开展双语教育是应对多元文化社会的积极反应。少数民族地区双语教育目标的最终实现在很大程度上取决于教师的综合素养，所以教师是双语教育的关键之一，也是实现双语教育的核心。同时双语教育是做好民族教育的前提，对于民族文化保护传承有着至关重要的作用。所以民族地区的师范类大学具有培养双语教师的重要责任，但是双语教师的培养受民族地区文化、宗教、地理、政治以及教育实际等因素的制约和影响。

---

① http://www.gov.cn/test/2005-07/27/content_17425.htm。

一 对国家政策和学校相关制度的把握

民族区域自治制度是国家的基本政治制度之一，伴随着民族地区政治经济的发展，民族地区的教育也不断发挥着积极作用。双语教育是民族地区社会经济发展的推动力，国家政府和地方民族自治机关对于双语教育有明确的法律规定："招收少数民族学生为主的学校（班级）和其他教育机构，有条件的应当采用少数民族文字的课本，并用少数民族语言讲课；根据情况从小学低年级或高年级起开设汉语文课程，推广全国通用的普通话和规范文字。各级人民政府要在财政方面扶持少数民族文字的教材和出版物的编译和出版工作。"① 从国家政策角度看，民族地区的学生应该"在学习使用本民族语言文字同时，要按照有利于民族长远发展，有利于提高民族素质，有利于各民族科学文化交流的要求，大力加强汉语教学，积极推广普通话，有条件的民族中小学还要开设外语，以适应现代化建设的需要。"②

双语教育的基本价值取向就是促进民族地区经济社会的发展与进步，促进少数民族个体全面和谐发展。尽管双语教育的命题包含着个体与族群、族群与国家纵横交错的复杂关系，但族群与国家的关系是贯穿其中的价值主线，二者之间的价值选择是双语教育的本质规定。③我国是一个多民族多元文化的国家，藏汉双语教育的实施是双语教育的一部分，是一个跨越诸多行政区域的民族地区的独特社会现象。民族地区师范院校双语课程的开展既是贯彻国家双语政策，又是培养师范生双语能力的重要内容。甘肃民族师范学院位于甘肃省甘南藏族自治州合作市，是典型的实施藏汉双语的民族地区师范院校，其藏汉双语教育的实施值得我们借鉴。

比如，甘肃某师范学院以教育部《高等师范学校学生的教师专业

---

① 《中华人民共和国民族区域自治法》，中国法制出版社 2001 年版。
② 中华人民共和国教育部：《跨世纪中国教育》，高等教育出版社 2002 年版。
③ 何波、马丽君：《藏汉双语教育政策体系构建的基本原则》，《青海师范大学学报》（哲学社会科学版）2011 年第 3 期。

技能训练大纲（试行）》《高等师范院校学生的教师职业技能训练基本要求（试行）》为依据，根据教育技能需要和民族地区学校的实际情况，制定师范生的教学技能培养方案。从该师范学院的实施方案中可以看到学校对师范生的普通话技能、口语表达技能、书写规范汉字技能、教育教学常用文体写作技能从训练目标、训练内容、训练措施三个方面进行了详细的规定。

训练项目1　普通话技能

【训练目标】普通话是教师的职业语言，能用普通话进行教育教学工作是合格教师的必备条件，因此高校师范生必须讲普通话，并按国家主管部门制定的《普通话水平测试标准》的要求通过测试。

【训练内容】读单音节词、读双音节词、读短文；说话（讲故事）。

【训练措施】1. 开设《普通话》选修课程；2. 学校购置普通话模拟测试与训练系统，供学生自主训练；3. 三年级普通话考试通不过者，选修《普通话》课程；4. 在校语言文字委员会统一领导组织下，开展各种推普活动，如演讲赛、辩论赛、组织普通话互助活动小组等；5. 在校园内的各种文艺活动、各种会议中强化普通话，以提高普通话水平。

训练项目2　口语表达技能

【训练目标】普通话技能是口语表达技能的基础，要有较强的朗读、讲演和讲话能力，口语表达要做到清晰、正确、得体，掌握教学、教育、交谈的口语特点，力求做到科学、简明、生动，具有启发性。

【训练内容】朗读、讲演、辩论、与人交流；主持（活动）；语言幽默性、语言情感性；教学口语（复述、描述、概述、评述、解说等）、教育口语（说服、评论、指导等）。

【训练措施】1. 开设《教师口语》《演讲与口才》等选修课程；2. 通过《心理学》等课程的学习，让学生克服紧张和自卑心理；3. 开设教学实务、微格教学、教学诊断等课程，为学生提供实训机会；4. 各专业的学科教学设计课程要讲授教学、教育语言的运用问题；5. 由校团委等经常组织学生进行朗诵比赛、讲演比赛，也可组织讲演团、朗诵团、话剧团等。

训练项目3　汉字书写规范技能

【训练目标】了解国家语言文字工作的方针、政策，掌握汉字的规范标准；熟练掌握粉笔字、钢笔字、毛笔字的楷书或行书的书写技能；掌握好现代汉语常用字，正确掌握3755个第一级汉字的字形、结构、笔画、笔顺；掌握执笔、运笔的方法，纠正不正确的动作和姿势；汉字笔画的书写，骨架结构的安排。纠正有关的书写毛病；掌握书写款式：卷面干净，留有天地，布局恰当，行款整齐；掌握选帖、读帖和临摹的基本知识和要领，培养对书法作品的鉴赏能力；笔画清楚，正确规范，熟练有力，匀称美观。

【训练内容】粉笔字、钢笔字、毛笔字。

【训练措施】1. 班主任负责实际训练的管理工作，学生自行购置小黑板，以班级为单位组织书写实训项目的练习；2. 开设《三笔字训练》《书法》等选修课；3. 举办多种多样的有关书写规范汉字和书法的课外活动，如观摩、展览、比赛等。4. 学校要创造使用规范汉字的环境和氛围，教师要以身作则，齐抓共管，各科教师对学生作业、论文、实习教案等中的错别字和不规范字都要给予纠正。

训练项目4　教育教学常用文体写作技能

【训练目标】掌握工作计划、总结、报告等常用文体的写作知识（包括行款格式）和技能；进一步掌握标点符号的用法，纠正容易出现的错误；行文行款格式正确；行文内容符合相应文体的要求；语言得体，语句通顺，标点符号正确无误。

【训练内容】工作计划、工作总结、申请报告、调查报告、教学反思、活动反思等。

【训练措施】1. 开设《教学实务》必修课，《应用文写作》选修课；2. 加强对学生作业、论文、实习教案等书写格式的要求，各科教师对学生的书面表达要齐抓共管，对学生作业、论文、实习教案等要严格要求，发现问题给予指正；3. 班主任督促以班级为单位，进行书面表达方面的练习。

民族地区师范院校除开设校内课程与开展校内活动外，在校外推动双语教学的活动也可以从学校组织的师范生教育实习中体现出来。从学校的政策文件中可以看出学校校外推行双语实践活动的实施成效。比如，从甘肃某师范大学的文件《创新教师培养模式 推进教师教育改革——某师范大学教师教育改革行动计划实施工作总结》中可以看到，该校积极开展赴新疆阿克苏地区实习支教和省内"国培计划"顶岗实习支教工作，服务西部农村地区和少数民族地区基础教育事业。学校坚持"师范性、民族性、区域性"的办学特色，积极主动为西部农村地区、少数民族地区基础教育服务，自 2008 年 8 月以来，已经选派六批共 970 名师范生赴新疆维吾尔自治区阿克苏地区 7县 1 市的 109 所学校进行每个批次为期一个学期的实习支教，从事"双语"教学工作，取得了明显成效。

从师范生了解民族习俗，到民族地区实习，与民族地区学生、教师交流，以及支教的全过程中可以看到，师范生在双语教学上做出了突出贡献，并得到民族地区的好评。我们从该师范大学的文件中可以看到：通过签订《赴新疆实习支教学生承诺书》，要求学生自觉学习党和国家的民族宗教政策，学习掌握一些基本的维吾尔族日常用语，了解并尊重少数民族的风俗习惯，与少数民族教师和学生接触时应注意民族禁忌与礼貌礼节；通过开展师范生赴新疆实习支教工作，学校开辟了高师院校服务基础教育的新途径，为推动新疆维吾尔自治区"双语"教学工作，缓解少数民族地区汉语教师短缺状况，提高阿克苏地区的基础教育水平做出了积极贡献。受援学校普遍认为，该师范大学的实习支教学生在敬业精神、工作态度、沟通交流能力、生活自理能力、遵守纪律等方面均有很好的表现，对学校的教学工作有很大的帮助，希望与该师范大学建立长效合作机制，希望能选送更多的学生前往阿克苏实习支教。同时，实习支教学生也在支教实践中经受了艰苦环境的磨练，综合素质有了明显提升，个人沟通交流能力得到了提高，认识社会、看待问题更加客观实际，认为实习支教对他们今后的学习和就业有很大的作用。一些学生还与支教学校签订了就业合同或者意向书，计划扎根边疆服务少数民族地区的基础教育。截止到2011年7月，已有373名学生到新疆地区就业，为新疆维吾尔自治区的基础教育做出了应有的贡献。

学校方面也积极响应国家对于少数民族地区特别关注的号召，认真落实少数民族的各项相关政策，积极培育各类为少数民族地区服务的人才。比如青海某师范大学在整合后其办学规模、师资力量、学科建设、科学研究、教学资源建设等得到了快速发展，至今已培养了7000余名藏汉双语人才，成为藏汉双语教学的领头羊。青海某师范大学培养的藏汉双语人才成为省内外藏汉双语教学的骨干力量，提振了四省（区）藏区的民族教育事业，为当地的教育、文化发展和社会稳定注入了活力，在藏区的民族教育事业中具有不可替代的作用。而且该师范大学虽然在双语培训方面取得了一定的成绩，但还在进一步积极探索双语师资的培养途径。根据我们在该校的调研，从收集的材料中可以看到目前学校有关双语教学的情况：第一，学校加大藏汉双语教学内涵建设，积极培养"双语兼通"人才，打破单一的分类式"双语"教学模式，依据学生掌握语言文字的实际能力和水平，实施藏、汉语言分层次教学，进行汉语水平等级考试和藏语水平等级考试。立足于巩固学生专业基础的需要，根据学生愿望和师资情况积极开展藏汉双语学科教学，推行藏汉双语人才综合素质测评改革，鼓励优秀学生选学普通院系专业课程，不断提高专业素养。根据就业需要，对全校非藏族毕业生开展基础藏语教学，学习藏区历史文化与习俗，拓展普通生的藏语技能。第二，保持传统学科的双语建设，增加一些社会需求的课程（如学前教育、人文教育、英语），以满足农牧区义务教育和基础教育师资的需求。第三，结合当地以及学校学生的实际情况，开发编撰了藏汉双语教材，以及相关的校本教材，形成了比较完备的藏汉双语教材体系，努力提高藏区双语师资队伍的质量。学校努力把自己打造成维护祖国统一、民族团结进步的示范性基地，双语教师培养培训的标志性基地，双语教育资源、研发与质量评价指导基地，促进四省（区）藏区稳定和谐的窗口性基地。

　　双语教学政策是我国民族教育中不得不考虑的一贯政策，经过几十年理论与实践的探索，基本上形成了不同民族地区不同双语教学模式及相应的各级政府的双语教学政策体系、各类学校的教育教学模式。《关于加强民族教育工作若干问题的意见》指出："民族学校的教学语言文字政策的具体实施，主要由各省（区）遵照《宪法》《民族区域自治法》的有关规定及有利于民族的长远发展、有利于提高民族教育质量、有利于各民族科学文化交流的原则，根据多数群众的意愿和当地的语言环境决定"。不同民族地区的差异性造成教育教学模式和双语教育政策的不同。① 不论是西藏自治区的藏汉双语教学模式，还是新疆维吾尔自治区的维汉双语教学模式和内蒙古自治区的蒙汉双语教学模式，都取得了很大的成绩，都总结出了适应本民族地区的双语教学经验，在此基础上进一步探索和完善了双语教学的新方法、新模式，不能因为出现个别事件或某些问题而否认双语教学所取得的成绩。②

　　双语教育政策隶属于民族教育政策这一范畴，是依据国家有关法律法规，根据民族地区的政治、经济、文化、科技、教育、语言环境、宗教信仰等民族特色而制定的双语教育的规范性文件。从中华人民共和国成立之初，我国的民族教育政策就十分重视少数民族的教育教学和语言文字的特殊性，在逐步完善民族语文教学的基础上，开展"汉语 +（本民族语言）"的双语教育，有条件的民族地区还要开设外语，形成"三语教学"模式。少数民族学习和使用本民族的语言和

---

　　① 何波、马丽君：《藏汉双语教育政策体系构建的基本原则》，《青海师范大学学报》（哲学社会科学版）2011 年第 3 期。
　　② 王鉴：《当前民族教育领域需要重新理解的几个主要理论问题》，《当代教育与文化》2011 年第 3 期。

文字，既是宪法赋予公民的权利，又是各民族文化传承和生产发展、生活富裕的需要，更是各民族成员共同情感、态度及价值观的体现。学习汉语，不仅是各民族相互交流的族际语，也是各民族社会经济发展繁荣的基础。双语教学的基础语言是母语，双语教学从学习掌握母语开始，逐渐过渡到汉语文，最终达致双语兼通。总结我国在双语教学方面的宝贵经验，最有效的一条就是在尊重和使用少数民族语言文字的基础上，开展双语教学。我们一定要记住历史的教训，双语教学的影响因素复杂，既包括语言教学的科学基础，又包括民族文化的特点构成，还包括民族成员的态度与情感，切不可只从政治的需要来主观地制定双语政策。①

学校是培养人的地方，怎样培养人，培养什么样的人，都会受到教育内容的影响。民族地区学校的教育内容在保持和国家教育内容一致的基础上开发了具有民族特色的独特的教育内容，具有地方知识的独特性。比如，宁夏某大学，虽然没有专门的民族课，但是却举办民族讲座、民族文化活动等来加强学生的爱国热情，民族团结意识。民族地区院校根据国家教育政策的指导，突出自己独特的具有民族特色的培养方案，充分体现了马克思主义具体问题具体分析的方法论，为少数民族师资的培养做出了很多的努力。

访谈者：学校有没有开设民族文化类的基础课？

教师：没有，没有专门的民族文化课。

访谈者：据您所知，学校针对民族教育系列的讲座开设的情况怎样？效果如何？

教师：讲座主要是关于民族团结和民族统一的。我们学校联合统战部、团委、各个学院开展大型的讲座，每年都有民族团结月，用来

---

① 王鉴：《当前民族教育领域需要重新理解的几个主要理论问题》，《当代教育与文化》2011 年第 3 期。

教育学生的民族团结意识，而且还有各种包含民族意义的讲座。请西夏研究院的专门研究老师、长江学者等来进行民族教育。研究生还有专门的博雅论坛。我们学院专门研究民族教育学的老师会涉及民族这方面的内容。

访谈者：你们学校是否成立民族文化研究机构或民族文化展览室？这些机构对服务于师范生的培养有哪些作用？

教师：学校有民族预科教育中心。宁夏回族自治区有响应"一带一路"倡议而设立的论坛，这些不是完全针对师范生的，它是面向全体少数民族的，比如民族预科中心，有助于学生的综合化发展。

二 对民族语言文字与宗教信仰的认识

语言既是一种交际工具，又是一种极为重要的社会资源，它具有特殊的政治、经济、文化和科技等的价值，可供利用与开发，同时需要加以保护和建设。在人类社会早期，双语现象是为了满足人类的生存需要而产生的。随着社会的发展，特别是当代科学技术的飞速发展，各民族、地区之间的相互交流日益频繁，语言已成为不同民族、不同地区、不同文化、不同价值观的象征和代表。

文化传统是一个国家、一个民族世代沿袭下来的具有悠久历史的文化特质或文化模式。藏传佛教作为一种文化，通过世代传承已渗入藏族人民的全部精神生活之中，深刻地影响着家长对孩子的教育方式，影响着孩子对学习的期望和理想。民族地区的师范生对于学校开设的师范专业的学习势必会受到生源地民族文化和就读学校所在地民族文化的影响，对民族文化的了解程度也是师范生毕业后就业能否选择教师工作必须考虑的因素。因此必须在继承文化传统的基础上建构具有自己特色的教育体系，认识到多元文化教育的重要性，培养学生的跨文化适应能力，给学生提供文化选择的权利和机会，努力消除由文化变迁、文化不适而带来的心理上的痛苦。藏族学生实行双语教学的目的就是使其成为双文化双语言的人，使其能够很好地适应由于文化变迁而带来的巨大变化，并能愉快地学习。①

　　在现代学校教育进入中国之前，中国各少数民族都有自己的教育机构及教育内容，如藏族的教育主要通过寺院来完成，寺院不仅是政治与宗教的中心，而且是文化与教育的中心，寺院教育内容除了宗教教育之外，还包括藏族的历史文学、医学、天文学、哲学、科学等，几乎涵盖了藏族文化的全部，是一种典型的综合教育；回族传统的教育机构则主要是经堂，教育内容除了宗教文化之外，还包括阿拉伯文、民族的文学、历史、科学等内容。学校教育在传承现代科学知识以及普适知识的过程中，轻视并遗忘了本土知识、地方知识的价值。所以，反思我国的民族教育，在多元文化的历史与社会现实背景下，需要学校教育体现出多元文化的内容与价值。② 民族地区师范院校教育中应该开发校本课程，不断关注学生对民族文化知识的掌握，学校的民族教育研究设备、研究中心和民族特色展品对学生学习民族文化的意义重大。笔者对甘肃某师范学院教务处的教师做了访谈："你们学校是否成立民族文化研究机构或民族文化展览室？这些机构对于师范生的培养有哪些作用？"他说："我们学校的民族教育机构很多，有西北少数民族教育发展研究中心、安多藏文化研究中心（下设藏语言文学研究室、民族美术研究室和民族音乐舞蹈研究室）、河湟岷文化研究中心（下设河湟岷历史文化研究室和河湟岷民间文学研究室）、中国藏学研究中心《中华大典·藏文卷》编纂工作站和甘肃省藏文古籍文献编译中心、高寒生态系统研究所、民族体育文化研究所、民族地区经济与社会发展研究所、藏文信息化研究室等12个研究机构。它们对培养师范生有一定的作用：学校科研的不断进步，提升了本地区科学研究的实力；促进了教学的不断进步，使学生更多地

　　① 万明钢、邢强、李艳红：《藏族儿童的双语背景与双语学习研究》，《民族教育研究》1999 年第 3 期。
　　② 王鉴：《当前民族教育领域需要重新理解的几个主要理论问题》，《当代教育与文化》2011 年第 3 期。

了解民族文化，热爱本民族，对将来从事本民族地区的工作起了巨大作用"。

从访谈中我们也可以看到学生对于民族文化与有关双语讲座的认识，学生对于学校开设的有关民族及语言的讲座还是比较感兴趣的，并能够积极参加每场讲座。以下是对青海两所大学的学生有关民族及语言讲座的相关访谈的整理。

访谈者：你们有没有开设民族教育系列的讲座？讲的是哪些方面的内容（比如，双语、跨文化适应心理）？你参加过几场讲座？都是关于哪些方面的？这些讲座对你将来从事教师职业有哪些帮助？

学生：学校会请一些专家、校长、一线优秀教师（西宁市周边较好的学校）来学校开设讲座，主要是讲教学技能方面和学生管理方面的内容。我每场讲座基本上都参加，这些讲座在实习中有指导作用。

学生：我之前听过一场关于藏族宗喀巴大师的讲座，这是藏族宗教史上很厉害的一个人物，了解这些和藏族学生交流起来会有更多共同话语。

学生：学校一学期有三四场关于藏族文化的讲座，听了这些讲座可以让我们更多地了解少数民族地区的风俗习惯。

学生：学校有关于少数民族的文学、节日文化类的讲座，我们都会去听这些讲座。我觉得自己了解得多一点，可以拓展知识面，在课堂上也可以给学生讲得多一点。

学生：大一的讲座会比较多一点，主要是关于文化、教育方面的，到大二就不多了。我可能参加了十场左右吧。讲座对我的帮助肯定有，我觉得不仅是对当老师有帮助，对以后做任何事都有帮助。

从访谈中可以看出，首先，这些学校由于处在西北少数民族地区，所以会在学校开设民族文化与语言等具有特色的讲座，这符合国家、地区、学校对少数民族地区教育事业和各民族团结的要求。其次，这些民族文化类、少数民族语言等相关的讲座很受师范生的青睬，但是普通班的学生对民族类讲座的参与可能还不是很积极。最后，学生都认为这些讲座的开设对他们有帮助，可以让他们了解各民族的文化或风俗习惯，可以拓宽他们的知识面，还有利于他们与同学的沟通或者在实习时容易和学生沟通。

三 学校双语课程设置及效果

（一）学校双语课程设置

民族地区师范院校双语课程的开设是有效实施双语教学的重要方式，学校双语教学课程的开设为民族地区师范生将来从事教师工作在语言和风俗习惯等方面奠定了基础。不同民族地区的师范院校所开设的双语课程情况各异。表 3－10 展示了甘肃民族师范学院双语课程开设的课程名称、目标和主要内容，双语课程的开设为师范生今后在民族地区从事教师工作奠定了基础。

表 3－10　　　　　　　　甘肃民族师范学院双语课程设计

课程名称	课程目标	课程主要内容
少数民族双语教育概论	理解双语教育的理论基础，掌握双语教育的基本模式，为日后从事双语教育工作和研究奠定知识基础和能力基础	1. 双语教育绪论 2. 双语教育的理论基础 3. 我国少数民族双语教育

从访谈中我们也可以看出双语课程开设的具体情况。

访谈者：你们学校开设了哪些针对师范生的、具有少数民族特色的课程？

教务处长：每个专业要求开设不同的特色课程，双语教学具有明显的特色，教师教材和教法特色，包括 10 多门特色课程：民族理论与民族政策；藏语语法；藏族文学史；古藏文；因明学；汉藏翻译；五明学概论；藏汉语法比较；藏族戏剧文学选讲；藏族民间文学概论；梵文基础；藏语文学科教学设计；藏族传统心理学；教学实务；中小学藏语文学科课程标准及教材研究系列专题；藏语文学科综合实践活动专题。

访谈者：你们学校的双语教学是怎样进行的？有关双语师资的培养是怎样的？

教务处长：我们学校双语教学有专门学院开设课程和专门的研究中心。（1）藏学院，藏语系开设双语课程。除此以外，其他系也开设相关双语教学课程；（2）藏文化研究中心进行中国少数民族语言、藏汉翻译、藏语戏剧等的研究。双语教师分为文科教师和理科教师。无论是文科教师还是理科教师，在藏语言文学、藏数学、藏历史、法学、学前教育（藏语方向）等方面的师资比较缺乏。我们针对不同学科进行不同的培养。

笔者从甘肃某大学教师教育改革推进计划中看到，计划强调要加强双语教学示范课程和通识教育课程建设；继续推进双语示范课程建设项目，提高双语示范课程教学质量，提升学校国际化办学地位；实施优质通识教育公共选修课程建设项目，优化通识教育课程结构，提高课程教学质量。从该师范大学教师教育类课程中可以看到，学校双语课程很少，只开设少数民族英语教育的选修课。再如青海某师范大学的双语课程开设也没有受到应有的重视。这从几位师范生的回答里可以看出：学校开设的双语课程（主要是指藏语）不能够满足学生的需求，尤其是去少数民族地区实习或者毕业后任教，和当地学生的沟通存在障碍；学生希望专门开设藏语课程，并且延长学习时间，以便能够很好地学习藏语，为未来当一名教师做好前提工作；还有学生表示由于学校藏语教师缺乏，师范生的藏语课不能够及时按学校的计划完成。此外，对于藏语的学习只是针对藏族学生，对普通班的学生则没有具体的要求。以下是在青海某师范大学访谈中几位学生对双语课程开设的描述。

访谈者：你们学校开设了针对师范生的、具有民族特色的基础课程吗？比如藏族的唐卡、绘画、礼节、语言、服饰等。这些课程的开设对你到少数民族地区工作有什么帮助？你认为这些课程还有什么不足之处？你还希望开设哪些具有民族特色的课程？

学生：没有具有民族特色的课程，有一个藏文课（3课时，必修课），这对到民族地区交流会比较方便。希望开设有关民族传统文化的课程。现在已经开设的课程觉得有点多，都学了，但只是学了一点皮毛，希望能够深化课程内容，如古代文化就学得不太多。

学生：关于藏语有藏文双语课。这些课程对我们多多少少是有帮助的，但是让我们去民族地区讲课，则存在很大的交流和沟通障碍，还是会选择去一些普通学校。

学生：就一门民族理论课，这是一门公共课，所有的师范生都得上。应开设一些双语课，因为要去藏区实习，因为普通学生如果分配到纯藏族的地方，听不懂藏语，上课会有障碍。

学生：有民族理论课，像绘画、唐卡制作、礼节这些都是选修课，还有节日文化类的课程。学了这些，会和当地学生有共同语言，便于沟通，对教学也有一定的影响。还是希望开设少数民族语言类的课程，尤其是藏语课。

学生：我希望专门有一个学期的时间来学习藏语，因为我们专业毕业后会带藏语班的学生，这样会拉近我和学生之间的距离，而且还可以给学生传授更多的知识和技能。

学生：藏汉翻译，大一应该有这门课程的，但那时候好像没有藏语老师，我们是大二才上的，这个课程对我们以后在藏族地区施教很重要。

（二）学生双语教学技能与课外实践活动

大学是学生发挥积极主动性，不断交流、交往、交融的场所，由于民族地区师范院校特殊的地理位置，学校既有少数民族的学生也有汉族学生，所以学生在学习和生活中的交流必然存在一定的困难，尤其是汉族学生与少数民族的学生，所以学校对于少数民族地区学生的普通话学习比较重视，并进行专门的训练。如图 3-28 所示，学生对民汉双语教学技能培养中所给予的指导感到满意的比例占 50.38%，有 14.70% 的学生对学校关于教学技能的指导感到不满意，也有 34.92% 的学生表示一般。

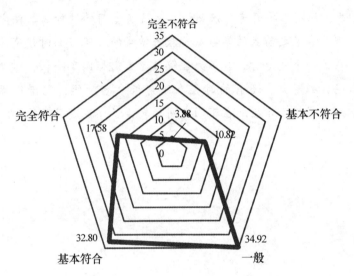

图 3-28　学生对民汉双语教学技能指导感到满意（单位:%）

　　从学生访谈中可以看出，首先，这些学校由于处在西北少数民族地区，所以学校会开设民族文化与语言等具有特色的讲座，这符合国家、地区、学校对少数民族地区教育事业和各民族团结的要求。其次，这些民族文化类、少数民族语言等相关的讲座很受师范生的青睐，但是普通班学生对民族类讲座的参与可能不是很积极。最后，学生认为，这些讲座的开设对他们有帮助，可以让他们了解各民族的文化或风俗习惯，可以拓宽自身的知识面，还有利于他们与自己同学的沟通或者在实习时和学生的沟通。下面是宁夏大学学生有关双语教学技能培养的访谈。

访谈者：你们有没有专门开设有关写作和口语表达能力的课程？

学生：有普通话训练课，但是它主要强调标准度。大一有写作基础课，写公文、作文、信件之类的内容，觉得挺有作用，最起码知道了格式之类的。

访谈者：你觉得开展专门汉语课有必要吗？

学生：很有必要开专门汉语课，我没有专门学过什么教法之类的课程，都是靠着之前我的学习底子教给学生的。实习的时候有次讲到字词。在讲一个成语时，我不太理解，还专门翻阅了手机，学生就觉得怎么连我都不会。还有的时候在进行板书的时候，觉得很简单的字，就是会写错，学生就在下面大叫说我错了，挺没面子的。

第四章　民族地区师范教育综合改革问题分析

民族地区师范教育综合改革关系到师范生培养的质量，需要从制度建设、课程建设、支撑性条件建设及加强语言学习等方面着眼，加强职前职后一体化教师教育改革，探索本土经验，以破解民族地区师范教育综合改革与师范生培养所遇到的难题。

第一节　制度建设是师范教育综合改革的基础

制度建设是高师院校进行师范教育改革的逻辑起点，也是提高师范生培养质量的基础。在改革过程中，各所学校进行的制度性建设主要包括课程结构制度、教育实习制度、培养制度结构以及以项目为导向的制度设计等几个方面。

一　健全的课程结构制度是师范生培养的知识基础

对课程结构设置问题，已有较多的研究。比如，华东师范大学丁钢教授联合全国 11 个省（自治区、直辖市）的师范大学（包括华东师范大学、东北师范大学、陕西师范大学、华中师范大学、南京师范大学、广西师范大学、西北师范大学、哈尔滨师范大学、山东师范大学、四川师范大学、上海师范大学和天津师范大学）开展了"全国高等师范院校师范生培养状况调查"项目。此项目组调查了全国师范院校的课程结构及师范生对课程的重视和投入程度，认为："学科专业类课程比例高，教育类课程比例相对较低，教育实践类课程占教育类课程的比例较高；师范院校重视教育类课程改革，但师范生对教育类课程的重视和投入程度明显低于学科专业类课程；学科教育类课程深受师范生重视，体现了我国分科培养中小学教师的特色。"①

然而，民族地区师范生的培养，必然有民族地区特殊的文化、宗教、习俗、地理、政治、经济与教育发展的特殊需求。有针对当地学龄儿童学习心理与文化的诉求，比如三笔一话课程、活动课程、民族文化与习俗课程等，这就需要师范院校或者综合大学所培养的适合民族地区发展的师资备相应的专业能力，尤其是在课程结构上必然要考虑学生在这方面知识的习得状况。有34%的学生希望学校加强教师技能类训练；有23%的学生希望学校可以延长见习实习时间；有16%的学生希望学校增强外语知识的学习；有37%的学生则希望学校重视教学方法的指导。

二 完善的教育实习制度是师范生培养的实践基础

有关实习制度的研究，各个国家都进行了不同程度的探索，比如，美国教师教育实习制度有三种主要的模式：第一种是20世纪80年代美国教育界对实习制度进行的持续的改革探索与实践尝试的成果"教师专业发展学校"；第二、三种是进入21世纪后出现的"城市教师驻校培养模式"与"临床实践型教师教育"两种实习模式，教师教育实习制度由此在专业化的道路上得到更深入的发展。②

如果说高校课程知识的学习是师范生的知识基础，实习制度的建设则是其实践基础。在研究中发现，调研的11所学校都有其独特的实习制度。各所学校都针对国家的政策方针，提出了卓越教师培养计

① 全国高等师范院校师范生培养状况调查项目组：《中国高等师范院校师范生培养状况调查与政策分析报告》，《教育研究》2014年第11期。
② 何振海、高镜淳：《美国教师教育实习制度的专业化走向——历史维度的考察》，《河北大学学报》（哲学社会科学版）2015年第2期。

划、小学全科教师培养计划、学前教师培养计划等，这些计划的亮点都是与中小学进行密切结合，提升中小学支持大学师范生的实践能力。尤其是混合编队进行实习、顶岗实习、教育见习已经成为多所学校培养学生实践能力的基础。但是在教育实习中仍旧存在一些问题：诸多院校对师范生实习不重视，只是派遣师范生去帮助实习学校打打杂，学生实习完毕后几乎没有什么大的进步；实习指导教师忽视实习的必要性，无论是师范院校的指导教师还是中小学的教师，认为师范生去学校是一种制度化的强硬安排，没有让学生得到真正锻炼和提升；学校实习时间安排往往与学生考研、找工作等时间相冲突，以致学生对实习采取应付了事的态度；大学和中小学对学生的实习评价简单，基本上只要能够按时间完成实习就当作实习过关等。总之，学校的教育实习制度仍需不断完善细化，真正提高学生运用理论知识去解决实际教育教学问题的能力。

三　培养制度结构的变革是师范教育综合改革的基础

师范生培养模式是全世界各国师资建设的重要基础，各国的具体模式都是根据自身实际以及学科需求而形成的。借鉴他国经验可以促使我国师范生培养模式的改革，比如，英国、加拿大、新加坡三国的体育教师培养模式的目标明确且极为相似，针对小学和中学教师分别确定不同的培养目标，如英国 "4 + 0" 模式的培养目标为学前和小学体育教师，而 "3 + 1" 模式与 "2 + 2" 模式则是为培养中学体育教师而构建的。[①]可以看出，不同国家不同阶段的教师培养模式均有差异，对于我国少数民族地区师范生的培养模式也需不断结合国外先进培养模式，寻找适合本土的培养制度。

从研究中可以看出，在制度结构的变革中，不同学校的方式存在一定的差异，在培养模式上，有 "3 + 1" 模式、"2 + 2" 模式、"4 +

---

① 安涛等：《英国、加拿大、新加坡体育教师培养模式对我国体育免费师范生培养模式的启示》，《北京体育大学学报》2015 年第 10 期。

0"模式、"4+2"模式等。例如，某大学教师教育改革行动计划规定：教师教育改革实行"4+0"模式，即学生在4年大学期间，完成专业教育的任务，达到专业本科毕业水平并获得相应的学士学位。同时，在4年学习期间选修教师教育的课程，达到教师专业的要求，获得教师资格证书。待条件成熟后逐步向"4+1"和"4+2"模式过渡。在学制上，甘肃某师范学院采取3学期制，暑假利用国内高校高水平专家学者的专业力量，以专题讲座、课程设置等方式为大学生开设相关的课程，丰富其专业知识基础；在实践形式上，加速大学与中小学的伙伴合作，将学生的实践建立在中小学实践基地学校，已经成为学校培养师范生的重要路径。

四 以项目为导向的制度设计助推民族地区师范生的培养

教师教育项目是伴随着教师教育的出现和发展而产生的，不同时代和不同机构所设计的教师教育项目会有不同的思想和特色。民族地区的特殊性决定了民族教育的复杂性，要发展民族教育，师资建设是关键。作为工作母机的大学教师对民族教育的理解与认识、研究与创新等将成为影响民族地区师范生培养的关键因素。因此，有学校采取以项目为导向的方式，引导教师的教育研究与民族地区的实际相结合、与民族基础教育发展的需求相结合，能够有助于解决民族地区教育的现实性困境。以项目为导向的制度设计有利于弥补教师教育师资队伍建设的不足，为民族地区师范生培养提供典型案例和实践经验。

另外，也存在一定的问题，那就是由于高校师资力量的限制，一些学科的招生存在短板，影响了少数民族地区师范生培养的规模与质量。特别是在课程制度建设方面，需要进行课程设计中的多元文化意识的培养、中华共同体认同的教育，加强双语教学人才培养的规划与设计也存在一定的片面性，有的学校对师范生培养的民族性问题研究不够、设计不足，甚至没有关注到民族教育的特色性问题，顶层设计明显不足。因此，在项目设计中，必须结合民族地区的特色问题，既要响应国家教师教育改革的先进政策举措，又要创造符合本地区的课程设置、培养模式等，协力为民族地区的基础教育贡献教师人才。

第二节　课程建设是师范教育综合改革与师范生培养的抓手

　　课程与教学是人才培养工作的一体两面，也是最为重要的部分。在世界各师范院校改革发展中，课程建设是最为引人注目的改革环节。针对民族地区教育的实际，需要加强课程建设，完善师范生培养的知识结构，进一步做好课程目标的顶层设计，关注学生对不同类型课程的需求，建立保障师范生培养质量的课程制度。

一　课程建设决定了师范生的知识结构

　　课程制度的设计很好地发展了民族地区的师范教育，提升了师范生的专业能力与基础。在课程建设过程中，既需要面向全体学生的课程，比如通识类课程模块、学科专业课程模块、教师教育模块和实践类课程模块；也要有独特的课程培养新特色，比如重视双语课程教学、关注创新能力实践环节、彰显"卓越教师"风采、开设民族语言和文化课程、介绍民族宗教制度与文化习俗等，有助于本民族和其他民族学生融入民族地区中小学的发展中，增强民族情感与民族自信。

　　在样本学校中可以明显看到学校有关教师教育课程设置的相关文件及其内容。比如 2006 年，某学校印发了《××××关于修订本科专业学分制教学计划的意见》，为本科专业构建了"平台模块 + 必修选修"结构的新型课程体系。新的课程体系将本科各专业的课程划分为三个平台：学校平台课程（普通教育课程）、学院平台课程（学科基础课程）、专业平台课程（专业教育课程），旨在为不同学科类型本科专业的课程设置提供最大的灵活性，以充分体现专业特色。在新的本科课程体系中，将培养师范生教育知识与技能的课程单独列为"学校平台课程"中的一个模块——"教师教育课程模块"，从课程体系上实现了学科专业教育与教师教育的分离，即学科专业课程由各个专业学院承担，通识教育课程由学校统一组织，教师教育课程则主要由教育学院、教育技术与传播学院承担。

二 课程目标设计是师范教育综合改革的价值旨归

不同国家的教师教育课程设置目标和特点都有其特色，比如，"美、英、澳三国非常注重教师教育课程设置的开放性，除了一些基本的限定之外，都没有对教师教育课程进行硬性的规定，各国承担教师培养的院校往往是根据不同的培养目标，强调个性化的课程设置，侧重点不同，培养目标相当明确，专业划分非常详细，具有很强的操作性和实用性"。"美国教师教育课程设置注重教师专业化；英国教师教育课程设置注重合格教师资格标准化；澳大利亚教师教育课程设置注重专业实践体验化。"① 与课程建设相比较，课程目标的设计是关键环节。不同的学科课程具有不同的价值诉求，也有不同的目标设计。李海英认为，教师教育课程设置的价值取向有知识本位、能力本位以及新出现的标准本位，并认为标准本位取向对我国教师教育课程设置有以下启示：兼顾课程的"学术性"与"师范性"；重视教育实践课程的设置；注重课程设置的灵活多样。②

师范教育综合改革与师范生的培养，应该从大学管理者对民族地区师范生应该具备怎样的知识、民族基础教育有着怎样的需求等问题进行深入研究，并在设计一定的人才培养目标的基础上，设计课程目标、内容、方法与评价体系，使课程实施成为目标驱动与能力提升的过程。因此，民族地区课程目标的设计重点究竟是注重教师专业化发展、合格教师资格标准化还是专业实践体验化等，其设计取向究竟是知识本位、能力本位还是标准本位等，这些问题都应该结合民族地区独特的教育现状予以清晰的论证，进而确立科学合理的课程目标。

---

① 钱小龙、汪霞：《美、英、澳三国教师教育课程设置的现状与特点》，《外国教育研究》2011 年第 4 期。

② 李海英：《教师教育课程设置的价值取向》，《全球教育展望》2005 年第 1 期。

三　学生对不同类型课程的需求差异明显

从现有的研究可以发现，师范生对报考师范专业有较好的认同。在师范院校师范生培养的课程建设中，学校有既定的原则与培养目标，有具体的培养方案，还有相应的课程模块，这些内容使学生的能力提高与民族文化认同得到了一定的保障。通过学校改革的尝试，学生对师范类课程的满意度一般、学生对教学基本技能较满意、对实习的满意度较高、对少数民族语言和文化课程的满意度较低。另外，我们也需要看到，学校课程建设与实施状况是明显滞后于课程制度设计的，在学生的视野里，现行的师范生培养专业课程开设不合理，教学基本技能掌握不牢固，教育实习成效不明显，尤其是对大学生的生涯规划能力关注不够。而且，师范生对西北少数民族文化了解浅薄，在西北少数民族地区从教信念不坚定，尤其是少数民族学生。

从某学校的文件分析中可以看出，学校为了满足学生课程学习的需求，也进行了进一步的尝试工作。为保证教师教育课程的教学质量与水平，为学生开出切合基础教育课改实际、内容新颖实用的课程，学校重视对任课教师的培训以及对课程教学效果的评价反馈。教育学院每学期组织教师教育课程的任课教师进行教学研讨与培训；在教学过程中对课程教学策略、教学资源、教学效果开展动态跟踪评价与反馈；学校教学督导委员会对教师教育课程进行专题听课调研。其中学校教学督导委员会认为：学校教师教育类课程开设情况整体合格，其中"教师信息技术基础"课程学生的学习积极性高，教学效果优良；在教学过程中，教师能够普遍使用启发、互动、参与式教学，能够使用现代教育技术手段，有一定的课堂实践环节。

四　课程制度是师范生培养质量的保障

课程制度是学校共同遵守的、落实课程计划和课程方案，有效促进学校课程实施与课程开发、课程管理与课程评价的一系列规程和行为准则，是学校实现课程自主更新的机制。课程制度往往涉及学校的课程价值，学校与国家课程、地方课程和学校课程的关系、教师与课程以及学生与课程的关系，是学校进行课程选择、课程决策、课程开发与课程实施的价值规范和行动规范。就学校课程实施与课程开发来说，学校课程制度能够为学校课程实施和课程开发行为提供价值规范与目标导引，为学校课程行为提供价值合理性、程序合理性、技术合理性的基础和依据。对教师的课程实施来说，学校课程制度是确立教师课程意识的保障。① 现有研究针对我国高等师范教育课程设置，普遍认为存在着教育专业性课程目标不明确、分量不够、结构不合理、课程设置和教学内容的师范性特点不够突出等问题。鉴于此，在师范生培养过程中，良好的课程制度建设是极为必要的，在做到遵循国家课程制度的基础上，师范院校还应该根据培养目标及培养需求建立一套符合本校办学理念和发展目标的学校课程制度，同时可借鉴国外发达国家和地区师范教育课程制度改革的先进经验，取长补短，建立符合国情和校情特色的师范课程制度体系。最终使师范教育与教育市场需求相适应，与人才市场相衔接。只有建立高质、有效的师范课程体系，才能有针对性地培养出一批合格、优质的师范毕业生。反过来说，课程制度的建设是师范生培养质量的有效保障，只有不断完善和发展师范院校和高校师范专业课程体系建设，才能使得师范生培养质量得到有效提升。

第三节　支撑性条件建设是师范教育改革与师范生培养的前提条件

民族地区师范教育的特殊性对师范教育改革与师范生培养提出了特殊的诉求，需要专门进行研究、设计与实践。因此，需要在师范生培养硬件环境建设、见习与实习基地建设、师范生培养过程的参与以及大学与中小学的伙伴合作等方面下功夫，以支撑师范教育改革与师范生培养。

---

① 郭元祥：《学校课程制度及其生成》，《教育研究》2007 年第 2 期。

一 师范生培养硬件环境建设需要全面升级

学校建设是学校开展一系列活动的基础，经过我国多年的教育改革，国家和政府在校园经费建设方面投入很大。如何保障充足的教师教育经费投入和合理使用教育经费，是师范教育改革的重要组成部分。美国教师教育的发展得益于其教育经费的良好运作，具有以下一些特点："教师教育资助方式多样化；社会投资教师教育的风气浓厚；教师教育经费投入的制度健全。"① 借鉴国外先进经验，拓宽我国教师教育经费来源，尤其是民族地区师范教育的经费来源，为民族地区师范院校硬件设施建设奠定充足的物质基础。

在研究中发现，民族地区的学校在物质环境建设方面，具有一定的民族特色，比如教学楼、餐厅等公共服务空间，但是在信息资源的共享上存在一定的差异，其教育功能发挥的作用也不够；在校园的生态环境建设方面，校园布局结构尊重并合理利用自然条件的建设、人工景观的建设、节能环保的建设等；在校园的精神环境建设与制度环境建设方面，同一性较多，差异性不足；在学校的学术、教学环境建设方面，学校设置了合理的"双语兼通"和"通三语"人才的培养模式，强化语言类教学，增强学生教学的适应性，加强师范技能培训，提高教学技能，积极借鉴，明确目标，办出特色，加大多民族教师交流工作的力度等。这些方面都关照到了师范生培养与师范教育改革的多个方面，但如何挖掘当地的环境元素，在学生的认同感、从师信念以及针对民族学生的教育教学问题等方面的挖掘还需要加强和升级。

二 见习与实习基地建设成为师范生培养中的必然选择

师范生在学校学习到足够的理论知识后就必须参加见习和实习，在实践中锻炼提高自己的课堂教学能力、课堂组织能力、课堂驾驭能

---

① 曹惠容：《试论美国教师教育经费来源的特点及其对我国的启示》，《中国高教研究》2009 年第 1 期。

力等，最终逐步提高教师职业素质、职业道德以及专业能力。有学者将校外实践基地类型分为四种①：（1）认识型。多以"考察"的形式融入阶段课程，一般以参观学习为主，根据课程教学需要，将学生带进中小学校进行实地调研，了解中小学教师对教育教学的实际认识和理解。（2）体验型。学生进入中小学课堂进行跟班见习，接受中小学教师的现场指导，培养初步的教育实践能力。（3）顶岗型。学生以代课老师的身份进入中小学，并完成一定的教学任务。（4）合作型。实际上就是以上三种类型的综合体，是指高校和中小学开展伙伴合作，互惠共赢、优势互补。

从对某样本学校的访谈中可以看出该校的实习基地建设以及具体实习制度：（1）实习由教务处统一安排，实习前进行短期的试讲、见习、讲课；校外实习基地包括 16 个市县，60 多处实习基地。在四川也有挂牌基地，有广东公司实习基地，还有其他私立中小学、九年制学校。福建省和浙江省都有实习基地，还有闽江人才中心等沿海城市实习基地。学前专业在北京基地实习。（2）实习采用集中实习的方式，采取地方教育局＋本校＋实习学校＋带队教师 4 级管理体系进行实习。（3）实习评价，采取实习记录手册和最终成绩考核的方式，实习成绩＝实习带队教师所给成绩＋实习学校的成绩＋管理领导小组的成绩，最后评选出优秀带队教师和优秀实习生。在调研中发现，11 所样本学校都有师范生培养的基地学校，都有与中小学合作的协议制度与培养规划。具体比如实习支教的各项规章制度、实习支教过程中导师队伍的建设、教师技能训练与要求、提高师范生的职前从教能力、建立科学合理的实习评价机制等。从管理者的视角来看，这些实习基地建设提高了师范生培养的质量，但大学生对此并不十分满意，总觉得大学所学与中小学的实践之间还有很多的距离。最为重要的是，很多大学没有将中小学的教师力量很好地调动起来。

---

① 刘力：《协作与共赢：教师教育实践教学研究》，北京师范大学出版社 2012 年版，第 235 页。

三 师范生培养过程中的参与可能性

学生在课程设置方面的参与权是学生发挥主观能动性对自己所学知识和技能的前提预测，能够充分调动学生学习的积极性和主动性，有利于提高学生的学习成绩，更有利于学生坚定在民族地区从事教师工作的理想信念。有学者对学生参与课程的条件和策略进行了探究，认为学生参与课程的条件有："满足学生自主、能力和归属的基本心理需要；激发学生认知冲突并提供有效的支架；整合学生行为、情感和认知维度的参与；提供多方面环境协同的社会支持系统。"此外，还提出了相应对策："创建学习团队；吸纳学生与教师共同做出课程决策；安排真实且富有挑战性的学习活动；设置不同难度水平的学习任务；引导家长为学生参与课程活动提供支持。"①

在研究中发现，在学生对西北少数民族文化了解程度方面，学生认为自己了解比较多的占 18.7%，比较少的占 35.7%，有 45.6% 的师范生对西北少数民族文化只是一般了解。但是，在课程的参与权利上，学生视角体现得较少，大部分学校都是严格按照教育部对于师范生培养所规定的专业基础课程实行的。民族地区的师范院校所培养的师范生，一方面他们和普通师范生一样对课程设置有着自己的想法，另外一方面他们又有别于普通的师范生，他们更多的希望是能够继续留在民族地区从事教育教学工作。除了教育部所规定的师范生的必修课程以外，大学生渴望的是更多地学习一些关于少数民族地区文化的教育以及维汉双语、藏汉双语的翻译和转化问题，帮助他们更好地适应民族地区的教育工作。因此，有关民族地区学生参与课程权利的研究有待进一步加强，为民族地区探索出新兴师范教育改革之路而不懈前行。

四 大学与中小学伙伴合作功能的发挥需要进一步提升

"在我国，传统师范教育是以大学为基地，基本上排除了中小学

① 刘宇:《学生的课程参与：内涵、条件与策略》，《课程·教材·教法》2012 年第 7 期。

在教师培养中的实质作用，结果学生在掌握了大量的理论知识后，仍然难以胜任实际的教学工作，教师教育出现了理论与实际相脱离的严重问题。"① 基于教师教育改革的诉求、中小学校的发展需求、大学功能的变革以及教师的专业化发展希冀，开展大学与中小学的伙伴合作非常有必要。在具体的伙伴协作中，我们可以明确得到如下合作成效："伙伴协作使大学和中小学教师共同获得了专业发展；伙伴协作促进了双方学校功能的建设；伙伴协作构建了新型的学习共同体。"②

在制度设计上，大学与中小学的合作是很多学校采取的行动，学校之间不仅有双方的职责权利，也有相关的制度保障。但是在合作的过程中，有46%的学生在实习支教前对自己将要实习的学校并不了解，有25%的学生是通过查阅资料了解实习基地学校的，通过岗前培训方式了解实习基地学校的学生仅占实习总人数的19%。最重要的是，师范生对民族农村小学的学情不熟悉，影响备课水平；师范实习生无法满足当地"双语"教学的需要；顶岗实习专业不对口，影响实习的效果；实习学校支持力度不够，影响学生教学技能的提高等，这是普遍存在的现象。因此，在民族地区应加强大学与中小学的合作伙伴关系，支持师范生见习实习，增强其对民族地区社会文化、民族地区中小学的深入了解。

第四节　职前职后一体化助推师范教育转向教师教育

随着我国师范教育体系由三级师范向二级师范的转型，师范教育的重心不断上移，大学与中小学之间的联系日趋紧密，师范教育培养体制职前职后一体化的转型已经成为现实，在师范生的培养中需要在

---

① 何齐宗、胡青、胡平凡：《高师教育改革与教师发展》，中国社会科学出版社2006年版，第9页。

② 张景斌：《大学与中小学的伙伴协作：动因、经验与反思》，《教育研究》2008年第3期。

学分建设、职前职后"一体化"建设，以及与中小学的合作等方面探寻对策，以提高师范生培养质量。

一　制度建设推进教师教育一体化的转型

借鉴国外由师范教育向教师教育转型的经验，形成职前职后一体化教育已成为师范院校的办学方向，也成为其发展地方基础教育的使命。在样本学校的调研中发现，这些学校为服务地方基础教育做出了巨大的贡献，在职前职后一体化的培养培训方面都做出了重要的贡献。学校方面也出台了相关的政策文件，落实师范教育发展的转型。有学者认为，我国教师教育改革尚缺乏经验及必要条件，"特别是在一些特殊领域（特殊教育、少数民族教育）的教师和特殊地区（如贫困地区、民族地区和边疆地区）的教师培养中，保留适度的封闭式培养对于保证师资培养数量和质量仍然具有重要的意义"[1]。

从对某样本学校一名教务处处长的访谈中可以看出该学校所进行的一系列改革措施：从 2007 年开始，实施了三轮连续改革。（1）学期制改革，实行 3 学期制，从 2000 年开始改革，1 年为 3 个学期，2 个大学期和 1 个小学期。每个大学期是 16 周，小学期是 7 周，后来改为 6 周。（2）单休制改革。核心是课程设置和人才培养。设置通识课程平台、专业课程平台和职业课程平台。通识课程平台包括通识 1 课程（综合素质课程·必修）、通识 2 课程（人文与科学素养课程·选修）、通识 3 课程（活动课程·选修）三个模块。专业课程平台包括专业基础课程、专业发展课程、专业选修（方向）课程、专业实践四个模块。职业课程平台（师范类专业职业课程平台为教师教育课程平台）包括职业理论课程、职业技能课程、职业实践三个模块。（3）分层分级分类改革。针对民族生的改革，不同地区学生分数线的划定不同，普通生是 460—470 分，民族生就是 410—420 分，双语

---

① 何齐宗、胡青、胡平凡：《高师教育改革与教师发展》，中国社会科学出版社 2006 年版，第 6 页。

生是 380—390 分。比如大学英语分为普通类和双语类。大学英语实行分级教学，有 A 级和 B 级。双语有纯藏语和混合藏语。（4）课堂延伸 5 个环节：课前预习；课后作业；课堂讨论；课堂阅读；课外活动。（5）2014 年师范生培养设计：为适应应用型专业建设和转型的要求，对于教师资格证的考核采用国考制。

二　加强学分制建设 引导师范生的工作信念

学分（credit，credit hour，credit unit）是学生完成某科目的学习所获得的分值单位，是记录学生学习经历和学习成果的一种方式，用于表明学生获得某种证书、文凭或达到某一目标所需接受的教学科目总量。① 我国虽然也是较早推行学分制的国家，但是一直以来学分制在我国还不够成熟，比如学校不让学生自由流动和学分互换等，这样不利于学生的全面发展和适应教育教学改革的要求。"学分制能够满足不同教师的个性化需求。教师的文化水平参差不齐，年龄、文化基础、学习条件和学习需求等方面也存在差异，这就要求教师教育必须适应灵活多样、注重个性发展的职业变化的特点。"②

在样本学校，学校有通识教育必修课、通识教育选修课、学科基础课、专业必修课、专业选修课、教师教育必修课、教师教育选修课、集中实践教学环节、创新能力实践环节，共计 175 学分，突出了实践环节，但针对民族地区师资的培养还是不够。在有关"师范生是否喜欢师范专业"的调查中发现，有 86.2% 的学生喜欢自己目前的师范专业，不喜欢师范类专业的学生比例为 13.8%。在有关"学生对于自己将来工作的区域选择"方面的调查中发现，有 49.4% 的学生对未来在民族地区从事教师工作充满信心，14.7% 的学生对自己未来在民族地区从事教师工作不太自信，有 35.9% 的学生表现出一般的态度。由此可见，在教师教育中，除了学科知识的学习外，学生理

---

① 薄建国：《教师教育的学分制构想》，《教师教育研究》2005 年第 3 期。
② 同上。

想信念、敬业精神、教育品质、师德修养等都是需要引起关注的，尤其是对学生的从师信念，对民族教育事业发展的乐观精神培养。因此，在课程设置方面，有关师范生理想信念的培养可以使用学分制进行引导，逐步规范课程学分结构，完善学分制管理制度。

三　加强职前职后"一体化"建设

有学者认为，教师教育一体化所面临的困境有："教师教育职前职后一体化发展缺乏制度与运行方式的规范；教师教育职前职后一体化发展的管理权属关系分离、统筹主体缺失；教师教育职前职后一体化发展的目标与课程缺乏全程设计规划；教师教育职前职后一体化发展的协同动力机制尚未建立。"① 有学者对教师教育改革的历程进行了梳理，认为一体化存在以下问题："一些教育学院在并入师范院校后，虽然从领导体制和机构上实现了一体化，但教师教育大多仍然延续的是传统的职前职后各负其责的做法；教师教育仍然将关注点集中在教师的职前培养上，教师职前培养与职后培训的内容仍相互割裂；教师的培训仍主要是在教师教育机构中集中进行，无论是政府还是学校，普遍认可的仍然是由教师教育机构提供的可控制的正规化学习，非正规的学习场所与机会自然无从谈起；虽然在教师专业化研究与改革的推动下，教师教育开始注重以理念为核心的教师专业素养的提升，但实际的情形是：教学能力特别是教学技能的程度仍然是衡量教师水平高低的关键因素，对教师多侧面一体化发展的关注仍然停留在理论的探讨上。"②

无论是普通地区还是民族地区，我国职前职后一体化培养教师模式还有待进一步的探索和深入研究。教师教育职前职后一体化是系统工程，需要教师素质养成目标体系的一体化、教育教学活动规划的一体化、教育教学内容和教材建设的一体化、教师教育工作的参与一体化、教师管理体系的一体化以及教育资源配置的一体化等。这些形式

---

① 刘义兵、付光槐：《教师教育一体化发展的体制机制创新》，《教育研究》2014 年第 1 期。

② 荀渊：《教师教育一体化改革的回顾与反思》，《教师教育研究》2004 年第 4 期。

与内容在民族地区教育实践方面的结合，就显得情况更为复杂多样，必须加以综合化考虑，才能够解决民族地区教师教育问题，培养"留得住、用得上、用得好"的专业教师。

四 多方式多途径加强与中小学的合作以提高师范生培养质量

随着教师教育取代师范教育成为引领我国教师培养改革研究的热点，教师教育者这一新概念开始受到理论研究者的关注，人们对师范生培养质量的关注不再局限于高校，更加重视中小学校的参与。

构建促进高校与中小学融合的制度体系，就是依靠制度形成高校与中小学合作的共同体。[1] 该共同体体现的是多元合作、和谐共生的建设思想，是把大学和小学引入一个开放、持续和共同参与、变革、发展的框架中，通过建设共同体以促进双方文化的互动、融合、互补，实现大学和小学的共同提升。坚持实践取向，与中小学校共同完成教师培养是未来教师教育的发展走向，许多高校正积极寻求两者融通的路径。在师范生培养实践阶段，借助合作共同体探索双导师制的实践路径，即选拔相应学科的优秀中小学教师为特聘导师，与高校教师组成导师组对师范生实行"理论 + 实践"的双导师制培养，中小学的特聘导师不仅参与指导这些学生的听课、备课、评课和上课等教学全程实践活动，还在师范生理论学习阶段走入大学课堂，将基础教育的鲜活实践材料带入大学课堂。多年的实践研究表明，教育实践是培养师范生职业素质的有效途径。因此，在与中小学的合作中应重视教育实践来提高师范生的培养质量。为了充分利用校外实践教学资源，应"本着'优势互补、资源共享、双向受益'的原则，积极推进师范院校与中小学联合培养教师人才的协同创新实验，加强校外实训平台建设"[2]。中小学的教育研究课题大多来源于教育实践，旨在解决

① 费振新：《基于师范生培养的教师教育者身份认同探议》，《现代教育科学》2015年第5期。
② 汪丞、严文清、夏力：《师范生实践能力培养模式改革的探索与实践——以湖北第二师范学院"三S"模式为例》，《高等教育研究》2013年第1期。

实际中的问题和矛盾，在教学实践中发现问题，在研究中探讨解决教育教学的具体问题。师范生只有到教育一线，亲历教育实际，才能发现教育、教学中可研究的问题，掌握教育科学研究方法，主动参与教育科研活动。"研究结果表明，参加过教育实践的师范生均不同程度地参与科研活动，他们在教育研究中自觉学习教育理论，主动接触学生，了解教育、教学对象和问题，并将教育理论运用于教学实际，显著地增强了师范生的科研意识，培养了他们的科研能力，提高了他们的综合素质。"① 教育实践活动是提高师范生教育科研能力的重要环节。寻求教师教育与中小学教育的切合点和共生点，提高教师教育的针对性、实效性和适应性是教师教育改革的重要研究内容。

第五节　本土经验创新是民族地区师范教育发展的新契机

我国幅员辽阔，各地教育发展情况多样。民族地区师范教育发展常常会受到民族、语言、宗教、习俗等方面因素的影响，需要创新本土经验，因地制宜地发展民族地区师范教育，比如结合当地实际确定师范生培养目标、改革教师教育类课程、加强与地方性知识相关的课程学习、建构校地一体化的师范教育体系等。

一　结合当地实际确定师范生培养目标

对于师范生培养目标的设定关乎民族地区师范院校人才培养职责，也是师范院校教师培养的指南针。一个时代、一个地区的教育事业会造就一个时代、一个地区的教育家。而一个时代、一个地区的教育家会成就一个时代、一个地区的教育事业。民族地区基础教育对师范教育师资培养目标的特殊需求使得这个地区呼唤本土的教育家。

---

① 张秀云、庞丽娟：《教育实践——培养师范生职业素质的有效途径》，《教育理论与实践》2003 年第 9 期。

2016 年，教育部颁发的《教育部关于加强师范生教育实践的意见》针对当前师范教育培养目标不清晰的现状，强调教育实践的目标任务。师范生教育实践是教师教育课程的重要组成部分，是教师培养的必要环节。举办教师教育的院校要围绕培养适应中小学教育教学需要、高素质专业化的"四有"好教师的目标要求，通过系统设计和有效指导下的教育实践，促进师范生深入体验教育教学工作，逐步形成良好的师德素养和职业认同，更好地理解教育教学专业知识，掌握必要的教育教学设计与实施、班级管理与学生指导等能力，为从事中小学教育教学工作和持续的专业发展奠定扎实的基础。

由于学校的地域不同，办学水平不一样，不同学校要制定切合本土本地的师范生培养目标。在《××××学院教师教育课程改革方案（试行）》中学校的改革目标是"以培养专业化教师为目标，坚持育人为本、实践取向、终身学习的理念，创新教师教育模式，强化实践环节，加强师德修养和教育教学能力训练，实现理论型师范专业向技能型师范专业转变，形成学科教育与技能型师范教育并举的师范专业新局面，培养'政治可靠、扎根基层、业务适切'的新型基础教育师资"。为此，学校自 2007 年开始，连续进行了三轮改革，主要改革了以下几个方面：一是学期制改革。该师范学院实行 3 个学期制，从 2000 年开始改革，1 年为 3 个学期，2 个大学期和 1 个小学期。每个大学期是 16 周，小学期是 7 周，后来改为 6 周。二是教师教育类课程改革。三是分层分级分类改革。四是单休制改革。这些改革措施为提高师范生培养质量起到了重要作用。

二　聚焦教师教育类课程改革

"全国高等师范院校师范生培养状况调查"项目组经分析得出：学科教育类课程相比一般教育类课程受到师范生的普遍重视，学科教学法、学科教材与教学案例分析等学科教育类课程与主教学科的紧密结合，也意味着为未来教师在主教学科的教学中持续追求精益求精提供了专业发展基础。这既证明近年来我国高等师范院校在师范生课程改革方面的成功之处，也显示出其不足，即学科教育类课程尚未覆盖所有师范院校，还需要将其推进到所有师范院校的师范生课程之中。[①]基于全国师范生课程改革的经验，对民族地区教师教育课程改革仍需结合本土实际采取相应措施。

为优化课程结构，学校设置了三大平台，分别是通识课程平台、专业课程平台和职业课程平台。为优化课程内容，甘肃某样本师范学院根据课程标准提出了"教育理念与责任、教育知识与能力、教育实践与体验"三大改革领域。为建立实践教学体系，学校在继续推进"援教顶岗"教育实习模式的基础上，逐步形成"学校、地方政府、中小学和幼儿园"密切合作的伙伴关系和共同培养师范生的新机制。为改革教学方法与考核方式，学校大力改进教学方式和教学手段，推进考试综合化改革，逐渐实现向"学一练二考三"的考核方式转变。同时，为适应教师资格考试结构化面试和情景模拟相结合的面试方式，应重点加强师范生的教师职业技能训练，尤其是口语表达等基本功的训练。与此同时，学校还加强教师教育师资队伍建设，加强教学实践基地建设，以提高课程实施的有效性。

三　加强与地方性知识相关的课程学习

西北少数民族地区是一个多民族传统文化积淀的复合性地区，"各民族在自己的历史发展中，形成了语言文字、文学艺术、科学教育、宗教信仰、生活习俗、道德伦理、人文景观等文化传统。新疆维吾尔自治区教育事业'十二五'发展规划中也提出要充分发挥学校在弘扬现代文化，传承区域特色文化和各民族优秀文化，推进科技创新，服务社会发展中的重要作用，为实现新疆跨越式发展提供人才保障与智力支撑。面对多民族、多语言、多文化彼此交融的内在区域特质，在师范生的培养上应充分立足本地区教育实际，将独具特色的多

---

　　① 全国高等师范院校师范生培养状况调查项目组：《中国高等师范院校师生培养状况调查与政策分析报告》，《教育研究》2014 年第 11 期。

民族语言文化融入高校师范生培养中"。① 在校师范生作为未来教师职业的从业者，除了在专业理论、职业技能与实践能力等方面全面提升自己，达到毕业要求之外，还应加强各民族传统文化及风俗习惯的认知与积累，不断增强对民族文化的认同感及自身文化的软实力，为积极融入少数民族地区的社会氛围打下基础。

为了提高师范生实习支教的有效性，师范院校应该就当地的语言问题做出提前规划，根据需要开设民族语言课程，并按照实习统筹安排对师范生的民语水平做出要求，保证每个学生都可以用民族语言进行基本的日常交流，对未来打算在少数民族地区就业的师范生来说，应熟悉并了解当地的实际需要，努力提升自身的双语教学能力。可以说，掌握双语教学能力为推进师范生实施双语教学奠定了基础，也是师范生未来从事教师行业必备的重要能力。在样本院校现行师范类专业人才培养模式中，针对师范生就业面向西北少数民族地区农村中小学、幼儿园的特殊性，学院在构建课程体系时，加大了语言类课程教授的力度，对民语言学生加大了汉语授课量，突出了"双语"授课能力的培养；汉语言学生增加《大学语文》《维吾尔语言课程》，并组织编写了《实习支教生维吾尔语教程》，加强了日常用语、会话等内容的学习，在一定程度上消除了学生在实习支教乃至走上工作岗位后的语言交流障碍，大大提高了学生的适应能力。②

四 建构校地一体化的师范教育体系

为保障少数民族地区师范生培养教育的长足发展，高师院校和当地政府要充分把握地区实际。在师范生的培养教育中以实习教育最为突出，教育行政部门应该在调查了解后，根据民族地区的需要，积极联系实习基地和师范院校，在充分了解各方面情况的基础上进行统筹

① 张凡、程静、肖志强：《实习支教对新疆高校师范生教师职业能力培养的影响研究——以石河子大学师范生实习支教为例》，《兵团教育学院学报》2014 年第 5 期。
② 刘健、李双龙：《民族地区师范类人才培养模式的问题及建议——以喀什师范学院为例》，《文化学刊》2015 年第 2 期。

安排，分片划区且分阶段地将师范生输送到民族地区，逐步落实实习支教政策，既要"救火"，为民族地区提供一定的实习生，缓解师资紧缺的局面，也要进行长远规划、统筹安排，尽量将实习支教之于民族地区师资补充的功能最大化。与此同时，作为师范生的培养重地，西北少数民族地区的高师院校要加强与实习基地学校和各级教育管理机构的合作，形成师范生培养教育的利益共同体。一方面高师院校可以利用学校的资源，在教师进修、委托培养、课程建设、信息交流、科研合作等方面为地方的实习基地学校提供服务，提升地方实习学校教师的教育教学质量。同时还应该建立与地方市县教科所、教研室的合作伙伴关系。地方高师院校应主动联络地方教科所、教研室，从基础教育教学科研到教师教育的职前职后培养等方面开展广泛的合作，建立伙伴关系，定期邀请各学科专家、教师到高师院校做报告或讲座，以利于其教学更有的放矢，使高师院校在师范生的培养教育中能够更好地开展各项工作。

随着新课程改革以及民族地区教育的不断发展，必须建立校地一体化的师范教育体系，确立适应民族地区发展特点的新型教师培养课程体系。样本院校的突出特色是调整了课程结构，更新了教育内容，并将新课改的新成果、新理念纳入其中，增加了教师职业道德、法律法规等方面的课程，增加与民族地区相关的系列课程，加大实践性内容的比重。以某样本院校的师范生培养模式为例，在课程设置上，打破公共理论 + 专业课程的设置模块，增加民族文化模块下的民族文化基础课，民族地区顶岗实习支教，民族教育系列讲座，并增加了大量的实践教学模块，如课程实习、教师职业技能培训，培养满足民族地区师资需要的新型师范生。

第六节　优质双语师资是民族地区师范生培养的必然选择

民族地区师范教育发展的关键在于优质双语师资的培养，从现有研究的现状分析来看，培养民汉双语兼通的优秀师资仍然是短板所在。因此，需要鼓励学生加强语言学习，加强民族地区实习基地建设，让师范生进一步了解民族地区中小学教育教学的实际，建构优质双语师资培养培训体系，并充分发挥信息技术在民族地区师范教育改革与师资培养中的作用，进一步提高民族地区优质双语师资的培养水平。

一　开展语言学习的专门训练

"不同的民族文化要实现对话，语言是基础因素之一。作为文化的载体，语言是文化的重要表达。文化主要以语言文本的方式保存、以语言对话的方式交流、以语言知识积累的方式进步。民族文化的传承、借鉴、发展，不同民族文化的交流首要的问题就是要处理好语言问题，文化的开放首要的就要处理好双语教育问题。"① 我国是一个多民族多元文化的国家，藏汉、维汉双语教育的实施是双语教育的一部分，是一个跨越诸多行政区域的民族地区的独特社会现象。由于这种独特的学校教育组织形式，双语师资的培养是双语学校存在的关键，更是民族地区教育发展的基础。然而，少数民族学生的双语态度、学习的选择意愿是复杂的、多元的。同一少数民族，即使在同一个地区，有着不同家庭背景的孩子，由于其多文化交往程度不同，跨文化适应能力不同，对其未来进一步接受教育的生涯规划不同，他们会选择适合自己语言的学习模式。所以对于开设什么样的双语课程应该充分考虑到师范生的学习多样性以及未来中小学校对于师资的需要标准，两者之间的矛盾应在双语师资的培养中得以解决。

民族地区师范院校双语课程的开展既是贯彻国家双语政策，又是培养师范生双语能力的重要内容。比如，甘肃某师范学院以教育部《高等师范学校学生的教师专业技能训练大纲（试行）》《高等师范院校学生的教师职业技能训练基本要求（试行）》为依据，根据教育技

---

① 王洪玉：《甘南藏汉双语教育历史与发展研究》，博士学位论文，中央民族大学，2010 年。

能需要和民族地区学校的实际情况，制定了师范生的教学技能培养方案。从学校所给的资料里可以看出，该师范学院的实施方案对师范生的普通话技能、口语表达技能、书写规范汉字技能、教育教学常用文体写作技能从训练目标、训练内容、训练措施三个方面进行了详细的规定。西北师范大学、新疆师范大学、喀什大学、石河子大学、新疆教育学院、青海大学和青海民族大学等都采取了类似的举措。

二 加强民族地区实习基地建设

民族地区师范院校除开设校内课程与开展校内活动外，校外推动双语教学的活动也可以从学校组织的师范生教育实习中得以展现。

从学校的政策文件中可以看出学校在校外推行双语实践活动的实施成效。比如，甘肃某样本学校的文件《创新教师培养模式 推进教师教育改革——××××教师教育改革行动计划实施工作总结》指出："积极开展赴新疆阿克苏地区实习支教和省内'国培计划'顶岗实习支教工作，服务西部农村地区和少数民族地区基础教育事业。学校坚持'师范性、民族性、区域性'的办学特色，积极主动为西部农村地区、少数民族地区基础教育服务，自 2008 年 8 月以来，已经选派六批 970 名师范生赴新疆维吾尔自治区阿克苏地区 7 县 1 市的109 所学校进行每个批次为期一个学期的实习支教，从事'双语'教学工作，取得了明显成效。"

从师范生了解民族习俗，到民族地区实习，与民族地区学生、教师的交流，以及支教的全过程可以看出，师范生在双语教学上做出了贡献，并得到民族地区的好评。再如某样本学校在《××××师范学院教育类课程改革方案（试行）》等中提出要加强教学实践基地建设，其具体内容为：在现有教学实践基地建设基础上，遴选一批基地，建成稳固的校外中小学、幼儿园教学实践基地，并与其建立广泛的合作，开展基础教育研究、教师教育专业见习、课程见习、课程实训、专业实习、主题观摩等活动，以提高课程实施的有效性。学校实习基地建设是师范生进一步提高实际教学能力的重要环节，是师范教育改革不容忽视的内容。

三 建构政府参与的校地一体化的优质双语师资培养培训体系

一个地区的师资培养培训水平决定了这个地区师资质量的高低，师资质量的高低又关系着该地区教育水平的好坏，而地区的教育水平又关系着该地区的人才和经济等各方面的长远发展。但优质的师资培养培训仅仅依靠地方高校的力量是远远不够的，尤其是在民族地区优质双语师资培养培训体系中，除了师范院校自身的努力外，还需要社会和地区政府等各方力量的大力支持与参与。因此，建构政府参与的校地一体化的优质双语师资培养培训体系对于民族地区的双语师资培养培训具有重要的价值和意义。

在政府主导方面，以教育部西北少数民族师资培训中心为基础，成立西北少数民族双语师资培养培训协同创新中心，通过与新疆维吾尔自治区教育厅、青海省教育厅、甘肃省教育厅以及宁夏回族自治区教育厅的合作，积极发挥政府在促进教育政策与实施创新变革过程中的使命，在各省区少数民族聚居的地方、在双语师资最为迫切需要的地方积极开展实验工作，积极推动双语师资培养、培训以及基地实验创新，提升服务国家和区域发展重大需求的能力。政府一方面要深刻理解优质双语师资对民族地区教育发展的重要性，另一方面还需要在教育政策、专项资金、社会资源等方面给予实质性的支持和帮助。此外，建构政府参与的校地一体化的优质双语师资培养培训体系还需要校地之间的互动与合作。校地互动是指高等学校与学校所在区域或其他区域的地方政府及其所属相关社会组织（如行业系统、企业、科研院所、地方政府部门和事业单位等）在人才培养、科学研究、社会服务等方面，通过一定形式整合各自所掌握的优势资源，并生成新的优势资源，通过相互作用、相互影响来促进校地的相互合作、共生共赢和科学发展。①

---

① 顾永安：《校地互动：地方高校科学发展的新思路》，《高等教育研究》2011 年第 2 期。

通过校地互动与合作建构政府参与的校地一体化的优质双语师资培养培训体系，可以实现地方政府与学校、学校和地区之间的资源共享与合作共赢，为优质师资培养培训提供良好的途径和桥梁、环境与氛围，以保障民族地区优质双语师资的培养。

四　充分发挥信息技术在民族地区师范教育改革与师资培养中的作用

民族地区受我国地域分布、语言和经济发展等因素的影响，在师范教育改革和师资培养方面存在较大的差异，这种差异制约了我国民族地区师范教育发展的总体进程。如何打破这种局面，为我国民族地区师范教育的发展创造新的机遇是我们当前所面临的主要问题。

互联网、信息技术和大数据浪潮已渗透进我们生产生活的各个领域，因此，通过充分发挥教育技术在民族地区师范教育改革与师资培养中的作用将是大势所趋。信息技术的应用可以使民族地区的师范教育改革和师资培养突破时间和空间上的限制，为民族地区的师范教育发展创造新的契机。从狭义上讲，信息技术是指利用计算机、网络、广播电视等各种硬件设备及软件工具与科学方法，对图文声像各种信息进行获取、加工、存储、传输与使用的技术之和。运用到教育领域中，则以网络和远程教育为重要组成内容。基于网络和远程教育的开放式教学和多媒体、自媒体、慕课等教学资源的优势配置，其主要特点表现在对教育教学资源的整合和最大化利用上，各种教育教学资源通过网络科技实现远距离输送和传播，使当代的学校教育和课堂教学模式多样化和无限延伸，形成超出传统校园向更广泛区域辐射的开放式教育体系。[1] 这种信息技术的显著特征就是学习者无论在何时何地都可以学习任何课程。

此外，运用计算机网络所特有的信息数据库管理技术和双向交互

---

① 耿才华、拉格：《现代教育技术背景下少数民族双语教育发展的思考》，《民族教育研究》2017 年第 4 期。

功能，可以针对双语教育中不同学习者和不同需求者提供方便快捷的教育教学信息和相关教学辅助资源，通过定制与创设符合相关教学情境化要求的个性化的学习环境与教育资源，网络与在线即时教育为个性化双语教育教学提供了便捷而有效的自主学习途径。这对于民族地区的双语师资培养和培训是大有裨益的。因此，民族地区的师范教育改革和师资培养应该充分利用这些多媒体、网络资源、教育资源等信息技术手段来突破原有的地域分布、语言等因素的限制，从而实现跨时空、跨领域的合作与发展。

第五章 对策建议与研究反思

基于现状调查与问题分析可以发现，民族地区师范教育改革与师范生培养具有十分明显的特殊性，需要从教育体制机制改革、课程结构改革、培养过程改革以及语言学习训练等多方面着手，综合多方面的因素，针对民族地区师范教育的特殊性、差异性，探索本土行动经验，以提高师范教育的质量。

第一节 对策建议

基于民族地区的调查发现，要提高民族地区师范生培养质量，提高师范教育综合改革的成效，需要从充分发挥信息技术的作用，加强民族师范生培养的顶层设计，加强对民族地区师范教育综合改革的课程领导，鼓励职前职后一体化办学设计，设计典型项目专项计划支持师范教育综合改革，重视语言习得与跨文化心理适应，开设少数民族语言课程供异民族学生自由选修以及加强和重视民族地区大学生的理想信念教育八个方面综合研究对策，以提高质量。

一 充分发挥信息技术对民族地区师资培养的作用

2018 年 3 月，教育部等五部门下发的《关于印发〈教师教育振兴行动计划（2018—2022 年）〉的通知》明确指出，要采取"互联网 + 教师教育"创新行动。其中包括：（1）充分利用云计算、大数据、虚拟现实、人工智能等新技术，推进教师教育信息化教学服务平台建设和应用，推动以自主、合作、探究为主要特征的教学方式变革；（2）启动实施教师教育在线开放课程建设计划，遴选认定200门教师教育国家精品在线开放课程，推动在线开放课程的广泛应用共享；（3）实施新一周期的中小学教师信息技术应用能力提升工程，引领带动中小学教师校长将现代信息技术有效运用于教育教学和学校管理；（4）研究制定师范生信息技术应用能力标准，提高师范生信息素养和信息化教学能力；（5）依托全国教师管理信息系统，加强在职教师培训信息化管理，建设教师专业发展"学分银行"。此计划的出台为新时代教师教育改革提供了新的政策依据，为我国教师队伍建设奠定了坚实基础。

随着信息技术的飞速发展，百度大脑、穿戴技术、云计算等信息技术对教育的冲击，可视化的教学、实景学习等必将对民族地区民族师范生的培养和教育改革提出巨大的挑战，带来良好的发展机遇。民族地区的学校可以凭借信息技术的手段，实现民族教育事业发展的现代化，民族地区师资理论的优质化等，这必将为学校的发展带来机遇和挑战。在信息化的背景下，充分发挥信息技术的功能和作用也必将成为民族地区师范教育综合改革的发展方向。比如有学校将各种先进的信息技术与课堂教学、教师培训、教师专业协作、教师教育研究进行整合，建设了"未来教师空间站"，助力于民族地区教师专业的培养。

二　加强民族师范生培养的顶层设计

中国特色社会主义已经进入了新时代，踏上了全面建设社会主义现代化国家的新征程。因此，社会的主要矛盾已经转化为人民日益增长的美好生活需要和不平衡不充分发展之间的矛盾。伴随着社会主要矛盾的转化，教育内部矛盾也转化为人民对公平而有质量的教育追求和不平衡不充分发展的教育之间的矛盾。新时代教师教育的改革更需要基于现实发展的顶层设计理念的指引，更需要结合民族地区教育发展的独特性制定适宜的改革方案。"顶层设计作为一种宏观、系统、上下贯通的设计理念和方式，要求教师教育课程平台不仅要兼顾贯通幼儿园、中小学教师专业发展的需要，更应当关注职前教师教育与基础教育改革的贯通性、一体性，成为沟通基础教育改革的桥梁和纽带。"①

民族地区师范教育改革和师范生的培养基本上都是学校自我进行的改革尝试，缺乏国家针对民族师范教育改革与师范生培养的特殊政策与顶层设计。许多地方高师院校在转型时期往往会存在较多问题："办学定位不准；学科专业建设缺乏合理规划；教师教育没有得到应有的重视和发展。"② 这种自我探索式的改革道路致使民族师范教育在发展的过程中远远不能满足师范生对专业学习的需求，尤其是理科课程在高校设置不够，师资力量严重不足等，造成教学一线缺乏具备一定胜任力的教师，且质量不高。加强顶层设计的目标在于打通大学与中小学一体化教育的系统设计，为发展民族教育事业提供政策支持。

三 加强对民族地区师范教育综合改革的课程领导

课程领导是指在学校情境下，课程领导者影响教师参与课程发展的过程，通过这一过程，形成教师参与课程变革的动机，提升教师参与变革的能力，促成学校民主、和谐、开放的教学文化，达到促进学校课程发展和提升学生学习成效的目的。③ 学校课程领导包括校长的课程领导和教师的课程领导，在我国多强调校长的课程领导。校长的课程领导是兼顾一般行政事务和课程事务的综合领导。"教师的课程领导主要是发挥教师参与学校课程发展的积极性，为教师的专业成长

---

① 娄立志：《教师教育课程平台顶层设计的理念与构想——搭建与基础教育改革相沟通的桥梁》，《教育研究》2012年第12期。

② 刘力：《协作与共赢：教师教育实践教学研究》，北京师范大学出版社2012年版，第86—89页。

③ 王利：《学校课程领导研究》，博士学位论文，西北师范大学，2007年。

与成熟创造条件和机会，使得教师在参与学校改进的过程中，通过实践促进专业发展。教师的课程领导对于其自身的专业发展、提升学生学习质量，提高课程实施水平和学校整体课程的发展都具有重要的意义。"[1] 总之，在学校教育改革中必须坚持校长课程领导和教师课程领导相结合，共同发力，赋权增能，推动师范教育的综合改革。

在民族地区师范教育综合改革中，课程是重要的抓手，各所学校在教师教育课程上做了很多的文章，积累了很多的经验。但是这些课程的民族性不够突出，需要针对少数民族地区学生的学习特点设计专门的课程支持。因此，积极鼓励和开发针对不同民族学生的民族特殊课程，加强学生的课程认识与理解能力，融合教育理念与民族教育发展的实际，积累课程知识，提高课程实施水平，就需要高校多调研，多开发针对性的课程，引领未来民族教育事业的发展，特别是基础教育事业的发展和教师人才的培养。

四 鼓励职前职后一体化办学设计

教师教育职前职后一体化发展既是当前世界各国教师教育改革的基本方向，也是其面临的重要挑战。师范教育职前职后一体化是教师教育改革的重要内容，"职前职后一体化打破了教师职前培养与职后发展相互分离的局面，建立起职前职后相互衔接、内在统一的教师教育体系；它将教师教育的学历教育与非学历教育、正规教育与非正规教育有机结合起来，努力做到培养目标一体化、课程设置一体化、考核评价一体化和管理体制一体化"[2]。鉴于职前职后一体化培养中所存在的问题，有学者提出以下解决策略："明确一体化统筹管理的责任主体，探索'三位一体'主体驱动的教师教育一体化发展机制；确立联合培养、共生发展的理念，构建'四位一体'机构协同的发展共同体；实施五项统筹一体化，搭建教师终身学习与专业自主发展

---

① 王利：《学校课程领导研究》，博士学位论文，西北师范大学，2007 年。

② 刘义兵、付光槐：《教师教育一体化发展的体制机制创新》，《教育研究》2014 年第 1 期。

平台。"①

　　民族地区师范教育的综合改革需要协同政府、中小学和大学的力量，甚至需要协同其他高校或科研院所的力量。从行政、专业和实践上提供全方位的支持，使教师培养与培训一体化，实现职前综合能力培养与职后提升的一体化工程，充分发挥相关机构行政与专业的力量，将师范教育改革作为发展地方教育事业的根本来抓，并充分体现民族高校服务民族教育的职能。

五　设计典型项目专项计划支持师范教育综合改革

　　2018 年 3 月，教育部等五部门在《关于印发〈教师教育振兴行动计划（2018—2022 年）〉的通知》中提出：（1）要开展教师教育改革实验区建设行动。支持建设一批由地方政府统筹，教育、发展改革、财政、人力资源社会保障、编制等部门密切配合，高校与中小学协同开展教师培养培训、职前与职后相互衔接的教师教育改革实验区，带动区域教师教育综合改革，全面提升教师培养培训质量。（2）开展高水平教师教育基地建设行动。综合考虑区域布局、层次结构、师范生招生规模、校内教师教育资源整合、办学水平等因素，重点建设一批师范教育基地，发挥高水平、有特色教师教育院校的示范引领作用。加强教师教育院校师范生教育教学技能实训平台建设。国家和地方有关重大项目要充分考虑教师教育院校的特色，在规划建设方面予以倾斜。推动高校有效整合校内资源，鼓励有条件的高校依托现有资源组建实体化的教师教育学院。

　　针对民族师范教育的突出问题和师范生培养中的问题与困难，设计有针对性的重大公关项目，开辟试验田，鼓励开展项目导向的专业实验，为国家政策的出台提供专业的支持与咨询，为破解民族地区师范教育所存在的问题提供经验借鉴。因此，在民族地区也要积极开展

---

　　①　刘力：《协作与共赢：教师教育实践教学研究》，北京师范大学出版社 2012 年版，第 254—282 页。

教师教育改革试验区建设行动和高水平教师教育基地建设行动，搭建民族地区高校与中小学协同合作培养师范生，职前职后紧密衔接的改革试验区或者改革平台。国家和地方的重大项目要充分考虑民族地区师范教育的独特性，并给予各方面的积极支持。最后在典型试验区的示范下，实现民族地区师范教育的综合改革。

六　重视语言习得与跨文化心理适应

我国学者郑新蓉等对"语言与文化适切"的教师学习模式进行了探究，并以"语言与文化适切的教育学"（Language and Culture Appropriate Pedagogy，LCAP）为理论基础。其核心思想是：整合各种语言和文化资源，促进少数民族儿童最大限度的发展，即以儿童发展为体，以文化和语言为用；适宜的语言（文字）、与儿童经验相关的文化都是促进儿童认知、道德、社会和情感发展的必要条件；语言和文化适切的教育学，是一整套普通教师都能够掌握的教育理念、方法和策略，以帮助语言和文化背景不同的学生有效地获得适应现代社会的认知和情感结构，培养身心和谐全面发展的社会成员。[1]此类教师学习模式的建构对我国民族地区师范教育改革中教师的培养有着积极的借鉴意义。

显然，民族地区师范教育改革和师范生培养的核心问题是语言问题。语言的影响，造成学生对话语体系的适应与再理解存在困难，造成学生对不同民族文化的再认识与跨文化的心理适应存在困难。而且，由于语言的影响，专业选择受限制，使学生在学习中的自我成就感、对教师专业的认同感、对发展本民族教育事业的信念等受到一定的消极影响。在师范教育改革过程中，需要关照学生的跨文化心理适应问题，突出不同课程形态与课程内容在教师培养中的独特作用。

---

[1]　郑新蓉、朱旭东等：《论我国少数民族地区"语言与文化适切"的教师学习模式》，《教师教育研究》2018年第1期。

七　开设少数民族语言课程供异民族学生自由选修

我国作为一个多民族的国家，语言极其丰富，少数民族语言教育不仅关系到民族素质的提高，而且关系到民族文化的传承。每个民族都有自己的语言，并且代表着这个民族的文化，也是其身份建构和民族认同的基础。有学者指出了我国民族语言教育的特点："民族语言教育呈现出跨地区差异；民族语言教育在不同教育阶段呈现出'两头大，中间小'的特点；双语教学比少数民族语言教学比重更大；民族高校的民族语言种类悬殊较大。"① 基于民族地区语言教育的重要性，有学者提出发展少数民族地区语言教育的对策："强化民族语言教育意义观念；提高民族文化意识的培养；资源方面实行'分担体制'下'专款专用'；提高教师队伍的整体素质；编写体现民族文化特色的教材。"②

然而语言教育的实现还必须依靠少数民族语言课程的设置和实施，除适当开设针对本民族师范生的民族语言课程外，还需要注意的是，学校可以针对本地区的其他少数民族教育，开设藏语、维语等少数民族语言课程。积极鼓励有兴趣、有意愿到少数民族地区从事教师教育的非本民族的大学生选修。如果这些学生有意愿从事少数民族教育事业，他们就需要对该民族的语言、文字、文化、宗教、习俗等问题有一个比较全面的认识和了解，此外，也更有益于多民族之间的融合与和谐共处。最终，在多语言的交流学习中，推动师范教育良好运行，为民族地区输送大量有用之才。

八　加强民族地区大学生的理想信念教育

理想信念是社会意识形态的重要组成部分，是民族地区大学生教

---

① 王艳、张雨江：《民族语言教育现状与特点探析——基于文本分析与田野调查》，《贵州民族研究》2016 年第 10 期。

② 李天乐：《少数民族地区民族语言教育的现状与发展对策》，《沈阳师范大学学报》（社会科学版）2013 年第 2 期。

育的重要内容。在西北地区师范教育改革中对大学生理想信念的教育是其能够在民族地区工作的重要保障，也是促进民族团结、加快民族地区教育发展的诉求。随着民族地区社会经济的飞速发展，信息技术逐渐普及，新时代民族地区大学生的理想信念教育随之也有了新的变化。有学者认为，新媒体环境下民族地区大学生理想信念教育面临着一些新挑战："新媒体信息的多元性加剧了民族地区大学生信仰多元化；新媒体的广泛传播性和接受度高对民族地区教师提出新要求；新媒体环境的自由性增加了民族地区大学生理想信念教育的难度。"[1]鉴于此，有学者提出在信息时代大学生理想信念的应对举措有："深入开展大学生理想信念教育信息化建设；加大用社会主义核心价值体系引领社会思潮的力度；推进大学生理想信念教育协调发展。"[2]

针对大学生就业选择的多样性与可能性，不仅要对大学生进行从师技能的训练、专业训练、教师教育能力的训练等，还要对大学生的理想、信念、责任感、奉献精神等进行培育，特别是从典型人物、优秀案例、民族发展、民族振兴等多层次出发，鼓励大学生从事少数民族地区的教育事业。因此，在西北地区师范教育改革中对大学生理想信念的教育是改革的重要组成部分，在师范生培养及教师培训中加强教师理想信念的教育是确保民族地区师资队伍建设的动力。

第二节　研究反思

民族地区师范教育改革是民族地区教育改革的重要组成部分，本书研究的范围为地处西北的甘肃省、青海省、宁夏回族自治区和新疆维吾尔自治区 11 所高校进行的师范教育改革。由于本书涉及面较广，且任务繁重，情况复杂，因此，本书研究尚存在一些不到位的地方，

---

① 黄艳：《新媒体环境下民族地区大学生理想信念教育探究》，《学校党建与思想教育》2016 年第 12 期。

② 陈超、姜华：《新时代境遇下大学生理想信念发展态势与应对》，《中国高教研究》2013 年第 4 期。

主要表现在以下几个方面。

一 要进一步开展师范教育综合改革的实证研究

实证研究是当今国际教育研究的主流话语和主要方法，然而，我国的实证研究仍然比较落后。为更好地推动我国的教育改革，提高中国教育研究水平，尽早走上国际化道路，2017 年 1 月 14 日，在华东师范大学举行了全国教育实证研究联席会议。大家一致认为，要提升中国教育研究的质量和影响力，必须加强教育实证研究，促进研究范式转型。为进一步推动教育研究的实证化转型，华东师范大学"加强教育实证研究、促进研究范式转型的华东师大行动宣言"指出：实证研究是基于事实和证据的研究，强调的是用科学的方法，获得科学的数据，得出科学的结论，接受科学的检验。实证研究具有多种类型和不同层次，实验研究、调查研究、访谈研究、考古研究、文本分析、案例研究、观察记录、经验筛选、计算机模拟等都可以做出高水平的实证研究；现代信息技术的发展又为实证研究提供了新的手段和新的方法。

西北民族地区师范教育改革是国家民族地区教育改革的重要组成部分，是推动民族地区社会经济发展的重要保障。虽然陕西省属于西北地区，但由于其民族地域性不够明显，因此本书放弃了对该地区的抽样。11 所大学对师范生的培养都有一定的制度与课程安排，但对课程运行状况如何，质量怎样，所培养的师范生能否满足民族地区的发展需求，民族地区的师范教育改革该如何进一步开展等问题还需要做大量的追踪性调查研究，以进一步挖掘其存在的问题。对西北民族地区开展有关师范教育改革的实证调查研究，是深入了解西北地区师范类院校有关师范生培养的制度设计、课程设置、条件保障、模式创新、改革动力等一系列问题的前提或基础。由于民族地区社会文化的特殊性，师范教育必将带有民族特色，所以对其进行实证调查，从具体的实际中把握师范教育改革的依据，让民族地区的师范教育改革走上新台阶，为民族地区的基础教育服务。

二 要进一步挖掘民族地区中小学对师资培养的需求

教师培养是师范教育的重要职责，也是国家赋予师范教育的重要使命之一。但是，目前师范教育培养的教师往往与中小学的实际需求相差甚远。根据调研分析，很多师范生所学非所教，专业不对口现象频出。师范生的培养存在着一定的问题："一是培养模式单一化，基本上是分科型培养；二是师范生数量增多，但质量下降；三是从事教育工作的责任意识弱化。"① 由于民族地区的特殊性和教育的相对落后，我国在少数民族地区跨文化教师的培养上做了一些探索，积累了一定的经验。比如，"为发展少数民族地区的教育事业，国家在少数民族地区培养相关专业的汉族教师，政策性鼓励他们赴少数民族学校任教。另外，国家还重视少数民族本土师资培养，从布局、体系、结构上进行建设，较好地适应了少数民族地区教育事业发展需要"②。

由于西北民族地区的独特性，中小学校对民族地区师范院校教师培养总会有各种各样的诉求，而且师范院校培养的教师必须能够有效适应中小学的需求，因此，师资培养需要关注民族地区中小学的需求。目前的师范教育改革是基于国家政策或者是大学的自主变革，地方教育行政部门意见介入甚少，中小学仅仅是配合，中小学校长、教师等对师范生培养应该有更多的话语权，有更多的意见和建议，甚至可以在大学参与师范生的培养，但遗憾的是，这方面的关注不够，研究不足。在调研中发现，有关师范生培养中对民族生的特殊针对性政策不足或者没有，以致师范生毕业后很难适应或者满足民族地区中小学的要求。

三 要进一步挖掘民族地区师范教育的典型经验

成功的典型案例是民族地区师范教育改革的榜样，也使得其他师

① 罗明东：《乡村教师培养模式新探索——边疆民族地区教师教育模式改革的创新实践》，《学术探索》2016 年第 10 期。

② 孟凡丽：《论少数民族地区跨文化教师的培养》，《教师教育研究》2007 年第 7 期。

范院校对师范教育改革抱有希望和信心,可以提供改革的依据。比如,有高校探索出了教师教育职前职后"三位一体"实践教学模式,经过教师教育改革,取得了卓越的成效,比如"教师教育专业结构调整;教师教育课程体系改革;人才培养模式改革;教师教育实践教学体系改革"①。吴永忠通过分析国外师资培养制度,对我国少数民族地区师资培养提出了要求:提高培养层次,建立教师教育一体化体制,走专业化道路;拓展渠道,建立多元化师资培养制度;积极稳步推进少数民族地区师资师范教育的教学改革;改革少数民族地区师范教育的招生、分配制度;加大力度培养"双语"教师。② 这些都可以为西北民族地区师范教育改革提供实践经验和政策依据。

不同地域的学校对师范教育改革的动机与目标是不一样的,现实状况也存在着较大的差异。从现有的调查情况来看,越是民族特色鲜明的学校,对民族教育中的双语教育教学、教学技能训练、文化习俗等方面的关注就越突出,而综合性大学等对此却关注不多,可供挖掘的典型经验不够。因此,需要开展可持续的研究,深度挖掘民族地区师范教育综合改革的典型经验,结合国内外师范教育改革的前沿经验和典型案例,因地制宜地制定出适合本土的改革策略,为民族地区基础教育的发展提供充足的人才资源。

四 要进一步提升师范教育理论水平

恩格斯指出,一个民族要想站在科学的最高峰,就一刻也不能没有理论思维。作为教育改革,我们更不能没有理论依据和理性思维,否则改革终将以失败而告终。时代是思想之母,实践是理论之源。民族地区师范教育改革的理论还需要从实践活动中不断寻找,不断提升。习近平总书记在同北京师范大学师生代表座谈时指出:"要从战

---

① 刘力:《协作与共赢:教师教育实践教学研究》,北京师范大学出版社 2012 年版,第 204—208 页。

② 吴永忠:《国外师资培养制度对我国少数民族地区师资培养的启示》,《贵州民族研究》2002 年第 2 期。

略高度来认识教师工作的极端重要性，把加强教师队伍建设作为基础工作来抓"，"要加强教师教育体系建设，加大对师范院校的支持力度，找准教师教育中存在的主要问题，寻求深化教师教育改革的突破口和着力点，不断提高教师培养培训的质量"。为深入贯彻落实党的十九大精神，落实立德树人的根本任务，培养德、智、体、美全面发展的社会主义建设者和接班人，全面提升国民素质和人力资源质量，加快教育现代化，建设教育强国，办好人民满意的教育，造就党和人民满意的高素质专业化创新型教师队伍，教育部颁布了《中共中央国务院关于全面深化新时代教师队伍建设改革的意见》以及教育部等五部门《关于印发〈教师教育振兴行动计划（2018—2022 年）〉的通知》等，为新时代教师队伍建设提供了重要的理论依据和政策支撑。

经验是基础，但理论提升是更为重要的研究依据。理论的提升，可以引领未来民族师范教育改革和师范生的培养，提高质量和效益，进一步提升师范生的实践能力和专业信念，发展民族教育事业。民族地区师范教育的改革理论依据也是随着时代的变迁和地区的特色而变化的，必须紧跟国家政策法规以及前沿理论，集民族特色和国家经验于一体，为民族地区的教育提供源源不断的人才支持，共同推动民族地区教育的发展。

参考文献

崔运武：《中国师范教育史》，山西教育出版社 2006 年版。

[美] 克利福德·吉尔兹：《地方性知识——阐释人类学论文集》，王海龙等译，中央编译出版社 2004 年版。

朱有瓛：《中国近代学制史料》，华东师范大学出版社 1986 年版。

陈静静：《教师实践性知识论：中日比较研究》，华东师范大学出版社 2010 年版。

陈向明：《搭建实践与理论之桥——教师实践性知识研究》，教育科学出版社 2011 年版。

陈学恂：《中国近代教育史教学参考资料》（上册），人民教育出版社 1981 年版。

陈永明等：《教师教育研究》，华东师范大学出版社 2002 年版。

崔运武：《舒新城教育思想研究》，辽宁教育出版社 1994 年版。

杜殿坤、高文等：《维果茨基教育思想评介》，余震球：《维果茨基教育论著选》，人民教育出版社 1994 年版。

郭祥超：《教师专业发展：身体哲学的视角》，教育科学出版社 2012 年版。

何齐宗、胡青、胡平凡：《高师教育改革与教师发展》，中国社会科学出版社 2006 年版。

姜美玲：《教师实践性知识研究》，华东师范大学出版社 2008 年版。

李明善：《教师专业发展论纲》，吉林大学出版社 2011 年版。

李友芝等：《中国近代师范教育史资料》（第 4 册），北京师范学院 1983 年内部交流资料。

联合国教科文组织：《教育——财富蕴藏其中》，教育科学出版社 1996 年版。

梁启超：《论师范》，梁启超：《饮冰室合集（文集之一）》，中华书局 1989 年版。

刘捷、谢维和：《栅栏内外：中国高等师范教育百年省思》，北京师范大学出版社 2002 年版。

刘力：《协作与共赢：教师教育实践教学研究》，北京师范大学出版社 2012 年版。

皮连生：《学与教的心理学：艾里克森人格发展理论中的概念》，华东师范大学出版社 1997 年版。

璩鑫圭等：《中国近代教育史资料汇编》（实业教育·师范教育），上海教育出版社 1994 年版。

盛宣怀：《奏陈开办南洋公学情形疏》，陈学恂：《中国近代教育史教学参考资料》（上册），人民教育出版社 1987 年版。

石艳：《我们的"异托邦"》，南京师范大学出版社 2009 年版。

宋恩荣、章咸：《中华民国教育法规选编》，江苏教育出版社 1990 年版。

王嘉毅：《多维视角中的农村教师》，北京师范大学出版社 2011 年版。

［苏］维果茨基：《维果茨基教育论著选》，余震球译，人民教育出版社 2005 年版。

［苏］乌申斯基：《乌申斯基教育文选》，张佩珍、冯天向、郑文樾译，人民教育出版社 1991 年版。

谢翌：《教师信念论》，广东高等教育出版社 2010 年版。

［德］雅斯贝尔斯：《什么是教育》，邹进译，生活·读书·新知三联书店 2004 年版。

叶澜、白益民等：《教师角色与教师发展新探》，教育科学出版社 2001 年版。

张健：《中国教育年鉴（1985—1986）》，湖南教育出版社 1988 年版。

张耀灿：《现代思想政治教育学》，人民出版社 2001 年版。

朱有瓛：《中国近代学制史料》（第一辑下册），华东师范大学出版社 1986 年版。

朱有瓛：《中国近代学制史料》（第二辑上册），华东师范大学出版社 1987 年版。

朱有瓛：《中国近代学制史料》（第二辑下册），华东师范大学出版社 1989 年版。

朱有瓛：《中国近代学制史料》（第三辑下册），华东师范大学出版社 1992 年版。

安富海：《我国少数民族学校课程政策：历史、特点及展望》，《西北师大学报》（社会科学版）2015 年第 3 期。

安涛等：《英国、加拿大、新加坡体育教师培养模式对我国体育免费师范生培养模式的启示》，《北京体育大学学报》2015 年第 10 期。

薄建国：《教师教育的学分制构想》，《教师教育研究》2005 年第 3 期。

鲍荣：《论教师教学实践知识及其养成》，《高等师范教育研究》2002 年第 3 期。

曹惠容：《试论美国教师教育经费来源的特点及其对我国的启示》，《中国高教研究》2009 年第 1 期。

曹正善：《论教师的实践性知识》，《江西教育科研》2004 年第 9 期。

陈超、姜华：《新时代境遇下大学生理想信念发展态势与应对》，《中国高教研究》2013 年第 4 期。

陈向明：《实践性知识：教师专业发展的知识基础》，《北京大学教育评论》2003 年第 1 期。

崔允漷、王少非：《教师专业发展即专业实践的改善》，《教育研究》2014 年第 9 期。

崔运武：《近代中国教会女子教育析论》，《史学月刊》1988 年第 2 期。

冯海英：《大学与中小学合作培养教师的问题及对策》，《学术论坛》

2015 年第 4 期。

高文：《维果茨基心理发展理论与社会建构主义》，《外国教育资料》1999 年第 4 期。

苟顺明：《论少数民族地区教师的特殊素质——美国文化敏感型教师的启示》，《学术探索》2014 年第 4 期。

顾明远：《师范院校的出路何在》，《高等师范教育研究》2000 年第 6 期。

管培俊：《我国教师教育改革开放三十年的历程、成就与基本经验》，《中国高教研究》2009 年第 2 期。

郭炯：《教师实践性知识的组织结构及生成途径研究》，《中国电化教育》2012 年第 11 期。

韩吉珍：《职前教师实践性知识的生成途径探析——从个人生活史分析》，《教育理论与实践》2017 年第 34 期。

何波、马丽君：《藏汉双语教育政策体系构建的基本原则》，《青海师范大学学报》（哲学社会科学版）2011 年第 3 期。

何晓芳、张贵新：《解析教师实践知识：内涵及其特征的考察》，《教师教育研究》2006 年第 3 期。

何振海、高镜淳：《美国教师教育实习制度的专业化走向——历史维度的考察》，《河北大学学报》（哲学社会科学版）2015 年第 2 期。

华东师范大学课题组：《师范教育发展战略研究：目标、对策与措施》，《高等师范教育研究》2001 年第 2 期。

皇甫倩、王后雄：《免费师范生实践能力培养的环境建设研究》，《教师教育论坛》2013 年第 2 期。

黄友初：《职前教师实践性知识的缺失与提升》，《教师教育研究》2016 年第 5 期。

黄远春、边仕英、陈梅琴：《民族地区教师教育模式创新与教师教育专业化》，《西昌学院学报》（社会科学版）2012 年第 1 期。

姜美玲：《论教师实践性知识的表征形式》，《全球教育展望》2010 年第 3 期。

阚赤兵：《职前教师教育实践性知识的构建》，《东北师范大学学报》（哲学社会科学版）2011 年第 4 期。

兰英、郗海娇：《师范生教育实践能力培养下的课程整合探析》，《高等教育研究》2009 年第 10 期。

李海英：《教师教育课程设置的价值取向》，《全球教育展望》2005 年第 1 期。

李石纯：《优先发展师范教育 建设高素质的师资队伍——全国师范教育工作会议侧记》，《中国高等教育》1996 年第 11 期。

李天乐：《少数民族地区民族语言教育的现状与发展对策》，《沈阳师范大学学报》（社会科学版）2013 年第 2 期。

李泽林、吴永丽、石小玉：《西北民族地区教师教育改革：从各自为政到合作共赢》，《中国民族教育研究》2014 年第 2 期。

林一钢：《教师信念研究述评》，《浙江师范大学学报》（社会科学版）2008 年第 3 期。

刘东敏、田小杭：《教师实践性知识获取路径的思考与探究》，《教师教育研究》2008 年第 4 期。

刘义兵、付光槐：《教师教育一体化发展的体制机制创新》，《教育研究》2014 年第 1 期。

刘宇：《学生的课程参与：内涵、条件与策略》，《课程·教材·教法》2012 年第 7 期。

娄立志：《教师教育课程平台顶层设计的理念与构想——搭建与基础教育改革相沟通的桥梁》，《教育研究》2012 年第 12 期。

罗明东：《乡村教师培养模式新探索——边疆民族地区教师教育模式改革的创新实践》，《学术探索》2016 年第 10 期。

吕静：《教师职前实践性知识培养：现状与途径——以边疆民族地区教师教育为例》，《全球教育展望》2009 年第 10 期。

马立：《把充满生机和活力的师范教育带入 21 世纪》，《高等师范教育研究》1998 年第 1 期。

马莹：《论教师信念的构成及其相互关系》，《首都师范大学学报》

（社会科学版）2012 年第 6 期。

孟凡丽：《论少数民族地区跨文化教师的培养》，《教师教育研究》
　2007 年第 7 期。

彭宁：《民族地区高师院校教育实习模式的演进与思考》，《天津市教
　科院学报》2012 年第 5 期。

钱小龙、汪霞：《美、英、澳三国教师教育课程设置的现状与特点》，
　《外国教育研究》2011 年第 4 期。

全国高等师范院校师范生培养状况调查项目组：《中国高等师范院校师
　生培养状况调查与政策分析报告》，《教育研究》2014 年第 11 期。

任翠：《新疆高校师范生实习支教问题及对策研究》，《教学研究》
　2015 年第 9 期。

宋广文、魏淑华：《论教师专业发展》，《教育研究》2005 年第 7 期。

唐兴萍：《民族地区大学英语教师专业发展的困境与路径构建》，《贵
　州民族研究》2014 年第 4 期。

滕星：《民族教育概念新析》，《民族研究》1998 年第 2 期。

田友谊、张书：《论教师的教育信仰：价值、结构及生成机制》，《江
　汉学术》2014 年第 6 期。

田忠山、崇斌：《社会学视域下民族地区大学外语教师专业发展研
　究》，《内蒙古农业大学学报》（社会科学版）2017 年第 2 期。

涂元玲：《班克斯多元文化课程改革的途径及启示》，《比较教育研
　究》2003 年第 2 期。

万明钢、邢强、李艳红：《藏族儿童的双语背景与双语学习研究》，《民
　族教育研究》1999 年第 3 期。

汪泽贤：《论教师的实践性知识》，《全球教育展望》2009 年第 3 期。

朱旭东：《论教师专业发展的理论模型建构》，《教育研究》2014 年第
　6 期。

王健：《我国高校学士后教师培养模式的现状分析》，《教师教育研
　究》2009 年第 6 期。

王鉴：《当前民族教育领域需要重新理解的几个主要理论问题》，《当

代教育与文化》2011 年第 3 期。

王清风、杨菊香：《论教师职业道德与教师专业发展》，《青海师范大学学报》2008 年第 2 期。

王少非：《教师专业发展规划：意义 内容 策略》，《中国教育学刊》2006 年第 2 期。

王艳、张雨江：《民族语言教育现状与特点探析——基于文本分析与田野调查》，《贵州民族研究》2016 年第 10 期。

乌兰：《少数民族地区教师专业发展保障体系探索》，《黑龙江民族丛刊》2008 年第 1 期。

吴永忠：《国外师资培养制度对我国少数民族地区师资培养的启示》，《贵州民族研究》2002 年第 2 期。

谢维和：《论师范院校改革与发展的三重目标》，《中国高等教育》2003 年第 8 期。

辛涛、申继亮、林崇德：《从教师的知识结构看师范教育的改革》，《高等师范教育研究》1999 年第 6 期。

徐颖、高凤兰：《论维果茨基概念形成过程的语言发展观》，《东北师范大学学报》（哲学社会科学版）2011 年第 6 期。

荀渊：《教师教育一体化改革的回顾与反思》，《教师教育研究》2004 年第 4 期。

阳红：《贵州民族地区新建高校教师教育类课程体系改革的构想》，《贵州民族研究》2007 年第 5 期。

姚玉环：《地方民族院校师范生教学能力培养问题的思考——以内蒙古民族大学为例》，《民族高等教育研究》2013 年第 6 期。

殷玉新、马洁：《国外教师专业发展研究的新进展》，《全球教育展望》2016 年第 11 期。

张景斌：《大学与中小学的伙伴协作：动因、经验与反思》，《教育研究》2008 年第 3 期。

张立忠、熊梅：《论教师实践性知识的内涵与结构》，《课程·教材·教法》2010 年第 4 期。

赵昌木：《论教师信念》，《当代教育科学》2004 年第 9 期。

赵建梅：《新疆少数民族双语教育模式探讨》，《新疆师范大学学报》（哲学社会科学版）2012 年第 5 期。

赵明仁：《论教师专业发展的再概念化》，《教师教育研究》2006 年第 4 期。

郑新蓉、朱旭东等：《论我国少数民族地区"语言与文化适切"的教师学习模式》，《教师教育研究》2018 年第 1 期。

郑振锋：《民族地区高校教师专业发展多元支持体系的构建——基于利益相关者理论》，《广西师范大学学报》（哲学社会科学版）2017 年第 3 期。

钟启泉：《教师"专业化"：理念、制度、课题》，《教育研究》2011 年第 12 期。

潘佳丽：《Understanding Modelling Approach in RICH Education》，硕士学位论文，浙江师范大学，2008 年。

蔡向颖：《新疆少数民族地区多元文化教师教育研究》，硕士学位论文，新疆师范大学，2012 年。

陈旭：《中美教师教育课程设置比较研究》，硕士学位论文，陕西师范大学，2010 年。

刘德敏：《我国高师院校教师教育模式创新研究》，硕士学位论文，四川师范大学，2012 年。

张艳艳：《从近代学制看我国师范教育体制的确立与发展》，硕士学位论文，河北师范大学，2008 年。

蔡首生：《我国改革开放以来教师教育政策的反思》，硕士学位论文，湖南师范大学，2012 年。

郝向鹏：《高等师范生职业准备研究——以广西师范大学思想政治教育专业为例》，硕士学位论文，广西师范大学，2008 年。

欧群慧：《云南省黎明市孟波镇中学多元文化教师民族志研究》，博士学位论文，中央民族大学，2009 年。

王莉颖：《双语教育比较研究》，博士学位论文，华东师范大学，2004 年。

周福盛:《教师个体知识的构成及发展研究》, 博士学位论文, 西北
　　师范大学, 2006 年。

王利:《学校课程领导研究》, 博士学位论文, 西北师范大学, 2007 年。

李家黎:《教师信念的文化研究》, 博士学位论文, 西南大学, 2009 年。

程凤农:《教师实践性知识管理研究》, 博士学位论文, 山东师范大
　　学, 2014 年。

张立新:《教师实践性知识形成机制研究——基于教师生活史的视角》,
　　博士学位论文, 上海师范大学, 2008 年。

李英:《印度教师教育研究》, 博士学位论文, 西南大学, 2013 年。

王洪玉:《甘南藏汉双语教育历史与发展研究》, 博士论文, 中央民
　　族大学, 2010 年。

Beebe, L. M. & H. Giles. "*Speech Accommodation Theories: A Discussion in Terms of Second-Language Acquisition.*" *International Journal of the Sociology of Language*, 1984.

Berlinerdc, Calfeerc. *Handbook of Education Psychology*, New York: Macmillan, 1996.

Clandinin, D. J. "Personal Practical Knowledge: A Study of Teachers' Classroom Images." *Curriculum Inquiry*, 1985.

Colin Baker and Sylvia Prys Jones. *Encyclopedia of Bilingualism and Bilingual Education.* Philadelphia: Multilingual Matters Ltd. , 1998.

Colin Baker. *Foundation of Bilingual Education and Bilingualism.* Philadelphia: Multilingual Matters, Ltd. , 1993.

Cummins, J. "Bilingual Education: Issues and Assessment." In K. Anderwald, K. Hren, P. Karpf, & M. Novak-Trampusch (eds.). *Karnten Dokumentation*, 2001.

Eggen, P. & Kauehak, D. *Educational Psychology*, Merrill an Imprint of Prentice Hall, 1997.

Fullan, M. , & Hargreaves, A. "Teacher Development and Educational Change." In F. Micheal, & H. Andy (eds.). *Teacher Development and*

Educational Change. Washington, D. C.: Falmer Press, 1992.

Glatthorn, A. "Teacher Development." In W. A. Lorin (ed.), *International Encyclopedia of Teaching and Teacher Education* (2nd ed.). Oxford: Elsevier Science Ltd., 41, 1995.

Kagan, D. M. "Implications of Research on Teacher Belief." *Educational Psychologist*, Vol. 27, No. 1, 1992.

Leontive, A. N. and A. R. "The Psychological Ideas of Vygotsky." In Lioyd, P. and Ferny Hough. *C. Lev Vygostky Critical Assessments*, London and New York: Routledge, Vol. 1, 1999.

Meijer, P. C., Verloop, N. & Beijaard, D. "Similarities and Difference in Teachers' Practical Knowledge about Reading Comprehension." *The Journal of Educational Research*, Vol. 94, No. 3, 2001.

Rieber, R. W. "Vygotsky's 'Crisis,' and Its Meaning Today." In Rieber, R. W. and Wollock, J. *The Collected Works of Vygotsky*, 1997, Vol. 3. prologue.

Sharon Feiman-Nemser. "Helping Novices Learn to Teach-Lessons From an Exemplary Support Teacher." *Journal of Teacher Educator*, Vol. 52, No. 1, 2001.

Shulman, L. S. "Knowlege and Teaching: Foundation of the New Reform." *Harvard Education Review.* 1987.

Stephen Lerman. "Situating Research on Mathematics Teachers' Beliefs & on Change." In Gilah C. Leder, Erkki Pehkonen & Gunter Torner (eds.). *Beliefs: A Hidden Variable in Mathematics Educatio?* Dordrecht: Kluwer Academic Publishers, 2002.

附　　录

I　学生调查问卷

（西北少数民族地区师范教育综合改革及师范生培养调查）

亲爱的各位同学：

您好！为了解高校教师教育改革与师范生培养状况，我们特地进行本次调查。本次调查是教育部民族教育发展中心 2013 年度课题（RDBZ13043），调查不记姓名，您填写的结果只做统计分析，并严格保密。请您根据实际情况如实填写，不必有任何顾虑。

请您在合适的选项上打"√"，或在"_____"上填上相应内容。

非常感谢您的支持，祝您学习愉快！

西北师范大学西北少数民族教育发展研究中心课题组

一　基本信息

1. 你的性别是：

　①男　②女

2. 你的民族是：

　①藏族　②维吾尔族　③回族　④汉族　⑤其他（请注明）____

3. 你是否担任班干部：

①是　②否

4. 你的专业是＿＿＿＿＿＿＿＿＿

5. 你的实习学校是＿＿＿＿＿＿＿＿＿＿＿＿

6. 你的实习年级是＿＿＿＿

二　基本内容

本题有 5 种不同的答案。从"完全不符合"到"非常符合"分别记为 1—5，请在与您自己情况一致的相应数字上划圈"〇"或打勾"√"。	完全不符合	基本不符合	一般	基本符合	完全符合
我热爱教师职业	1	2	3	4	5
我喜欢我的专业	1	2	3	4	5
我们学校大多数教师为我从事中小学教育工作树立了榜样	1	2	3	4	5
我对未来在少数民族地区从事教师工作充满信心	1	2	3	4	5
我选修了很多与教师工作有关的课程	1	2	3	4	5
我参加了很多与教师工作有关的活动	1	2	3	4	5
我积累了做一名学科教师应该具备的专业知识	1	2	3	4	5
我掌握了成为一名教师应该具备的技能	1	2	3	4	5
我选修过有关少数民族文化、艺术等方面的课程	1	2	3	4	5
大学老师的教学能够紧密结合民族地区中小学的教学实际	1	2	3	4	5
大学老师对民族地区中小学的实际情况比较了解	1	2	3	4	5
学校开设了很多与民族地区中小学教师工作有关的课程	1	2	3	4	5
学校组织了很多与民族地区中小学教师工作有关的活动	1	2	3	4	5

本题有 5 种不同的答案。从"完全不符合"到"非常符合"分别记为 1—5，请在与您自己情况一致的相应数字上划圈"○"或打勾"√"。	完全不符合	基本不符合	一般	基本符合	完全符合
学校开展了很多针对师范生未来从事教师工作的技能训练	1	2	3	4	5
学校开展了很多针对师范生从事教师工作的民族教育类专题讲座	1	2	3	4	5
学校开设的教育类课程对我将来成为教师很有帮助	1	2	3	4	5
学校有足够的硬件设施供师范生使用	1	2	3	4	5
学校的网络信息平台有丰富的有关教师工作的内容	1	2	3	4	5
我了解西北地区的少数民族文化	1	2	3	4	5
我喜欢在西北少数民族地区工作	1	2	3	4	5
我为从事本民族文化教育工作感到骄傲	1	2	3	4	5
我了解学校的实习政策	1	2	3	4	5
我对学校的实习组织安排感到满意	1	2	3	4	5
学校经常与民族地区的中小学建立密切的联系	1	2	3	4	5
我的实习过程是很有收获的	1	2	3	4	5
通过实习我感到我有足够的知识在少数民族地区从事教师工作	1	2	3	4	5
通过实习我感到我有足够的技能在少数民族地区从事教师工作	1	2	3	4	5
在实习前，我感到我能够调动学生学习的积极性	1	2	3	4	5
在实习前，我感到我有足够的能力可以胜任班主任工作	1	2	3	4	5
在实习前，我感到我有足够的能力变革自己的教学方式	1	2	3	4	5

续表

本题有 5 种不同的答案。从"完全不符合"到"非常符合"分别记为 1—5，请在与您自己情况一致的相应数字上划圈"○"或打勾"√"。	完全不符合	基本不符合	一般	基本符合	完全符合
在实习前，我感到我有足够的能力设计自己的教学	1	2	3	4	5
我对大学针对师范生培养所开设的课程感到满意	1	2	3	4	5
我对大学开设的有关民族地区教师工作的相关课程感到满意	1	2	3	4	5
我对大学开展/开设的从师技能训练感到满意	1	2	3	4	5
实习学校对实习生的支持让我感到满意	1	2	3	4	5
学校有必要对学生教学基本技能进行全程性培养	1	2	3	4	5
我对学校在民汉双语教学技能培养中给予的指导感到满意	1	2	3	4	5
我认为学校针对师范生培养进行的改革是有效的	1	2	3	4	5
我对大学实习指导教师的指导感到满意	1	2	3	4	5
我觉得我们学校师范专业的课程设置合理	1	2	3	4	5
毕业后我愿意留在西北民族地区工作	1	2	3	4	5
我对学校开设的师范类课程感到满意	1	2	3	4	5

49. 在实习过程中，你感觉自己最不足的地方是（　　　　）

　　A. 专业知识　　B. 教学水平　　C. 综合知识　　D. 文体技能

　　E. 教师技能（普通话·粉笔字等）　　F. 其他

50. 你觉得多长的实习时间比较合理？

　　A. 1 个月　　B. 2 个月　　C. 3 个月　　D. 4 个月

　　E. 一学期或以上

51. 你觉得对你实习帮助最大的人是（　　　　）（可以多选）

　　A. 本校指导教师　　B. 实习学校指导教师　　C. 同组同学

D．学院（系）领导　　E．本校教务处　　F．实习学校领导

G．其他 _____

52．你参与的教学实践活动

A．教育实习　B．微格教学　C．教学技能训练　D．模拟教学

E．教学技能大赛　F．其他（请注明）

53．你选择师范院校的原因

A．喜欢教师工作　B．高考分数的限制　C．受到家庭因素的影响

D．能考上大学、拿到大学文凭

54．你对未来发展的规划

A．参加教师招聘考试　B．继续深造　C．自主择业

D．公务员考试　E．自主创业

55．你认为学校在以下哪些方面做得不错（可多选）

A．学生培养　B．教育实习　C．基础教学质量

D．专业知识及技能　E．学习风气　F．教学质量

G．实践教学　H．教学方法及手段　I．教学设施　J．师资水平

56．对师范生的培养你还有哪些意见和建议？

_____

_____

_____

问卷到此结束，感谢您的支持！

Ⅱ　管理者访谈提纲

（西北少数民族地区师范教育综合改革及师范生培养研究）

管理者访谈提纲（用于教育学院（副）院长、教务处（副）处长访谈）

时间：_____地点：_____

对象：_____

性别：＿＿＿＿＿＿＿＿　民族：＿＿＿＿＿＿＿　学历：＿＿＿＿＿

职称：＿＿＿＿＿

1．你们学校有多少名大学本科生？其中师范生有多少？少数民族师范生有多少？

2．你们学校最近几年教师教育的改革做了哪些工作？进展如何？

3．（作为院长或处长，您通常都是以什么形式参加学校最近几年的教师教育改革工作的？在这其中起到了什么作用？您通常都是以什么形式介入的？）

4．你们学校师范生的培养取向是怎么样的？比如"3 + 1""4 + 0"等。

5．你们学校师范生培养综合改革有哪些制度？比如实习状况、课程学习的学分、考核奖惩、毕业条件等。另外，学校对少数民族师范学生有哪些要求？（比如课程、教学、语言学习等）

6．你们学校师范生培养的课程方案设计是什么？方案中课程实施成效怎样？以及师范生对课程实施的满意程度？

7．你们学校开设了哪些针对师范生的、具有少数民族特色的课程？

8．你们学校的双语教学是怎么样的？有关双语师资的培养是怎么样的？

9．学校还有哪些针对师范生的活动、专题讲座及培训？

10．你们学校是否成立民族文化研究机构或民族文化展览室？这些机构对服务于师范生的培养有哪些作用？

11．你们学校开展哪些教师职业技能训练的活动？（比如说课大赛、微格教学、普通话训练、三笔字练习）

12．学校所做的职业技能培训对于学生从事教师工作有哪些影响？

13．在师范生培养上，你们学校与中小学是怎样合作的？你们的合作学校能不能满足学生实习的需求？

14. 你们学校的顶岗支教制度实施的情况怎么样？

15. 这几年中小学对于我们学校培养的师范生的评价怎么样？

16. 你们学校的师范生毕业后从事哪方面的工作？是否回到民族地区？

17. 你们学校教师教育改革和师范生培养有哪些好的经验、面临哪些困难和问题？

Ⅲ　教师访谈提纲

西北少数民族地区师范教育综合改革及师范生培养研究

教师访谈提纲（专家学者、班主任、辅导员）

时间：_____地点：_____对象：_____
性别：_____民族：_____专业：_____
职称：_____职称：_____任教时间：_____

1. 您现在的主要研究领域是什么？您给本科师范生教什么课程？这些课程对本科生将来从事教师工作有哪些帮助？

2. 你们学校为师范生开设了哪些教师教育类的课程？有哪些针对性的训练？

3. 针对师范生的培养，学校还开设了哪些类别的相关课程？（比如各个学科的课程标准解读、课程设计）这些课程中学科课程和教学之间有什么差异？

4. 学校有没有开设民族文化类的基础课？

5. 据您所知，学校针对民族教育系列的讲座开设的情况怎样？效果如何？这些民族元素是如何融入课堂中的？

6. 你们的教育实习是如何安排的？（整班、混合、个人）您有带学生实习的经历吗？带过几次呢？

7. 您认为教育实习最大的收获是什么？目前教育实习存在哪些问题？

8. 您认为学校在师范生教学基本技能的培养中给予的指导是否充足？目前教学基本技能的培养模式是否能够帮助学生实现由理论到实践的转换？

9. 我们学校有没有结合自身特点的一些有特色的培养方案？学校方面的衡量评价标准是怎么样的？

10. 师范生的毕业论文大概是从什么时候开始着手写作的？数据采集上有没有给学生提供固定的调研基地？

11. 你觉得你们学校在教师教育改革与师范生培养方面有哪些经验？存在哪些问题？有什么建议？

12. 您怎样看待我国当前教师教育改革和师范生的培养？

Ⅳ 学生访谈提纲

（西北少数民族地区师范教育综合改革及师范生培养）

时间：_____ 地点：_____ 对象：_____ 性别：_____
民族：_____ 专业：_____ 生源地：_____

1. 请问你是学什么专业的？今年大几？你喜欢你的专业吗？

2. 请问你为什么选择师范大学？

3. 你们开设了哪些与你当老师有关的课程（比如教育学、教育心理学、教育科学研究方法、德育等）这些课是在大几上的？用的什么教材？（关注学校是否开发了相关的课程）

4. 除了公共理论必修课外，还有什么专业发展课？（比如各个学科的课程标准解读，课程设计等）

5. 你们学校开设了哪些教师教育类课程？（班主任工作艺术、教师专业发展、课堂观察与分析技术等）

6. 你们学校开设了哪些有关民族特色的基础课程？（比如藏族的唐卡、绘画、礼节、语言、服饰等）这些课程的开设对你到少数民族地区工作有什么帮助？你认为这些课程还有什么不足之处？你还希望开设哪些具有民族特色的课程？

7. 你们有没有开设民族教育系列的讲座？讲的是哪些方面的？（比如，双语、跨文化适应心理）你参加过几场讲座？都是关于哪些方面的？这些讲座对你将来从事教师职业有哪些帮助？

8. 你目前的汉语水平怎什么样（HSK）？你们学校平时有没有开设汉语演讲比赛、汉语诗歌朗诵比赛、举办汉语口语角等来提高你们的汉语水平？你们有没有专门开设有关写作和口语表达能力的课程？

9. 你们开展了哪些教师职业技能训练的课程和活动？这些课程和活动对于你从事教师工作有哪些影响？［比如说三笔字训练、板书训练、说课技巧（语速、语调、逻辑方面等）、微格训练课］。平时是否有教师职业技能大赛？你是否参加过此类比赛？此类比赛对你是否有帮助？

10. 有没有顶岗支教的经历？去哪支教的？支教了多长时间？在此过程中发现了哪些问题？你是如何解决的？你觉得平时开设的课程有没有帮助你解决问题？你觉得哪些课程帮助不大？有什么问题？

11. 你们这次实习去的哪？上讲台的机会多吗？在此期间主要的工作是什么？大概一周讲几次课？结束之后对你以后的教学技能有什么影响？对当好一个老师有什么帮助？

12. 实习结束后，你最想选修的一门课程是什么？

13. 实习学校老师对你的评价是什么？你在学校学的师范类课程对你的实习有什么帮助？

14. 你开始写毕业论文没？写的哪方面的？学校在毕业论文上有什么要求？给了你们什么指导？

15. 从你大学学习、实习经历来看，你觉得你们学校在师范生培养方面有哪些优势和不足？你对你们学校今后师范生培养有什么建议？

后　　记

　　百年大计，教育为本。教育大计，教师为本。中华人民共和国成立以来，我国基础教育事业取得了历史性的发展，教育质量大幅度提高。但是从全国范围来看，我国师范教育还存在着诸多的差异与不均衡，不能满足基础教育事业发展的需要。其中民族地区师范教育的改革与发展最为独特，任务最为艰巨，这与民族地区社会经济文化的发展不无关系，与民族地区双语教育问题不无关系。振兴民族的希望在教育，振兴教育的希望在教师，实现教育现代化的根本在师范教育的发展，短板就在民族地区教师的培养培训上。

　　有怎样的师范大学，就会有怎样的基础教育水平。民族地区师范教育综合改革及师范生培养是我国民族地区教育事业发展的关键，也是贯彻落实我国《国家中长期教育改革和发展规划纲要（2010—2020年）》《教育部关于大力推进教师教育课程改革的意见》《乡村教师支持计划（2015—2020）》《教育部关于加强师范生教育实践的意见》《教育脱贫攻坚"十三五"规划》的根本。因此，我们唯有变革师范教育人才培养模式，探索师范教育综合改革和师范生培养新机制，才能够走出西北少数民族地区师范教育发展的特色之路。

　　可以说，作为研究样本的11所学校都是为当地民族地区培养中小学教师的重要机构，在民族师范教育方面是有着一定的研究与实践变革经验的，总结和梳理它们的经验，反思民族地区师范教育改革成效，对研究新时代我国师范教育综合改革与师范生培养具有重要的参考价值。研究发现，制度建设是师范教育综合改革的基础，课程建设是师范教育综合改革与师范生培养的抓手，支撑性条件建设是师范教育改革与师范生培养的前提条件，职前职后一体化助推师范教育向教师教育转型，本土经验创新是民族地区师范教育发展的新契机，优质双语师资是民族地区师范生培养的必然选择。为此，本书提出民族地区师范教育综合改革的八项建议，即充分发挥信息技术对民族地区师资培养的作用，加强民族师范生培养的顶层设计，加强对民族地区师范教育综合改革的课程领导，鼓励职前职后一体化办学设计，设计典型项目专项计划支持师范教育综合改革，重视语言习得与跨文化心理适应，开设少数民族语言课程供异民族学生自由选修，加强民族地区大学生的理想信念教育。

本书是基于笔者所主持的教育部民族教育发展研究中心"西北少数民族地区师范教育综合改革及师范生培养研究"项目完成的。在研究的过程中，张晓文、侯馨茹、王捷一、文环、颜晓程、王佳、任丽斌、冯佳佳、赵亚楠、闫珂珂、王强等学生深入新疆、青海、宁夏和甘肃省各高校，收集、整理了大量数据资料，对本书的完成给予重要的支持。尤其是在拙作整理出版之际，正在读博士的张晓文在繁重的学业任务之余，与我讨论本书的体系结构、梳理研究问题，为本书的出版做了不少工作。同时，我还要特别感谢研究样本学校各级领导和同学的支持，他们不仅是我工作中的合作者，更是关注、思考并身体力行地变革民族地区师范教育的志同道合者。没有他们的支持与帮助，本书研究是难以顺畅进行的。

本书是笔者和团队成员对该问题研究的初步尝试，其中难免出现疏漏，敬请同行批评指正！

李泽林

2018 年 3 月